数智时代

—— 数智时代丛书 ——

赢在智能制造

SHUZHI SHIDAI

YING ZAI ZHINENG ZHIZAO

陈晓红 ◎ 丛书主编

刘 兵 宋 婷 赵立龙 ◎ 著

湖南人民出版社 · 长沙

☆ 总 序 ☆

2023年，习近平向2023中国国际智能产业博览会致贺信，指出，"当前，互联网、大数据、云计算、人工智能、区块链等新技术深刻演变，产业数字化、智能化、绿色化转型不断加速，智能产业、数字经济蓬勃发展，极大改变全球要素资源配置方式、产业发展模式和人民生活方式"。推动高质量发展必须促进数字经济与实体经济融合发展，紧跟数字化、网络化、智能化方向，推动制造业、服务业、农业等产业数字化，利用互联网新技术对传统产业进行全方位、全链条的改造，提高全要素生产率，发挥数智技术对经济发展的放大、叠加、倍增作用。

数字经济是我国经济的重要组成部分。2016年，G20杭州峰会发布的《二十国集团数字经济发展与合作倡议》将数字经济定义为：以使用数字化的知识和信息作为关键生产要素、以现代信息网络作为重要载体、以信息通信技术的有效使用作为效率提升和经济结构优化的重要推动力的一系列经济活动。数字经济是以数字技术为核心，以数据为关键要素，以网络化、智能化、个性化为主要特征的经济形态。近年来，我国数字经济规模快速增长，已从 2012 年的 11 万亿元增至 2022 年的 50.2 万亿元，多年稳居世界第二，占国内生产总值比重由 21.6% 提升至 41.5%。数字经济对经济社会发展的引领支撑作用日益凸显，成为稳增长促转型的重要引擎。

当前，我国各地城市规模日益发展，社会结构日趋多元，群众利益诉求复杂多样，治理难度不断增大。积极应用数字技术，让城市更聪明、更智慧，成为推动城市治理体系和治理能力现代化的必由之路。2020 年，在杭州城市大脑运营指挥中心，习近平总书记强调："从信息化到智能化再到智慧化，是建设智慧城市的必由之路，前景广阔。"党的二十大报告提出："提高城市规划、建设、治理水平，加快转变超大特大城市发展方式，实施城市更新行动，加强城市基础设施建设，打造宜居、韧性、智慧城市。"推进城市治理现代化，必须运用现代化科技手段，推动城市治理由人力密集型向人机交互型转变、由经验判断型向数据分析型转变、由被动处置型向主动发现型转变。雄安城市计算中心投入运营，为整个数字孪生城市大数据、区块链、物联网等提供网络、计算和存储服务，构建起雄安新区物理城市与数字城市精准映射、虚实交融的城市新格局。深圳实现"一图全面感知、一号走遍深圳、一键可知全局、一体运行联动、一站创新创业、一屏智享生活"，数据的有效连接与智能交互打破了不同部门、领域之间的壁垒。上海正把超大城市作为一个系统的生命体，充分利用人工智能、云计算、大数据等技术，积极推动城市运行管理创新，跨部门、跨层级、跨区域的城市运营管理加速数据联通、服务联结、治理联动。

数智时代：赢在智能制造

制造业是国家经济命脉所系。党的二十大报告提出，建设现代化产业体系，推进新型工业化，加快建设制造强国。近年来，我国努力推进数智技术与制造业深度融合，智能制造应用规模和发展水平大幅跃升，有力支撑了工业经济的高质量发展。例如：借助智能设备，质检线上可以智能识别产品的细小瑕疵，助力实现精细化生产；通过智能巡检技术，远在千里之外也能云端管理大型风力发电机，工作效率显著提升。然而，我国智能制造产业发展仍然面临高性能芯片、智能仪器仪表和传感器、操作系统、工业软件等关键核心元器件和零部件不能完全自主掌握的局面。随着工业互联网、大数据、人工智能、数字孪生实现群体突破和融合应用，智能制造应以智能制造系统软件、人工智能大模型、通用仿生机器人的部署应用为重点产业突破方向，支持打造以大模型为代表的人工智能与制造业深度融合的应用场景。

2024年《政府工作报告》提出：深入推进数字经济创新发展；深化大数据、人工智能等研发应用，开展"人工智能+"行动，打造具有国际竞争力的数字产业集群；实施制造业数字化转型行动，加快工业互联网规模化应用，推进服务业数字化，建设智慧城市、数字乡村。当今时代，数字技术、数字经济是世界科技革命和产业变革的先机，是新一轮国际竞争重点领域，要抓住先机、抢占未来发展制高点，站在统筹中华民族伟大复兴战略全局和世界百年未有之大变局的高度，大力发展我国数字经济。

展望2035年目标，数智时代正迈向繁荣成熟期，应统筹国内国际两个大局、发展安全两件大事，充分发挥海量数据和丰富应用场景优势，促进数字技术和实体经济深度融合，赋能传统产业转型升级，催生新产业新业态新模式。同时加强形势研判，推动智能产业、数字经济更好服务和融入新发展格局，立足新发展阶段，推动高质量发展，在全面建设社会主义现代化国家新征程上展现新作为。

2023年，湖南人民出版社策划"数智时代丛书"，邀请我担任丛书主编，我欣然同意。丛书拟包括《数智时代：数字经济的现在与未来》《数智时代：打造智慧城市》《数智时代：赢在智能制造》等著作，从数智时代的现在与未来，数智时代如何优化城市治理、如何推动智能制造等方面，为读者解读数智时代发展的现状与趋势，探讨数智时代发展的实践经验与理论启示。在这个数字化时代的风口上，我希望通过我们的研究和实践，与大家共同探索和把握数智时代的新趋势，加深对数智时代的了解，探索数字化为城市带来的全新面貌，推动智能产业创新发展，加强数字领域的交流与合作，携手创造更加幸福美好的未来。

"智汇八方，博采众长"，让我们共同努力，在加快建设网络强国、数字中国的路上走得更快、更稳。

中国工程院院士　陈晓红

2024年5月

目录

第二篇　变革重塑：智能制造的理念与架构

第三篇　知易行难：我国智能制造发展的"立"与"行"

第十章　我国智能制造发展现状

第十一章　未来工厂点亮企业智能化转型道路

第十二章　中小企业数字化转型的挑战与路径

第一篇

风从何来：智能制造的起源与发展

在科学技术的推动下，工业化肇始于18世纪的英国，走过了近三百年的时间。其间，动力技术、能源技术、自动控制技术等新技术不断诞生，推动工业化出现了明显的代际演进。经过三轮工业革命的洗礼，工厂的形态和组织能力也发生了翻天覆地的变化。通过全球化的组织分工，人类已经可以大规模生产制造航空发动机、燃气轮机、光栅机等令人叹为观止的"工业之花"了。

当前，随着物联网、云计算、大数据、人工智能、区块链等新一代信息技术的不断创新和融合应用，新一轮工业革命的时间窗口已经开启。受到全球政治经济形势的影响，美、德、日等老牌制造业大国，又重返制造业赛场，开启了全球制造业的新一轮角逐。作为总量规模14年蝉联全球第一的后起之秀，中国自然也是强有力的竞争者。身处新一轮工业革命浪潮中的中国制造业企业，又恰好来到了加快推进转型升级的关键时刻。

近期，习近平总书记统筹中华民族伟大复兴战略全局和世界百年未有之大变局，深刻洞察世界科技和经济发展的新趋势与新特征，创新性地阐述了新质生产力理论。这是对二十一世纪以来我国乃至世界数字化网络化智能化新科技革命与产业变革等波澜壮阔伟大实践的深刻总结，是对马克思主义生产力理论的最新发展。

对制造业企业来说，要培育新质生产力，既要深耕行业，走创新驱动发展道路，也要拥抱新一代信息技术，走数字化、网络化、智能化的发展道路。

这事关企业的生存与发展，也关乎我们的国运与"中国梦"的实现。

☆　第一章　☆

从自动化到智能化

制造是人类经济活动的基石。人类不断地生产和改善所使用的生产和生活工具，旧石器时代的打制石器、当代的智能装备，这两个看似毫不相关的事物，其实是一脉相承的。在人类通向文明的漫长旅途中，每一次制造业技术的重大变革，都极大地推动了社会的发展。如今，随着新一代信息通信技术与先进制造技术的深度融合，全球兴起了以智能制造为代表的新一轮产业变革，数字化、网络化、智能化日益成为制造业发展的主要趋势。

第一节　人类对先进工具的不懈追求

我们都知道，会制造、使用生产工具是人类区别于动物的重要标志。人类为什么要制造生产工具？一开始，是为了生存。可以想象，在原始部落里，一个经过打制或磨制的具有特殊形状的石器，比如一把石斧、一把石刀等，可以帮助原始人更好地防御野兽的攻击和进行捕猎。然而，在其后更加漫长的岁月里，人类制造生产工具却是为了"偷懒"。为了达到这个目的，人类运用无与伦比的智慧，发明制造了蒸汽机、发电机、电动机等，从而不断地解放双手、解放重体力劳动、解放重复劳动、解放高危劳动。在这个不断地发明和制造的过程中，人类完成了从南方古猿到能人到直立人到智人再到现代人的进化，人类文明也实现了从原始文明到农业文明再到工业文明的演变。

在原始社会阶段，人类的生活依赖于大自然的馈赠，狩猎采集是最重要的生产劳动，这一阶段延续了上百万年。这一阶段的生产工具主要是打制石器和磨制石器。利用石块打制石核或石片，加工成一定形状的石器即为打制石器，以石砍砸器、刮削器、尖状器等为代表。表面磨光的石器为磨制石器，是先将石材打成或琢成适当形状，而后研磨加工而成，以斧、凿、刀、镰、镞等为代表。

进入农业文明阶段，人类不再单纯依靠自然界提供的食物，而是主动创造。此时人类主要的物质生产活动是畜牧和农耕，这一阶段持续了近万年，青铜器、铁器随之成为该阶段的主要生产工具。

时间车轮推动人类社会来到工业文明阶段，这是一个伟大的阶段。在这个阶段，人类通过运用科学技术，对自然的控制和改造取得空前胜利，推动人类社会实现了一次大跃进。这个阶段持续了约三百年，可以从16世纪初的西欧开始追溯，因主导技术力量的不同，还可以被细分为蒸汽时代、电气时代、原子时代。这一阶段中，机械和自动化技术被引入，人类开始使用纺织机、蒸汽机、铣床、冲床等现代化工具，大规模地生产纺织品、机械制品、金属制品等各种产品，生产效率大幅提高。机器生产的发展、现代工业体系的建立，改变了人类的生产方式和社会结构，促进了社会进步与发展，人类文明的演进被按下了"加速键"。

如今，人类社会正在全力开启崭新的数字文明时代。在这个崭新的时代里，出现了物联网、云计算、大数据、人工智能、区块链等新兴技术。这些技术的出现，并不是替代了工业文明时代创造的各类机械，甚至自动化装备，而是赋予了它们更大的能量，形成"1+1>2"的放大效应，甚至是乘数效应。这些从工业文明时代穿越而来又被幸运地打上了"数字化"时代烙印的生产工具，摇身一变，不仅性能更强、效率更高，还开始拥有了"智能"的属性。智能、智慧本是人类特有的属性，而今却被转嫁到了这些由人类制造的工具上。随着越来越多的生产工具被赋予了"智能"属性，人类"偷懒"的境界也从"省时""省力"进入了"省心""省脑"的全新阶段。

人类社会经历了上百万年的原始文明社会、上万年的农业文明社会、约三百年的工业文明社会，正在步入更加广阔的数字文明社会。在这个数字文明社会里，生产工具被重塑，生产关系被重构，生产函数被重新定义。可以肯定地说，这是一个变革的时代，也是一个充满机遇的时代。在这个新时代里，我们或者选择颠覆自己，或者只能接受被颠覆的结局。

第二节　数控机床的诞生

机床，是将金属毛坯加工成机器零件的设备，是制造机器的机器，亦称工业母机或者工具机。它的出现体现了人类制造工具水平迈上了新的台阶。15世纪，由于制造钟表和武器的需要，机床的雏形诞生。工业革命则加速了各类机床的产生和改进，其中数控机床的出现是关键一环。顾名思义，数控机床是指装有数字控制系统的机床，也就是说，对机床的操控权从操作工人手中转移到了嵌入在机床中的数字系统中，从而能够实现高效、高精度、高自动化的加工。数控加工是现代制造技术的根本，对制造业而言，具有划时代的意义和深远的影响。

一、第一台数控机床的诞生

1948年，美国帕森斯公司接受美国空军委托，研制加工飞机螺旋桨叶片轮廓样板的设备。因为样板形状复杂多样且精度要求高，为了制造叶片型板，工人们通常在最开始时，先标刻确定型板曲线的17个点，每一次都得很费力地用计算尺进行计算，然后再将这些点连在一起，手工画出型板的轮廓，再剪裁出大致的形状，最后再锉成所要求的规格。在这一过程中，即使熟练工人也不可避免地会出现误差，导致型板损坏，并浪费了很多时间。彼时，大型计算机刚刚出现，有人提出了使用计算机来解决上述问题的设想。在美国麻省理工学院伺服机构研究室的协助下，1952年，他们试制成功第一台由大型立式仿形铣床改装而成的三坐标数控铣床，成功地解决了多品种小批量复杂零件加工的自动化问题，世界上第一台数控机床就此诞生。1957年，随着其正式投入使用，标志着制造领域数控加工时代的到来。

二、中国数控机床的起步

两块刻有"毛主席万岁""金日成万岁"的钢板，是中国数控设备在世界上的第一次亮相。1958年秋天，朝鲜劳动党主席金日成在周恩来总理的陪同下参观清华大学车间时，他们分别被递上了刻有"金日成万岁""毛主席万岁"字样的钢板。这台完成了刻字的设备就是我国第一台数控机床——清华大学和北京第一机床厂联合研制的型号为X53K1的数控机床，也是亚洲第一台数控设备。这次研制成功，是我国机械工业史上一次伟大的飞跃，我国的机械加工就此从依靠手艺转向依靠技术。

三、数控机床的"数控"技术

20世纪50年代—70年代，为了解决数字控制程序编制的自动化问题，计算机代替手工的自动编程工具（APT）和方法成为关键技术，计算机辅助设计/制造（CAD/CAM）技术也随之得到快速发展和普及应用。

什么是APT？APT就是对工件、刀具的几何形状及刀具相对于工件的运动等进行定义时所用的一种接近于英语的符号语言。在数控机床的实际加工过程中，编程人员依据零件图样，以APT语言的形式表达出加工的全部内容，再把用APT语言书写的零件加工程序输入计算机，通过计算机的语言编程系统编译描述出刀具相对于工件的运动轨迹，以此来实现工件的自动加工。由此可见，APT的诞生极大简化了数字化生产的流程。

CAD常被设计人员使用，它是一种利用计算机来辅助进行设计和绘图的技术，CAM则是用计算机来辅助进行制造的技术，可以将CAD设计中的模型转化为具体的加工路径和控制指令。CAD/CAM技术在机械工程领域的应用起源于20世纪60年代，最早应用于航空领域。在20世纪70年代，以待加工零件CAD模型为基础的，集加工工艺规划和数控编程为一体的自动编程方法——CAD/CAM集成系统逐步成熟，数控机床可根据制造程序进行生产，信息交互变得规范，生产效率和生产质量得到大幅提升，机械加工技术实现了快速发展。

第三节　软件技术的融合

既然自动编程工具可以操控机床，那么能否操控整个车间的运行呢？这是很自然的设想。随着计算机技术的不断成熟，各种嵌入在设备中的软件以及辅助产品设计、生产制造的软件应运而生，比如企业资源计划（ERP）、制造执行系统（MES）、产品数据管理（PDM）等系统。这些软件的出现，给生产设备赋予了"有趣的灵魂"以及与人类进行沟通对话的渠道。由此，这些冰冷的机器设备变得不再机械、死板、木讷。操作工人只要在和它们的对话框中输入几个参数，它们就可以相应地做出准确有效的调整。

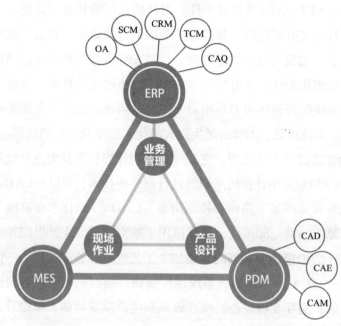

图1-1　协同管理平台各系统间的关系

一、企业资源管理系统的演变

企业资源计划（ERP）是一个对企业资源进行有效共享与利用的软件系统，使企业的资源在购、存、产、销、人、财、物等各个方面都能够得到合理的配置与利用，从而实现企业经营效率的提高。

ERP系统的前身是20世纪60年代出现的主要用于库存控制的"物资需求计划"（MRP）。20世纪70年代，为及时调整需求和计划，构建了具有反馈功能的闭环MRP，把财务子系统和生产子系统结合为一体。20世纪80年代末，进一步将生产活动中的销售、财务、成本、工程技术等主要环节集成为一个系统，成为管理整个企业的一种综合性制定计划的工具，即制造资源计划（MRP II）。20世纪90年代，ERP被提出，ERP在MRP II的基础上又加入了质量管理、实验室管理、业务流程管理、产品数据管理、存货、分销与运输管理、人力资源管理等，进一步实现了企业资源管理的全面集成。

二、制造执行系统的结合

如果说ERP是一套面向人类的管理工具，那么制造执行系统（MES）则是一套面向车间执行层的生产信息化管理系统，主要负责车间生产管理和调度执行。

类似的，MES系统的发展也经历了几十年的演变。从20世纪70年代后半期开始，出现了解决个别问题的单一功能的MES系统，如设备状态监控系统、质量管理系统、生产管理系统。80年代中期，随着上层生产计划系统和底层控制系统的发展，以及生产现场的各类系统开始整合，逐步产生了现代MES的原型。20世纪90年代，制造执行系统的概念被明确提出，指出MES不仅是面向生产现场的系统，更是作为企业资源管理和现场设备上、下两个层次之间进行信息传递的系统。MES系统通过强调制造过程的整体优化来帮助企业实施完整的闭环生产，协助企业建立一体化和实时化的信息体系。ERP和MES是一对相辅相成的"姐妹花"，ERP使MES系统的生产计划更合理，MES使ERP系统的工作效率更高。

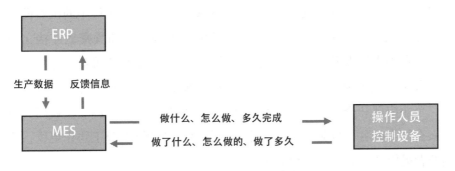

图1-2　MES和ERP的结合

三、产品数据管理系统的产生

管理者和车间执行层通过软件可以得到很好的联动，而在产品端口也有一套工具可以实现产品全生命周期的良好管控，这就是产品数据管理（PDM）。PDM是一套帮助企业管理产品数据和产品研发过程的工具，在20世纪80年代问世。该系统管理着所有与产品相关的信息，包括零件信息、配置、文档、CAD文件、结构、权限信息等以及所有与产品相关的过程，为相关人员包括产品设计者、企业管理者、财务工作者以及销售人员提供一个协同的工作环境。PDM的实施加强了对文档、图纸、数据的高效利用，规范化了工作流程。PDM与ERP也有协作关系，它输出的产品结构是ERP软件的基础资料。

第四节　网络技术的加持

有了软件，依托编程语言作为桥梁，生产设备同人类建立起了对话，也就变得更加"灵动"，但是仍显孤独、封闭。20世纪90年代以来，网络技术快速发展并得到广泛普及。有了网络技术的加持，工厂中的机器设备开始组建自己的"朋友圈"，也同大千世界更加广泛和紧密地连接在一起。一台小小的设备，借助网络的力量，能融通的信息也可能是海量的。通过部署先进网络，工厂现场、企业IT系统、产品设备被统统联接到一起，企业内部和企业间的"信息孤岛"被彻底打破。企业内、企业间，乃至来自社会的各种资源，被广泛集成和共享，产业链的分工协作更优，为消费者提供的产品和服务也更优。

当我们提及网络时，浮现在脑海中的往往是"互联网""物联网"：互联网已是我们工作生活不可或缺的一部分，物联网技术则是指将不同种类的物理设备、传感器和其他设备通过互联网连接在一起，以实现实时监控和数据分析。网络技术的发展延伸出了诸多制造新模式。比如个性化定制，企业借助互联网平台可以与用户深度交互、广泛征集用户的需求，运用大数据分析建立合理的排产计划，在保持经济性的同时给用户提供个性化的产品。再比如网络化协同，以往企业大多单打独斗，但借助互联网、大数据和工业云平台之后，企业和企业之间可以协同研发、众包设计等，对于企业而言可以进一步降低成本，对于产业而言可以提升整体竞争力。此外，向服务化延伸也是新模式的一个典型例子，企业可以在产品上添加智能模块，通过产品联网与运行数据采集，利用大数据分析为用户提供多样化智能服务，实现由卖产品向卖服务拓展，企业利润空间的扩大也就成为必然。

第五节　柔性制造的出现

　　"你可以要任何颜色的汽车，只要它是黑色的。"这句看上去前后矛盾的话出自美国的汽车大王亨利·福特之口。1913年，亨利·福特提出著名的"不论顾客需要什么类型的汽车，我们只提供黑色T型车"生产战略。世界上第一条汽车流水装配线出现在福特汽车工厂，这使得大规模批量生产方式成为现实，它不仅极大提高了生产效率而且还降低了生产成本，迅速将福特汽车公司推向了行业顶端。但到1919年之后，由于车型的单一以及福特汽车公司管理模式的僵化使其在美国逐渐失去市场份额，福特汽车工厂开始生产其他车型并且为客户提供不同的汽车颜色。

　　面对大规模生产的弊端，1965年由英国Molins公司提出的新型生产模式"柔性制造"，正快速被现代企业应用于生产制造过程中。"柔性制造"是相对于"刚性制造"而言的一种制造方式，传统的"刚性"自动化生产线主要实现单一品种的大批量生产，而柔性制造的模式是以消费者为导向的。与之相对应的是，每一代人都有独特的思维方式、价值观和行为模式，比如目前崭露头角的"Z世代"，他们的消费行为表现得多样而独特。随着时间的推移，以需定产、更富有弹性和灵活性的"柔性制造"更能适应市场的需求变化。

"柔性制造"究竟"柔"在何处呢？从需求端和供应端来说，"柔"是根据客户需求，从传统的"以产定销"模式转变为"以销定产"，具备供应链的敏捷和精准的反应能力。从生产端来说，是生产能力的柔性反应能力，比如采用高度智能化的柔性机器，当要求生产一系列不同类型的产品时，系统能够根据加工对象的变化或原材料的变化而确定相应的工艺流程，能够非常经济和迅速地生产出新产品；当生产量改变时，系统也能经济地运行。同时，还具备维护柔性特点，系统能够采用多种方式查询、处理故障，保障机器高效运行的稳定性。

综合而言，"柔性制造"是一个技术复杂、高度自动化的系统，前文所涉及的数控设备、物料储运装置、数字化控制系统的成熟以及计算机网络、数据库的发展是实现"柔性制造"的基础条件，这一系统结合了微电子学、计算机和系统工程等技术，解决了机械制造高自动化与高柔性化之间的矛盾。

第六节　企业制造范式的演进

回顾生产制造的发展历程，我们会发现，企业制造是一个不断演进的过程，产品研发、制造、服务等全生命周期的各个环节及相应系统在不断被优化。企业制造可归纳成三个基本范式：数字化制造、数字化网络化制造、数字化网络化智能化制造。三种范式具备不同的技术特征和不同的技术先进性，范式的诞生和演变发展与数字化网络化智能化的特征紧密联系，这些范式从其诞生之初都具有数字化特征，计算机集成制造、网络化制造、云智造和智能化制造等具有网络化特征，而未来融入新一代人工智能的智能化制造则具有智能化特征。在同一时间下的不同企业中，三种范式是可以并行的。

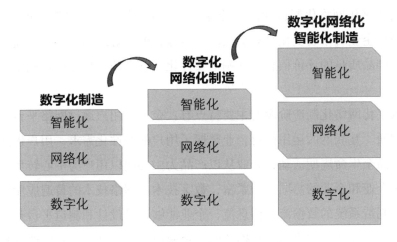

图1-3　企业制造范式示意图

一、范式1：数字化制造

20世纪下半叶以来，数字化技术开始在制造业得到应用，并逐渐推动制造业由自动化向数字化转变，数字化制造融合了制造技术和数字化技术，通过数字化地描述、分析、决策和控制产品信息、过程信息和资源信息，生产出满足用户需求的产品。

数字化制造阶段的主要特点有：用数据来表述制造过程的对象，包括产品和工艺、制造装备、材料、元器件等数字化；数据的互联互通，构建了网络通信系统、数控机床等数字化装备、CAD/CAE等建模和仿真方法、

PDM/MRP II/ERP等信息化管理系统，以及生产全过程的集成，产生了以计算机集成制造系统为标志的解决方案，实现了整个制造过程各环节的协同。

二、范式2：数字化网络化制造

20世纪末，互联网技术快速发展并得到广泛应用，制造技术与数字技术、网络技术的密切结合重塑了制造业的价值链，推动了制造业从数字化制造向数字化网络化制造的范式转变。从本质上讲，就是"互联网+"制造，使得企业对市场变化具有更快的适应性，能更好地搜集用户对使用产品和对产品质量的评价信息，在制造柔性化、管理信息化方面达到了更高的水平。

数字化网络化制造阶段的主要特点有：企业与用户通过网络平台实现充分沟通。互联网的运用使得企业掌握了用户的个性化需求，用户也能够参与产品全生命周期活动，企业从以产品为中心向以用户为中心转型。产业链中企业和企业的协同更为紧密，数字技术、网络技术的普遍应用打通了整个制造系统的数据流、信息流，企业能够通过设计和制造平台开展与其他企业之间的流程协同、数据协同、资源协同，实现社会资源的优化配置。促使企业由生产型转向服务型，个性化定制生产、远程运维服务、全生命周期质量追溯服务、以供应链优化为核心的网络协同制造等新模式新业态逐步兴起。

三、范式3：数字化网络化智能化制造

近年来，移动互联网、超级计算、大数据、云计算、物联网等新一代信息技术日新月异、飞速发展，并极其迅捷地被普及应用，形成了群体性跨越。在这些突破性技术进步的推动下，新一代人工智能拥有了认知和学习能力，具备了生成知识和更好地运用知识的能力，迎来了跨越式发展浪

潮，成为全球科技与产业竞争的制高点，正在形成推动经济社会发展的巨大引擎。数字化网络化智能化制造将成为新的制造模式，它融入了新一代人工智能技术，将成为新一轮工业革命的核心驱动力。

综合而言，三种范式既有阶段性的特征，又有融合发展的内在联系。所谓"阶段性"，一方面是指三种范式具有技术上、目标上的延续性，另一方面是指三种范式各有特点和发展重点；所谓"融合性"，是指三种范式不是完全分离的三个阶段，而是相互交织、不断发展。我国在实施"并行推进、融合发展"技术路线的过程中，坚持"创新引领"、坚持"因企制宜"、坚持"产业升级"、坚持建设良好的发展生态、坚持开放与协同创新，以"并联式"发展实现制造业的智能升级、跨越发展。

第二章

智能制造引领和推动新一轮工业革命

从自动化到数字化到网络化到智能化，数字文明时代已经来临，以人工智能、量子信息、移动通信、物联网、区块链为代表的新一代信息技术成为引领新一轮科技革命和产业变革的关键变革力量。智能制造作为赛博空间和物理世界深度融合的核心产物，随着智能制造技术、应用以及智慧化水平的加速提升，愈发彰显出其引领和推动新一轮工业革命的颠覆性能力。

毫无疑问，在新一轮工业革命的激烈角逐中，世界主要国家均高度重视智能制造领域的战略布局——历次工业革命已经反复验证，在颠覆性技术到来的时候，如能抢抓机遇占据先发优势，就能实现"换道超车"，彻底改变全球竞争格局。因此，在新一轮机遇到来的时候，哪个大国能不蠢蠢欲动？

中国作为世界上唯一一个文明从未中断的历史悠久的国家，在漫长的农业文明时期曾长期领先于世界其他国家。然而，当西方诞生工业文明之时，中国却仍然沉浸在最后一个封建王朝"盛世"之中，此后一步步陷入内忧外患、国力式微的局面，长达一个半世纪。这一个半世纪，西方人走过了第一次工业革命、第二次工业革命，即将开启第三次工业革命时，中国人刚刚结束纷乱局面、成立了新中国。因此，在第四次工业革命正在到来的今天，中国势必要抢抓工业文明时代第一次"有可能"的机会，实现中华民族的伟大复兴和全面崛起。智能制造，是我们的必答题。

第一节　人类已经经历了三次工业革命

18世纪，肇始于英国的工业革命，以革命式的技术进步促进生产力大幅度提升，直接颠覆了原有的社会形态，是人类发展历史上最辉煌的财富创造时期[①]，也是人类社会现代化的重要标志。迄今为止，人类已经经历了三次工业革命，每一次工业革命都伴随着科学技术和经济结构的深刻创新与变革，浩浩荡荡地推动人类社会加速演进发展。

一、第一次工业革命：开启蒸汽时代，英国崛起成为"日不落帝国"

第一次工业革命起源于18世纪60年代的英国，以詹姆斯·哈格里夫斯的珍妮纺纱机、瓦特的改良蒸汽机等机器的广泛使用为标志，其标志性产业是纺织、钢铁和煤炭等产业。第一次工业革命推动了人类社会生产力和生产关系的双重变革，进步意义空前巨大。一方面，珍妮纺纱机、水力织布机、改良蒸汽机等机器的出现，标志着人类从手工业时代过渡到机器生产的"蒸汽时代"；另一方面，第一次工业革命使依附于落后生产方式的自耕农阶级逐步瓦解，工业资产阶级和工业无产阶级加速形成并逐步对立起来。作为世界上第一个工业国家，英国凭借其制度创新、区位地理、人才政策等方面的优势，快速崛起成为"日不落帝国"。鼎盛时期，英国人口占据全球的1/4，领土占全球的1/5，领土面积达到了3000多万平方公里，工业产值占全世界的半壁江山。

---

① 金碚.世界工业革命的缘起、历程与趋势［J］.南京政治学院学报，2015（1）：41-49.

二、第二次工业革命：开启电气时代，美国、德国崛起领跑全球

第二次工业革命兴起于19世纪60年代后期，以电力的广泛应用为标志，工厂得以实现大规模生产，世界由"蒸汽时代"步入"电气时代"。这一时期，工业重心开始逐步由轻纺工业转向重工业，涌现出了电气、汽车、化学、石油等新兴工业部门。从科技革命来看，英国仍是主要起源地，但是美国、德国等通过国家干预获得快速发展，世界工业重心从英国转移到美国、德国以及拥有后发优势的日本等国家。与第一次工业革命中由于自然资源禀赋差异引起的全球化相比，第二次工业革命时期的技术劳动力、非技术劳动力和相关专业知识成为推动产业升级发展的重要因素。

三、第三次工业革命：开启信息时代，美国"一枝独秀"遥遥领先

第二次世界大战的军事需求极大地推动和促进了第三次工业革命的兴起，使发达国家在原子能技术、计算机技术、航空技术等诸多领域实现了突破。第二次世界大战结束后，美国成为世界上最大的资本输出国，稳坐世界第一经济强国宝座，以美国为首的先进工业国家开始了以高科技革命为基础的第三次工业革命。第三次工业革命以原子能、电子计算机、空间技术、生物工程等发明和应用为主要标志，涉及信息技术、新能源技术、新材料技术、生物技术、空间技术和海洋技术等诸多领域①，人类进入信息时代。尤其是，第三次工业革命极大地促进了信息技术和通信技术的发展，自动化、数字化、网络化开始出现，加速了全球化和信息化进程。在第三次工业革命的推动下，国际分工进一步细化，也带来了知识分工这一新经济形态的崛起，知识经济发达程度成为各国综合国力竞争中成败的关键所在。

---

① 金碚 . 世界工业革命的缘起、历程与趋势［J］. 南京政治学院学报，2015（1）：41-49.

第二节　第四次工业革命的窗口正在开启

如果说"蒸汽革命"使机器开始替代人力，"电力革命"实现了大规模机器生产，"信息革命"实现了自动化生产，那么当前进行中的第四次工业革命——智能化革命正在推动机器演进出"眼耳口鼻"和"智慧大脑"，加快推动工业生产进入智能化阶段。

第四次工业革命开始于21世纪初，尤其是国际金融危机爆发以来，全球技术创新空前活跃，随着物联网、人工智能、大数据等新一代信息技术的出现，制造业开始加速与新一代信息技术的融合发展。互联网诞生以来，消费互联网的发展如火如荼，深度渗透娱乐、传媒、零售、金融等服务领域，但对以制造业为代表的实体经济的影响则并不明显，许多企业即便采取了一些"信息化手段"，也往往停留在保守的渐进式改变上，对互联网能给企业带来的颠覆性变革影响并不"感冒"。然而，移动互联网、大数据、云计算、物联网、3D打印、智能机器人等新技术的到来正在悄然改变这一切，从销售模式的创新、商业模式的创新到体系化的重塑，产业互联网正在以爆发式的能量呼唤新一轮工业革命。

第四次工业革命的核心是基于信息物理系统（Cyber-Physical Systems，CPS）的智能制造和工业互联网。其"革命性"在于，企业建立CPS的全球网络形式，当CPS发挥作用的时候，所有智能机器、存储系统、生产设施，乃至生产零部件都能独立运行和相互控制，意味着可以从根本上改变工业流程，实现机器与机器的对话和机器对自己的自主管理[1]。从CPS角度来看，新一代信息技术与制造全生命周期两个维度的任一交集都可以产生智能制造，智能制造正在引领制造方式变革，是推动新一轮工业革命的关

---

[1] 许正. 工业互联网：互联网＋时代的产业转型 [M]. 北京：机械工业出版社，2015.

键领域。分散化生产的新时代^①正在到来，网络众包、协同设计、大规模个性化定制、精准供应链管理、全生命周期管理等也正在重塑产业价值链体系。

新一轮工业革命孕育了诸多新机遇。从创新红利看，不仅仅是从上一轮科技和产业革命中的"释放新需求"转向"创造新供给"，更是从欧美发达国家"主导"向以中国为代表的新兴国家"分流"，新兴国家正在改变世界科技创新的版图。从数字经济红利看，利用数字技术帮助企业提高生产力、帮助民众找到就业及其他机会、帮助政府为所有人提供更优质的公共服务，将成为数字投资最重要的收益。

机遇重重、挑战重重，人类社会正在发生颠覆性的改变，全球产业竞争格局也在发生重大调整。

第三节　主要制造业大国重返先进制造业战场

工业革命以来，历次科技革命带来的生产力革命性变革和跨越式发展均突出表现在制造业领域。第一次工业革命，蒸汽机发明带来机器生产和现代工厂，英国崛起成为"日不落帝国"。第二次工业革命，电力技术诞生推动大规模生产和现代企业出现，美国、德国崛起，领跑全球。第三次工业革命，ICT（Information Communications Technology，信息和通信技术）技术推动全球化深入发展，美国"一枝独秀"，遥遥领先。21世纪以来，在大数据、人工智能等新一代信息技术的影响下，新一轮科技革命和产业变革正在兴起，全球化经济政治格局深度调整，

---

① 夏妍娜等 . 工业 4.0：正在发生的未来 [M]. 北京：机械工业出版社，2015.

 数智时代：赢在智能制造

中国正面临战略机遇。

谁先掌握新工业革命的关键技术，谁就有机会跻身世界强国之列。制造技术的突破和制造领域的革命是通向世界强国的必由之路，这也是历次工业革命带给当代中国经济社会发展最重要的启示。值得注意的是，技术落后国家要追赶技术先进国家，最可能的方式就是在新的工业革命初期以国家意志的形式强势介入，在新兴的工业部门建立优势，如第二次工业革命的美国和德国正是在这一阶段建立了完整的工业体系，实现跨越式发展。当前，我国正奋力追赶发达国家，也应抢抓新时机、瞄准新赛道、强化系统布局，加快形成全面领先优势。

从全球制造业竞争格局的变化和趋势来看，当前正是重塑的关键期。世界各国在反思国际金融危机经验教训时均深刻认识到，任何时候都不能放弃对实体经济发展的支持。金融危机发生以来，发达国家纷纷实施"再工业化"战略，出台了一系列制造业发展战略和规划，力图重塑制造业竞争新优势、重塑国家竞争力。很长一段时期内，从主要制造业国家制造业增加值占GDP比重的历史变化趋势来看，基本呈现出下降趋势，老牌制造业国家较早开始下滑、近年保持平稳，转折点都出现在金融危机后。中国则从十年前开始出现较快下滑、新冠疫情后出现回升，目前我国仍是主要国家中制造业占比最高的国家，2022年制造业占比约为27.7%，同时也是全球制造业体量最大的国家。

当今世界正处于百年未有之大变局，在新一代信息技术引领的新一轮科技革命和产业变革浪潮下，叠加国际地缘政治竞争等不稳定不确定因素，全球产业链加速重构。制造业国际力量对比面临深刻变化，主要制造大国都已将发展先进制造业作为重大国家战略，如美国的国家《先进制造业领导力战略》、德国的《国家工业战略2030》、英国的《英国工业2050战略》、法国的"新工业法国"、韩国的《制造业复兴发展战略蓝图》等，发展中国家亦加快了工业化赶超进程，先进制造业领域的竞争愈演愈烈。

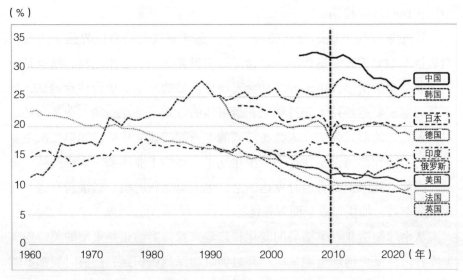

（%）

图2-1　主要制造业国家历年制造业增加值占GDP比重变化

（数据来源：世界银行公开数据）

第四节　德国：《国家工业战略2030》与工业4.0战略

德国拥有雄厚的制造业发展基础。自1887年走上工业复兴道路以来，经过130多年的发展，"德国制造"由小变大、由弱变强，如今已成为世界制造业领域质量和技术最高水平的代表之一。近年来，德国聚焦制造业竞争力重塑，积极采取措施、寻找突破口，先后提出了一系列国家战略。2019年2月5日，德国发布了《国家工业战略2030》（National Industrial Strategy 2030），旨在维护和确保德国在工业、技术和经济方面的世界领先地位。其核心内容是，通过国家适度干预扶持钢铁铜铝、化工、机械、汽车、光学、医疗器械、绿色科技、国防、航空航天和3D打印十大重点领域，培养"国家工业冠军"，确保德国工业在新一轮竞争中始终处于领先地位，并建议从支持突破性创新活动、提升工业整体竞争力、对外经济等方面采取措施。《国家工业战略2030》重新聚焦了产业政策，也明确提出德国要跟中美两国展开产业竞争。

在德国发力高端制造的过程中，以CPS为核心的工业4.0战略无疑是浓墨重彩的一笔。

为进一步巩固制造业竞争优势，化解来自美国等国家的竞争挑战，德国从国家层面谋划了制造业发展的超越计划——工业4.0战略（Industry 4.0）。2013年4月，汉诺威工业博览会正式推出《保障德国制造业的未来：关于实施工业4.0战略的建议》，德国因此成为第四次工业革命浪潮的"引领力量"和"中坚力量"。工业4.0战略不仅是德国制造业发展战略，更对全球制造业和新一轮工业革命的发展理念产生重要影响。

工业4.0战略由德国产、学、研各界共同制定，以提高德国工业竞争力为主要目的。其本质是以机械化、自动化和信息化为基础，建立智能化的新型生产模式与产业结构，核心是通过CPS来实现人、设备与产品的实时连通、相互识别和有效交流。主要内容包括：建设一个网络-信息物理系统，研究两大主题——智能生产和智能工厂，实现三大集成——横向集成、纵向集成和端到端集成，实施八项计划——标准化和参考架构、管理复杂系统、工业宽带基础、安全和保障、工业的组织和设计、培训与再教育、监管框架、资源利用效率。

更加值得关注的是，工业4.0战略还提出了一系列愿景，其中最重要的是保证德国在经济竞争中的高收益，即关注的核心点不在于变革工厂的手段，而是要获取高收益。这包括生产高柔性、高生产率、环境友好、资源节约。例如，资源节约50%才属于"大幅节约"。当前，我国一些企业不过多关注能体现人均产值大幅提升、能耗材耗大幅减少等明确收益目标，而是单纯从形式上追求建设"智能工厂"，需要引起高度重视。"智能工厂"是需要通过长期努力去实现的目标，我们在向着"智能工厂"方向奔跑并做出各种尝试和努力的同时，需警惕不能将"智能工厂"简单化、庸俗化。我们要通过打造"智能工厂",让大批量定制生产成为现实,让制造的增值过程更优,让员工更具有职业幸福感。

工业4.0战略提出以来,得到了德国社会各界的广泛关注和支持,形成了各方聚焦、合力推进的良好氛围。德国联邦政府将工业4.0战略纳入国家《高技术战略2020》,作为德国未来十大高技术项目之一以及研发、产业化项目支持的优先领域。联邦议会专门成立"数字化议程"委员会,参与工业4.0战略相关预算和战略实施。2013年4月,德国机械及制造商协会,德国电气工程和电子工业协会,德国联邦信息经济、通信和媒体协会设立"工业4.0平台",确定规范与标准、安全、研究与创新三大主题。2015年3月,德国经济和能源部、教育和研究部接管工业4.0平台,在主题和结构上进行重新改造。德国人工智能研究中心、国家科学与工程院等一流研究机构针对工业4.0项目开展相关研究与服务。弗劳恩霍夫研究所在7个下属机构内均引入了工业4.0研发项目,凯泽斯劳滕大学、隆德大学、慕尼黑大学、达姆施塔特大学、莱茵-美因大学等围绕信息物理系统、智能工厂、智能服务、系统生命周期管理等开展一系列前瞻性的研发和人才培养,西门子、思爱普、戴姆勒等行业龙头企业投入了大量资源进行智能制造相关产品研发,并在世界范围内推广能够体现工业4.0特征的示范工厂和企业。

工业4.0战略描绘了宏伟愿景和蓝图,但具体实施过程中仍然面临着诸多挑战,例如规划究竟如何落到实际,新一代信息技术究竟如何融入现有生产体系,数据所有权和数据安全问题究竟如何解决,人员究竟如何适应新的组织和生产形式,等等。据德国的咨询企业调研,在2017年以前,对经营模式进行数字化改造的企业中有77%是失败的[①]。面对这些实践中的问题,德国政府也在不断思索更好的突破路径。

---

① 一百多年来,德国工业的七次转折 [EB/OL]. https://baijiahao.baidu.com/s?id=1762896416843852274&wfr=spider&for=pc.

第五节　美国：先进制造业国家战略与工业互联网布局

全球金融危机后，作为全球霸主的美国也开始认识到制造业空心化带来的问题，开启了制造业回归之路。2009年12月，美国白宫出台《重振美国制造业框架》，并围绕先进制造业发展不断完善顶层设计：2011年，启动了"先进制造业伙伴关系"（Advanced Manufacturing Partnership，AMP）计划，奥巴马政府提出计划在全美建设45家制造业创新中心，打造国家制造创新网络；2012年，在AMP计划基础上，美国国家科学技术委员会发布了《国家先进制造战略计划》（A National Strategic Plan for Advanced Manufacturing），该计划由美国商务部、国防部和能源部牵头，相关联邦部门参与，旨在协调各部门发展先进制造的政策；2018年，美国国家科学技术委员会下属的先进制造技术委员会发布了《先进制造业美国领导力战略》（Strategy for American Leadership in Advanced Manufacturing），对影响美国先进制造业创新和竞争力的因素进行了分析，并提出了未来四年的行动计划，提出开发和转化新的制造技术、教育培训和集聚制造业劳动力、扩展国内制造供应链的能力三大目标；2022年，美国发布最新版《先进制造业国家战略》（National Strategy for Advanced Manufacturing），与2018年版相比，突出强调了为美国制造业注入新活力的重要性以及构建制造业供应链弹性的紧迫性，提出重点推进清洁和可持续制造、微电子和半导体制造、先进生物制造、新材料及加工技术、智能制造等先进制造技术研发和应用。

美国在推进《先进制造业国家战略》的过程中，提出了与德国工业4.0战略不同的口号"工业互联网"（Industrial Internet），用于表达与工业4.0战略类似的概念：工业互联网是一个开放的、全球性的网络，将人、数据、机器连接起来，其目的是升级关键的工业领域；通过智能机器之间的连接，逐步实现人机连接，结合软件和大数据分析，重构全球工业。美国通用电气公司在2012年提出了"工业互联网"的概念，并联合IBM、思科、英特尔和AT&T组建了"工业互联网联盟"（IIC），该联盟得到了美国政府和企业界的广泛响应，并迅速上升为国家战略。在联盟成立仅仅两个月的时间里，迅速增加了黑莓、埃森哲等一大批实力强劲的新成员，总数超过了50家。

近年来，美国互联网产业巨头不断从"信息"世界向"物理"世界渗透。谷歌（Google）提出"做联网的制造者"的口号，在硬件方面不断加紧布局，集中收购了Schaft、Industrial Perception等一批具有创造活力、技术领先的机器人公司，借此掌握最前沿的机器人技术，从而为工业机器人、特种机器人、无人驾驶汽车等提供技术支撑。脸书（Facebook）加快在硬件产品上的研发和测试步伐，成立了公司历史上最大的实验室Area 404，集成了包括水流切割机、五轴铣床、工业CT、电子显微镜等在内的诸多高端科技设备。亚马逊（Amazon）通过研究无人驾驶飞机配送商品等项目来提升产品配送效率，从而实现智能物流的目标。苹果（Apple）在智能可穿戴设备、智能家居方面不断加码。特斯拉（Tesla）通过打造全球领先的智能工厂，以个性化定制服务、高智能的人机交互系统来重新定义汽车。国际商业机器公司（IBM）是美国IT界最早开启制造业服务化转型的代表企业，对产业互联网趋势有较高的敏感度，较早在物联网领域开展相关产业布局，并不断试水工业机器人领域，以期在智能制造时代有所作为。

第六节　日本：人工智能战略与工业机器人技术先驱

日本分别于2009年、2010年发布了《日本制造业竞争策略》和《日本制造业》，全面推动以制造为主的五个战略性产业的战略蓝图，同样开启了新一轮制造业振兴。2023年发布的《制造业白皮书》中提到，日本政府大力推动制造业基础技术的产业振兴和前沿技术研发，未来要通过数字转型（DX）和绿色转型（GX）实现整体优化，并提出大力推动创新型人工智能、大数据、物联网、材料、光学/量子技术、环境能源等对未来社会至关重要的关键前沿技术的研发等措施和建议。

值得注意的是，日本在新一轮制造业振兴中，人工智能战略始终处于核心的位置。2016年1月，日本发布《第五期科学技术基本计划（2016—2020）》，首次提出"超智能社会"构想，并将人工智能列为实现该构想的重要技术领域。后续发布的《下一代人工智能促进战略》《人工智能技术战略》《人工智能战略2019》《人工智能战略2021》等提出了一系列专门针对人工智能研发与应用的战略举措。人工智能战略的核心，即促进人工智能技术与传统产业的深度融合，以数字化、智能化为目标提升"日本制造"的竞争力，促进产业间融合，进而激活经济新增长点[1]，这同样是围绕智能制造的战略部署。

二战以后，为缓解劳动力短缺问题，日本的机器人产业快速发展。如今，日本已经成为全球机器人生产制造第一大国。日本的机器人产业发展大致经历了三个阶段：第一个阶段是20世纪70年代，安川、发那科、川崎等电机企业崛起，成为日本机器人研发最早的一代企业；第二阶段是20世纪80年代和90年代，日本企业开始尝试在汽车、3C行业使用机器人进行人工替代，从而实现了日本机器人产业的快速发展；第三阶段是2000年以

---

① 邓美薇.日本人工智能的战略演进和发展愿景及其启示［J］.日本问题研究，2022（2）.

后，尽管机器人消费第一大国的位置被中国取代，但是日本在机器人领域的研发、技术、人才、市场需求开拓方面仍然牢牢占据世界第一的位置，是名副其实的机器人制造强国。

过去30年里，日本拥有世界上数量最多的机器人用户及机器人设备生产和服务商，因此机器人也成为日本角逐世界智能制造的突破口。2014年6月，日本修订了"日本再兴战略"，提出要推动"机器人驱动的新工业革命"，成立了"机器人革命实现委员会"。2015年1月，日本政府公布了《机器人新战略》，提出日本要继续保持"机器人大国"（以产业机器人为主）的优势地位，就必须策划实施机器人革命新战略，将机器人与IT技术、大数据、网络、人工智能等深度融合，建立世界机器人技术创新高地，营造世界一流的机器人应用社会，继续引领物联网时代机器人的发展。

日本工业机器人的产业竞争优势主要来源于完备的产业配套体系，其在控制器、传感器、减速机、伺服电机、数控系统等关键零部件方面均具备较强的技术优势，当前正加快推动工业机器人朝着微型化、轻量化、网络化、仿人化和廉价化方向发展。根据日本机器人工业会（Japan Robot Association，JARA）统计数据，2022年日本工业机器人订单额增长至1.11万亿日元，连续两年创新高。与此同时，日本也高度注重工业机器人的应用：丰田公司通过采取机器人、无人搬运机、无人生产线等先进技术和产品，加之采用新技术减少喷漆次数、减少热处理工序，直接把生产线缩短了40%，并通过改变车身结构把焊接生产工艺工序大幅减少；佳能集团通过创新应用机器人、无人搬运机等，创立了世界首个数码照相机无人工厂，大大提升了行业竞争力。

第七节　中国：制造强国战略与智能制造主攻方向

中国是全球主要经济体国家中制造业占比最高的国家，同时也是全球制造业体量最大的国家，连续14年稳居第一制造大国的地位。但也要看到，我国制造业总体仍处于价值链中低端，"大而不强"现象较为突出，关键核心技术受制于人、基础产业薄弱、重点领域和关键环节控制力不强、高端产品供给不足、能源资源利用效率偏低等问题仍然存在，与国际先进水平还有一定差距。

2012年的一项关于全球主要国家制造业综合发展水平比较研究结果表明，美国仍遥遥领先，处于第一方阵；德国、日本处于第二方阵；中国、英国、法国、韩国处于第三方阵。进入21世纪以来，中国的制造业提升速度极快，但当前水平仍然与"制造强国"有一定距离。由此，中国提出了制造强国战略，习近平总书记也在2015年向国际社会表示，要"加快制造大国向制造强国转变"。基于处于第三阵营的现实，我国提出了制造强国"三步走"设想：第一步，力争到2025年，迈入制造强国行列，即进入德国、日本所在的第二阵营；第二步，到2035年，我国制造业整体达到世界制造强国阵营中等水平，即超过德国、日本；第三步，新中国成立一百年时，综合实力进入世界制造强国前列，即达到和美国并列水平。根据最新的《2023中国制造强国发展指数报告》，2022年我国制造强国发展指数提升至124.64，在第三阵营国家中断层领先，已与第二阵营的德国、日本十分接近。

支撑制造强国第一步的关键战略正是于2015年5月发布的《中国制造2025》。从重点突破领域部署来看，我国瞄准了新一代信息技术、高档数控机床和机器人、航空航天装备、海洋工程装备及高技术船舶、先进轨道交通装备、节能与新能源汽车、电力装备、农机装备、新材料、生物医药及高性能医疗器械十个重点领域。从重点实施路径来看，主要有几个特征：一是强调以数字化、网络化、智能化制造为重点，明确数字化、网络化、智能化是新科技革命和产业变革的核心技术，是信息化工业化深度融合的主攻方向和突破口，是对传统产业进行转型升级的主要技术手段；二是继续推行推广二十多年来我们积累的有效的、比较成熟的技术，包括数字化制造、集成制造、机器人制造、网络化制造、虚拟制造、网络化协同制造、服务制造、绿色制造、全局优化制造等；三是大力推进互联网+制造、智能制造等模式，以及在未来产生的更多新业态新模式[①]。

因此，两化融合，或者说智能制造，或者说CPS，也是支撑制造强国战略实施的核心内容，是我们当前的主攻方向。《中国制造2025》将智能制造工程列为五大工程之一，目的是更好地整合全社会资源，统筹兼顾智能制造各个关键环节，突破发展瓶颈，系统推进技术与装备开发、标准制定、新模式培育和集成应用。

智能制造工程实施到今天，已经取得了一系列亮点和成效：一方面，智能工厂建设规模不断扩大、水平持续提升。据工业和信息化部统计，截至2023年，全国各地建设数字化车间和智能工厂近8000个，其中2500余个达到了智能制造能力成熟度2级以上水平，基本完成了数字化转型；209个探索了智能化升级，成为具有国际先进水平的智能制造示范工厂。经过转型，这些示范工厂的产品研发周期平均缩短了20.7%，生产效率平均提升了34.8%，产品不良品率平均下降了27.4%，碳排放平均减少了21.2%。另一方面，智能制造新场景、新方案、新模式不断涌现。汽车、大飞机、工程机械等装备制造业探索协同设计、虚拟验证、远程运维等模式，家电、服装等消费品行业创新大规模定制、用户直连制造、共享制造等模式，石化、冶金、建材等原材料行业实施产销一体化运营、跨工序质量管控等模

---

① 吴澄. 全球化背景下我国实体经济发展选择——制造强国战略和"两化融合"[Z]. 2016. 根据作者2016年12月14日在"深化制造业与互联网融合发展专题研讨班"上的讲话整理。

式，新型制造模式已经从概念框架走向落地实施。

　　下一步，我国围绕现代化产业体系建设，将进一步加大力度推动制造业高端化、智能化、绿色化发展，积极构建人工智能等新增长引擎，推动战略性新兴产业融合集群发展，沿着两化融合、智能制造、数实融合的方向深化探索，加快构筑中国式现代化的核心竞争力。

☆ 第三章 ☆

智能制造究竟能为企业带来什么?

　　制造企业最大的难点是什么?如果让制造企业的人来说,可能答案五花八门,但如果要用一个词来概括,那应该是"波动"——计划和变化之间的永恒博弈[①]。越是产品复杂的制造企业,对业务开展产生影响的因素也就越多,人、机器、材料、方法、环境、测量等各种因素的不稳定性,给制造企业带来了最令人头痛的问题——计划永远赶不上变化快。波动无法被消除,但却可以适应。纵观企业发展史,几乎所有百年以上的企业都经历过近乎奇迹般的转折。对波动的适应性,也是企业核心竞争力的体现。适应能力越强的企业,其生存能力和盈利能力也就越强。随着制造业的不断发展,智能制造逐渐成为帮助企业培育这种适应能力的最佳路径,有助于推动企业的效率提升、管理升级、网络协同、模式创新、组织变革,最终实现企业整体竞争力的提升。

---

① 智能制造到底能帮制造企业解决什么问题? ［EB/OL］.https://mp.weixin.qq.com/s/Yh_RM39T6SFzdEDOjrwQyw.

第一节　整合集成：从车间到工厂到企业

一、从车间到数字化车间

经济学家威廉·拉佐尼克在《车间的竞争优势》一书中指出，历次工业革命，都是从车间的技术革新开始的。作为工厂的核心组成部分，车间在现代企业中起到了关键性的作用。事实上，无论什么行业，凡是涉及生产制造，都离不开生产车间。从机械化、电气化到自动化，经过历次工业革命的洗礼，工厂代替了手工作坊，机器代替了手工劳动。而随着信息技术的加入，车间也变得越来越"聪明"。

伴随着工业4.0、工业互联网、智能制造等新概念的提出，大数据、云计算、人工智能等数字技术也在现实层面不断由消费端向产业端迁移，并对工厂内部的生产组织结构产生了显著影响，数字化车间应运而生。智能制造的关键基础便是构建数字化车间，脱离了车间的数字化改造，工厂和企业的智能化也就无从谈起。

朱铎先、赵敏在《机·智：从数字化车间走向智能制造》中率先提出，数字车间可以理解为基于生产设备、生产设施等硬件设施，以降本提质增效、快速响应市场为目的，在对工艺设计、生产组织、过程控制等环节进行优化管理的基础上，通过数字化、网络化、智能化等手段，在计算机虚拟环境中，对人、机器、材料、方法、环境、测量等生产资源与生产过程进行设计、管理、仿真、优化与可视化等工作。

通过数字化车间的建设，对车间进行全面的科学管控，可以大幅度提升车间计划的科学性、生产过程的协同性。同时，在大数据分析与决策支持的基础上，才可能进一步实现透明化、精益化管理，进而实现企业生产效率、产品质量、生产成本等方面的明显改善。

二、从数字化车间到智能工厂

数字化车间向智能工厂的进化之路，需要推动更加高阶的技术创新和管理创新，从而实现生产过程的全面自动化和智能化。

说起智能工厂，绕不开1913年启用全厂输送系统的美国福特公司。这个项目从1907年开始萌芽，但一直到1913年才正式投入大规模生产。全新的生产方式开始运作后，福特工厂生产一台车的时间由12.5个小时减少到5小时50分钟。到1914年夏天，新的流水装配线已能在1小时33分钟内完成装配。随着流水线工程的不断完善，福特工厂的工效纪录每一天都在刷新，年产量从788辆一路飙升，到了第四年已经达到了73万辆。福特生产的汽车也许并未超越当时的技术水平，但在福特公司运行的这套生产组织方式，却毫无疑问把世界工业带到了新的发展阶段，大规模自动化生产时代就此来临。

经过一百多年的发展，当前，世界工业已经从自动化时代步入了智能时代，智能工厂时代已然全面来临。一个典型的智能工厂，基于客户下达的生产需求，编制形成主生产计划和详细生产计划并下达至车间，不仅实现了单个车间的精准、柔性、高效、节能生产，还实现了多个数字化车间的统一管理与协同生产。近年来，在主要制造业大国国家战略的推动下，全球越来越多的传统型制造企业开始加入智能工厂建设的行列。

三、从智能工厂到智能制造企业

智能工厂，主要是生产制造环节的智能化。但是，一个典型的制造业企业，除了按照订单或者企业计划组织生产，还必须考虑企业发展战略、研发创新、业务运营、人力资源等其他问题。甚至，这些"其他问题"对企业竞争力的影响更大。

当一个制造业企业的智能化行动，从生产制造环节向企业的其他环节延伸渗透时，智能制造对企业的变革、价值重塑才能得以真正体现。我们姑且称这样的企业为"智能制造企业"。

一家典型的智能制造企业，以企业发展战略为逻辑起点，以整合企业内外资源，产生生产要求并下达至工厂为具体职责。它的智能化改造，除智能工厂和数字化车间相关内容外，还包括一些与生产活动密切相关的环节，如发展战略、人才团队、资产管理、网络建设、数据管理等。智能制造企业的信息化特征是数据的统一归口和数据资产管理，承担这一功能的载体往往是工业互联网平台或企业大脑。数字化车间及智能工厂产生的一切数据信息和知识模型都应封装成企业的数字资产，由企业层级统一管理。

需要注意的是，数字化车间、智能工厂、智能制造企业的目标是相互贯通的，从车间到工厂再到企业，数据从原始数据和交互数据被加工为业务信息，再形成知识、模型等数字资产；从企业到工厂再到车间，生产需求从产生到形成主生产计划，再被分解成详细的生产计划和具体的生产指令，这标志着车间、工厂和企业的生产系统及工业软件必须相互贯通，实现集成。数字化车间、智能工厂、智能制造企业在智能制造体系中所处的层级不同，承担的作用和主要的建设思路也有所区别。

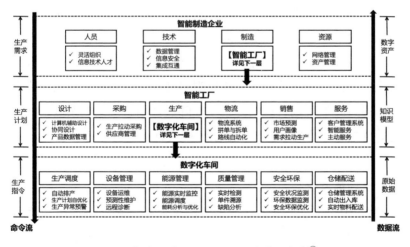

图3-1 智能制造三大层级的主要建设内容①

① 智能制造企业、智能工厂与数字车间的关系［EB/OL］.https://mp.weixin.qq.com/s/O8efigxv-9L9K2-wAMq1mQ.

第二节　管理升级：从透明到精益到智能

一、管理透明化

透明是科学管理的前提。我们需要了解实际的情况，才可能采取针对性的改进举措。透明化是智能制造的基础阶段，不仅能够极大提升企业的运营效率，还是企业持续经营的安全保障。对于透明化建设比较成功的企业，我们可以观察到订单交付周期明显缩短，库存周转率显著提升，同时企业在不确定性较高的经营环境中的抗风险能力也得到极大提升。

企业透明化的建设包括多个维度，其中订单透明是实现全面透明化的基础，也是最难的部分。企业的运作过程可以抽象为对销售订单、生产订单、采购订单三大订单的管理。订单透明化就是要从客户需求出发建立起这三大订单清晰的需求和供应关系，使得需求信息在价值链中有效协同。

传统制造企业想要真正说清楚整个制造体系中的供需关系，达到订单透明化的状态，实现按需生产，面临着诸多的挑战，包括研发能力的升级、制造能力的升级、供应链能力的升级，需要一个非常长期的过程。我们认为，从按单生产的组织方式入手，逐步实现订单透明化，提升制造柔性，可能是当前最佳的落脚点。我们观察到在生产管理方面比较优秀的企业，都是通过降低现场管理的复杂度来降低计划管理的复杂度，从而提升整体的运营效率，推进按单生产的组织模式就是最有效的手段。

二、管理精益化

精益管理的概念来源于日本丰田汽车公司，精益生产模式背后的思想，还被德国列入构建未来智能工厂的四大模块之一。精益生产模式的最初目的是消除浪费，从接到顾客订单起的作业时间内，通过建立标准，持续改善，提高企业现场管控能力，消除不能创造价值的浪费活动，提高生产效率，缩短作业时间和生产周期，提升产品品质，增强企业的核心竞争力，最终目的是以最少的资源产出更多的价值。

精益更是一种管理思维的革新。从管理层到执行层，转变原有的思想观念，始终践行"价值、价值流、流动、拉动、尽善尽美"五大原则，构建精益变革的组织保障和人才建设，制定中长期精益管理路径图，分阶段实施、持续改善，夯实基础、固化成果，形成日常化、制度化之后，通过顶层设计落实信息化和自动化，联通各个生产工序、设备，打破信息化孤岛，实现互联互通，将制造过程透明化，将精益生产、信息化、自动化作为一个共通、融合的平台，才能最终实现智能化。《中国制造2025》行动纲领是中国版的"工业4.0"，其在"战略任务和重点"中描述了"加强质量品牌建设"，特别提到了"普及卓越绩效、六西格玛、精益生产、质量诊断、质量持续改进等先进生产管理模式和方法"，而这些正是精益管理的直接体现。

今天，精益生产已发展成为全价值链的管理理念和方法，涉及营销、研发、供应链、生产、服务乃至创业，带动了各产业转型，比如：海尔通过应用精益生产模式，衍生出了OEC（Overall Every Contral and clear，全方位优化管理法）管理思想、人单合一、业务流程再造等先进的管理思想，实现全价值链精益管理的方式，推进其智能制造快速转型发展。

专栏3-1：丰田精益管理模式的精髓[①]

丰田精益管理的核心是：精实。不过，这么简单的两个字，从1950年代到1980年代，丰田汽车苦苦钻研了30年。

---

① 丰田精益管理模式的精髓［EB/OL］.https://mp.weixin.qq.com/s/sWOx2b3 t0MT38 uWj738L7Q.

1. 洞察人性——肯定一线员工的思维力，让员工不只带着双手来上班

丰田公司员工超过26万人，而且遍布全球52个国家。同时，他们没有像科技公司那样，用高分红配股的胡萝卜，悬挂在员工面前。究竟，丰田如何驱动员工带着脑袋来上班？这是洞察人性的结果。多数企业顶多做到尊重人，给好的待遇福利。但是，丰田却是对人的思维力给予最高程度的肯定，"没有人喜欢自己只是螺丝钉，工作一成不变，只是听命行事，不知道为何而忙，丰田做的事很简单，就是真正给员工思考的空间，引导出他们的智慧"。丰田生产模式发明人大野耐一在书中留下这样的话。他们相信，一线工作者是最了解问题的专家。只是，传统的运作，让员工自己和管理者，都忽视释放一线工作者的能量。"员工奉献宝贵的时间给公司，如果不妥善运用他们的智慧，才是浪费"，这是大野耐一的名言。太多企业，没有发掘员工的资源，倾听员工内心的声音。"我们学过太多组织制度与领导技巧，却忘记回到根本，从人的角度出发。"

2. 追求极致——用精算剔除浪费和多余库存，要求员工"工作"而非"动作"

丰田公司花了三十年，就是在进行"精实"的意识革命。他们首先建立起强调实时的丰田生产方式TPS（Transaction Per Second，每秒事务处理量）。后来发现，一项项管理工具，建制容易，但到一定程度后就会遇到瓶颈。后来，他们钻研出全面质量改善系统TQM（Total Quality Management，全面质量管理）。这个阶段的难度极高，领导者需要非常大的决心与毅力，因为它必须让整个公司永无止境地追求改善。《哈佛商业评论》如此评

论："丰田最可怕的，是一种原则的力量，一种追求极致的思维，而不是生产工具与方法而已。"从一个数字，就能知道追求极致的力量。在台湾，电子业的不良率在千分之五到千分之十。在丰田，这个数字是百万分之七。"精实"管理的细节是被精密计算的，以铁锤敲钉子为例。对丰田而言，伸手去拿铁锤是没有意义的，必须尽量把时间缩短甚至消除，因为唯有拿铁锤敲下钉子的那瞬间，才有价值。TPS的设计，就是要把浪费别除，客户需要多少再生产多少。因此，走入丰田工厂，看到的生产作业迥异于传统生产作业。一个小时后生产所需的产品零件，不准出现。长长的输送带变成小型的U型工作站，员工不再像过去那样只重复做同样的事情，而是负责具有更多种功能的工作。大野耐一认为，先前那不叫作"工作"，只能叫"动作"。"精实"两字落实在管理上，产生许多丰田的企业价值，包括一人多任务、在现场找答案、容许犯错。因此，当地板上出现漏油，丰田主管会花半个小时的时间跟员工讨论漏油的原因，而不是花五分钟骂人，或把油擦掉了事。

3. 贯彻精神——把错误当作成功的原料，用提案制度提升个人成就感

如果是机器漏油，为什么会发生？如果是机器衬垫磨损，为什么会磨损？如果是质量不好，为什么会买这个衬垫？如果因为便宜，为什么要买这种便宜的产品？难道没想过安全问题吗？最后的结论是，因为企业以节省短期成本的多少对采购部门进行绩效评估。找到答案后，丰田会因而修改对采购部门的绩效评估制度。用脑袋思考还不够，还要用眼睛观察。丰田要员工在现场找答案！前任丰田社长张富士夫常常默默地站在生产车间，一站就

是半个小时，观察每个生产流程。有时甚至爬到机器下面看。丰田很多新进工程师，刚进入公司就被派到经销商处工作两个月，去了解客户的问题与需求。"太多人有知识，但是要化为行动，才会变成智慧。"这句大野耐一的名言，至今都被丰田人奉为圭臬。想得深还不够，更要想得广。丰田的协同设计，由工程师与制造人员一起，在现场研商如何进一步改善设计以便于操作，双方可以碰撞出更多创意，工程师不会只将眼光放在自己的创意上。最难得的是，制造人员也会很有成就感，认为自己是有价值的。丰田用TQM提案制度进一步强化员工个人价值。以丰田设在台湾的国瑞厂为例，平均每月有3500件提案，每个员工至少提案1.2个，采用率达八成以上，生产得到改善之后发放奖金。钱并非丰田改善的主要诱因，奖金金额不高，有时只有几百元，但大家会有成就感，自己提出的方案被标准化，会觉得自己创造了很多过去没有的价值，于是便把改善变成了习惯。

4. 团队作战——不要明星，要中上水平的员工；把理所当然的事，理所当然地做好

相较于股票分红制度等外在激励因素，丰田管理更强调的是内在激励因素，如稳定与安全的工作，这是两种逻辑完全不同的思维。这对企业与员工都是一种选择，员工的薪资报酬不会太高，但是工作稳定。在全员一同追求改善的学习组织中，强调的是团队合作，不会给谁特别高薪。丰田用人，不会找明星员工，而是找中上水平的员工加以培养和塑形。"台湾中央大学"教授林文政指出，丰田这类企业对员工的期许，不是对公司做"大跃进"式的创新，"创新与改善是不同的"。丰田深耕三十年后，造就今天的许多国际级第一。它反映出，日本人能忍耐的心性。

这里藏有很大的智慧吗？是，也不是。现任社长渡边捷昭的回答很绝妙："丰田只是把理所当然的事情，理所当然地做好。"

三、管理智能化

伴随着新一轮科技革命，一些新的生产要素和生产手段被加速应用到工厂中，颠覆性创新不断产生，企业时时面临被淘汰、被洗牌的压力，经营管理难度空前提高。企业管理除了要不断追求精益，还要更能适应外部环境的变化。随着技术融合不断深入，制造企业获取数据的实时性、完整性、准确性不断提高，结合各种智能化分析技术和工具的应用，不仅可以帮助企业全面提升资源管理、能源管理、供应链管理、订单管理、设备管理等方面的决策效率，更能够变被动管理为主动管理和预防性管理，使得管理更准确、更高效、更智能。实现智能化的运营管理，直至实现智能决策，是当下制造企业在改造智能化工厂之外必须同时提升的重要部分。

第三节　网络协同：从设备到流程到供应链

智能制造的关键是实现智能装备的互联互通，即打通现场设备层，将智能装备通过通信技术有机连接起来。通过应用各类感知技术，收集生产过程中的各种数据，再通过工业以太网、无线传输等通信手段上传至服务器，并进行数据处理分析，生成优化的生产方案，最终实现智能化生产。随着5G通信网络的升级、工业软件系统的推广、智能终端的普及以及各类传感器的使用，大幅促进了人、机、物的泛在互联，使得物料与生产设备之间、不同的生产设备之间能够实时联通、相互识别和有效交流。

不同设备、系统之间实现互联、互通、互操作，本质上就是实现信息/数据的传输与使用，而这些数据也可以成为连接设备之间的桥梁，这样不同的设备之间能够实现有效沟通。对于设备之间的沟通，物联网提供了一种名为"M2M通信"（Machine to Machine）的方式。M2M通信意味着设备之间可以直接进行信息交换和处理，而无须人的干预。比如，家中的空调和智能插座之间可以进行M2M通信，从而实现智能的温控和用电管理。

当然，设备之间的沟通需要语言，这就要求设备之间使用相同的语言来交流。为了实现这个目标，物联网技术提供了一种通用的标准——"物联网协议"（IoT Protocol），物联网协议提供了一种统一的数据交换格式和通信方式，让不同的设备之间可以进行无缝的信息交互，这种协议也是让设备自己"说话"的关键之一。为了让设备之间的沟通更加智能化，物联网技术还提供了其他一些手段，比如为设备配备智能芯片和传感器，使其可以自动感知环境和收集数据，这些数据可以被传输到云端，然后通过分析和处理，生成更加精准的信息和指令，通过这种方式，设备之间的沟通可以更加智能和高效。

专栏3-2：装备实现互联互通的三大要求[①]

1. 协议互通

目前，我国智能制造工业网络异构性大量存在，智能装备接口五花八门，不同厂商产品程序兼容和互联互通存在很大问题，工业控制网络协议众多，多类应用协议并存。针对此类问题，需要在其工业网关中加入被传感器和云平台大量应用的Modus协

[①] 制造装备如何迈向智造？互联互通是必经之道［EB/OL］.https://www.hongdian.com/m2m/newsview_100000210848874.html.

  数智时代：赢在智能制造

议、MQTT协议等，网关在兼容主流协议的同时，预留扩展接口，支持接入客户第三方协议。

2. 装备互联

在工业现场中，装备安装的地理位置复杂多变，室内受设计布局影响常常面临着有线通信布线难的困境，相比之下无线通信方案更能满足工业生产需求——将各种装备、传感器和工业网关相连，通过蜂窝通信将采集的设备运行状态数据实时稳定、可靠、高速传输，运营商网络覆盖的地方都能实现设备的连接，方案部署成本低。

3. 装备接入云端管理

随着智能制造的深入推广和装备水平的显著提升，越来越多的大型装备被应用到工业现场。工厂中经常出现多品牌装备同时生产作业，然而装备与装备之间、工厂与工厂之间却基本是独立运作，难以形成有效的统一集中管理，不仅设备制造厂商无法知悉其装备使用情况，工厂总部也无法知悉其子工厂生产情况。面对这种情况，一种有效的解决方案是将装备接入云端管理，将设备数据和工业生产数据实时上传到云端进行管理分析，实现设备远程监控维护管理，实现生产的可视化、信息化、智能化与高效化的管理。

随着设备实现互联互通，以端到端的数据流为基础，生产制造业的全流程，包括设计、制造、仓储、物流、管理等，也逐步实现数字化。一般来说，传统的生产流程数字化主要是以MRP或ERP的生产制造模块为基础，进而拓展实施包括MES（Manufacturing Excution System，制造执行系统）、WMS（Warehouse Management System，仓库管理系统）、

APS（Advanced Planning and Scheduling，高级计划和排程）、MOM（Manufacturing Operation Management，制造运营管理）、QIS（Quality Information System，质量管理信息系统）等信息系统建设，并在这些信息系统使用过程中伴随线下的各类工单、报表、会议等，形成庞大的生产管理运行体系。在这种状况下，各线上信息系统和线下业务数据基本独立存在。生产流程的数字化转型需要以满足生产全流程的可视化为切入点，对于生产流程的断点、堵点和管理指标开展全面梳理，构建起一整套的生产制造流程的数据治理与数据资产管理模式，并在此基础上围绕业务需求对原有信息系统和线下流程构建基于微服务的应用矩阵，达到支撑生产制造过程的精益化管理，进而达到提高整个生产全流程效率的目标。

随着在企业内部生产制造全流程数字化的不断推进，供应链的数字化转型也成了兴起的方向。供应链是很多大型企业的核心竞争力，体现了企业快速组织生产资料的能力，而数字化手段能更好地固化乃至强化这种能力，因此不少企业有内生动力去构建数字化的供应链。在结构上，数字化供应链向网状结构发展，强调每个节点需要有"备份"，也就是原料、生产、物流、仓储、销售等的每个关键环节，都有不止一家企业相互连接，确保了在某个企业出现问题时，节点中的其他企业能够立刻接替它的位置，重新连通整个供应链。在技术上，数字化供应链企业都有很高的信息化、数字化建设能力，强调以数据为基础，收集供应商、客户、制造、采购市场、销售市场的相关数据，并以各种精确的算法作为手段，实现自动响应和智能决策。在生态上，数字化供应链将线上平台作为沟通平台，不受距离的限制，因为供应链企业信息化、数字化建设程度都较高，能够将业务统一整合，建立起一个供应链平台，通过业务数据交流和可视化报表展现，实现统一分析、统一接单、统一调度、统一跟踪、统一结算等功能，以整个数字化供应链为基准进行生态建设，推动链条中所有企业共同发展。

第四节　模式创新：从产品驱动到客户需求驱动

在传统工业时代，产品的价值与价格完全由生产厂商主导，厂家生产什么，消费者就只能购买什么，生产的主动权完全由厂家掌控。基本上，它的运作假设是，优质的产品会带来大量的客户，从而带来利润和收入。在以产品为驱动的环境中，不必太多考虑当前的市场状况，更具体地说，不必太多考虑客户或用户的需求和偏好，企业的资源和精力主要集中在产品生产上，其他部门都来支持产品生产。

随着工业化进程的推进，大量的工业品从"短缺"走向"过剩"。企业生存的逻辑发生了根本性的变化。大量的赛道，产能明显过剩，品类层出不穷，成本一降再降，一味从自己的生产逻辑出发，很可能面临精心生产出来的产品无人问津、大量库存积压的局面。在这一背景下，生产制造企业只能也必须去更多地适应消费者的需求。消费者的需求，当然是同样的产品，越便宜越好，质量越优越好，同时消费者还有一个普遍的特点，就是对个性化的追求。面对这些个性化的消费需求，标准化的生产模式越来越无法满足他们的要求。为了适应这样的变化，不少企业及时调整了自己的生产逻辑，不再是产品驱动，而是用户驱动。但是工业化的本质，还是通过规模化、标准化，降低成本、赢得竞争力。好在数字化、网络化、智能化技术的及时出现，帮助企业既能满足消费者的个性化定制需求，也能让内部的生产仍以有序的分工、一定的规模化作为前提。随着传统的"以产定销"转变为智能化时代的"以销定产"，柔性制造、个性化定制等新模式不断出现，以更好地满足客户的个性化需求。

专栏3-3：华为——客户需要什么，我们就做什么[1]

　　任正非曾多次对华为的管理层强调，客户需要什么，我们就做什么。作为一家科技企业，华为没有迷恋技术论，而是切入客户的痛点。任正非通过统计得出，破产的企业不一定都输在技术不先进上，而是没有考虑到客户的需求，使自己的产品无法被人们接受，时间长了企业也就无法经营下去了。

　　2002年，任正非在一次研讨会上对员工说："死抱着一定要做世界上最先进产品的理想，只能饿死，成为凡·高的'向日葵'。企业的结构调整要以商业为导向，不能以技术为导向，在评价体系中也要以商业为导向。"任正非认为，企业一定要随着市场变化和客户的需求变化来及时调整产品，因此让研发部门把自己研发的产品与客户的需求结合起来。

　　在市场经济中，切入客户的痛点是一条亘古不变的真理与常识。不管是哪家企业，只要偏离了这个常识，就会在前进路上走很多弯路。因此，在战略层面企业要树立起"以客户为中心"的意识。意识到这一点后，华为将自己的三大业务模块的名称确定为运营商网络BG（Business Group，事业部）、企业业务BG和消费者业务BG，各业务模块都清晰地明确了相应的客户群体，凸显了华为对"切入客户的痛点"的坚持。

　　任正非明确地说："我们过去的成功是因为没有关注自己，而是长期关注客户利益的最大化，关注运营商利益的最大化，千方百计地做到这一点……华为聚焦的是客户，而不是对手。"基于对"切入客户的痛点"的深刻认知，任正非还强调，企业在进

---

① 吴大有. 读懂华为30年：执念是一种信仰. 北京：中国商业出版社，2018.

  数智时代：赢在智能制造

行战略策划时，一般都会考虑到如何应对竞争对手，企业对竞争对手的关注要适度，不要影响到对客户的关注度，否则会削弱企业的竞争力。

在具体阐述"切入客户的痛点"这一战略常识时，任正非指出："不管做任何事，都要因时因地进行改变，不能教条，关键要满足客户需求……我们一定要做商人。科学家可以一辈子只研究蜘蛛腿的一根毛，但我们只研究蜘蛛腿，谁给我们饭吃？因此，不能光研究蜘蛛腿，还要研究客户需求。"

对于华为的发展与壮大，任正非付出了很多心血，这一点，从任正非的多次讲话中都能深刻地感受到。无论是任正非的《坚持顾客导向，同步世界潮流》《全心全意对产品负责，全心全意为客户服务》，还是任正非其他讲话或文章资料，都能够看到任正非对"切入客户的痛点"的重视与坚持。同样，也是因为如此，华为才能从无到有、从小到大、从弱到强，逐渐成长起来，才能在国际市场大舞台闪亮登场，成为世界上通信业最大的设备商。

第五节　组织变革：从职能驱动到流程驱动到数据驱动

组织结构是组织的全体成员为实现组织目标，在管理工作中进行分工协作，在职务范围、责任、权利方面所形成的结构体系，是整个管理系统的框架。组织结构在企业运营中扮演着至关重要的角色，就像房子里的四梁八柱，默默支撑着企业的日常运营。组织结构是企业运转的坚强后盾，它决定了组织效能能否得到充分释放。组织形态的发展，经历了从"职能驱动型"到"流程驱动型"，再到如今的"数据驱动型"的转变。

一、"职能驱动型"组织

"职能驱动型"组织是基于管理学鼻祖马克斯·韦伯和亨利·法约尔的管理学理论。韦伯理论认为，必须按科层制设置企业内部组织结构，因为科层制能够稳定运作，并且呈现出等级制的权力矩阵关系。法约尔理论区别了经营和管理，将管理活动从经营职能中提炼出来，作为一个独立的职能，并将管理活动分为计划、组织、指挥、协调和控制。

"职能驱动型"组织按照组织任务和职能划分部门，设立专门机构、分工细致，具有专业化管理的优势，在当时的技术、信息化水平和社会条件下是一种伟大的组织创新。但是，由于专业分工和部门站位，增加了部门间横向沟通和相互协作的难度，部门和体系对外部变化反应迟缓，难以及时、迅速满足客户需求。

二、"流程驱动型"组织

20世纪末，随着公司向集团化、大型化、多元化发展，科层制带来的企业管理弊端逐渐显露。同时，随着企业规模扩大，市场要求企业反应速度要快，而科层制层级之间层层传递，内耗严重。

基于此，20世纪90年代出现了非常著名的业务流程再造的管理变革思潮。业务流程再造的核心是要建立横向的跨部门流动，解决跨部门的信息流动和分层决策问题，建立一种打通横向部门墙的机制。通过业务设计和流程设计后，用信息化手段将其固化下来，解决从原来的纵向流动到打通横向流动的问题。

"流程驱动型"组织以满足客户需求为导向，以流程为核心，基于业务流程分析，设置部门、部门职责和人员分工。这种组织打通部门间壁垒，追求高效协同和运作，能适应信息社会的复杂多变和快节奏。"倒三角"式组织就是典型的流程驱动型组织，让距离客户最近的人指挥战斗，以客户为中心，以流程驱动满足客户需求。

专栏3-4：倒三角式的人力组织结构[①]

从20世纪90年代起，美国已经有些知识型企业开始研究、建立与传统组织形式相反的"倒三角组织"，成功与失败的案例都不少。对于大型跨国公司来说，海尔是"倒三角组织"的典型代表。随着"海尔模式"的成功实践，"倒三角组织"逐步被更多的人所认识和接受。

那么，究竟什么是"倒三角组织"呢？一般来说，"倒三角组织"分为以下三个层次：

第一层次：由负责研发、采购、生产、销售等直接价值活动的业务单元组成，也可称之为前台。

第二层次：由负责人力资源、财务、市场营销、质量管理等间接价值活动的业务单元组成，是中、后台。

第三层次：由负责战略制定、综合协调运营等工作"领导"组成。

企业"倒三角组织"之所以能够获得不断发展，主要有两个原因：第一，随着经济的发展、信息技术的进步，消费者的需求越来越多样化、及时性要求越来越高，而传统企业无法及时有效满足消费者多样、快捷的需求；第二，传统"正三角形组织"企业的弊端得不到根本解决，且越积越厚，如：等级森严、对新鲜

---

① 吴大有.读懂华为30年：执念是一种信仰.北京：中国商业出版社，2018.

事物感觉迟钝、缺乏创新、活力不足等。

　　企业能否成功地从"正三角"变革为"倒三角"，关键要做到以下四个方面：

1. 合理定位

　　传统的领导者是：战略制定者、决策者、协调者、支持者、服务者；传统的"职能管理"部门定位为：服务者、业务伙伴。

2. 责权分配

　　基于新的定位，进行重新职责分工，传统的职责分工采用的是"基于战略自上而下"的方式，而"倒三角组织"采用的是"基于客户自上而下"的方式。前者的"上"指的是传统高管，后者的"上"指的是业务部门。按照权责对等的原则，使用同种方式完成权限的重新分配，只能导致"领导"权力的大大削弱，如此就会将更多决策权力分配给处于"倒三角组织"顶端的业务部门。

3. 人的匹配

　　一方面，"倒三角组织"对各层级员工专业能力的要求很高，"混吃混喝"的人无法在这样的组织模式下生存下来。在过去的组织模式下，领导总要面临"被授权"的状态，基层解决不了的问题上传到中层，中层解决不了再传给高层，高层既要发号指令又要处理问题。而在倒三角模式下，员工直面的是问题，是解决问题的主体。一方面，员工的思维方式、自我定位发生了较大的转变，业务人员工作起来会更加积极主动，职能人员会形成服务意识，领导者会聚焦于战略层面问题的思考。

4. 运行机制的改变

改变了过去那种"自上而下"的推动机制，重新设计组织的运行逻辑和机制。运行机制主要包括：客户驱动机制、契约机制、人单酬机制、官兵互选机制等。核心是：围绕客户需求，通过企业内部的高效、协同运转，及时为客户提供高质量的产品和服务。其实，"倒三角组织"更多的是组织运行方式的问题，而"倒"或"正"相对来说是次要的。将这个问题解决掉，"正三角组织"也能采用"倒三角组织"的运行方式。

三、"数据驱动型"组织

随着信息技术和人工智能的发展，数据已成为一种重要的资源。过去，数据和职能中间的业务活动主要依靠文件、制度和权力，现在则转变为依靠在流程基础上的各个相关方的数据集成和获取，并且将之与业务结合，转化为知识和能力。在各种数据获取后转换为知识的基础上，"数据驱动型"组织应运而生。"数据驱动型"组织不再是一个等级森严的组织，而是节点式的组织。这种节点式的组织可以通过数据赋能的方式，借助高度发达的信息网络，实现不同节点上的信息交互和互享，从而利用数据准确分析需求，迅速做出反应，快速满足需求。比如滴滴出行能够准确预测客户的需求规律并进行车辆调度，携程根据用户出行习惯适时推出个性化设计。以此类推，生产制造企业也可以根据市场变化，进行灵活的预测性生产。

专栏3-5：智能制造下组织结构变革的重要关注点[①]

　　智能制造的推进势必倒逼组织结构变革，小到车间，大到工厂和集团，组织形态都会发生变化。推进智能制造带来了操作室集中、操作岗位由机器人替代、远程运维、服务环节上线等，使得跨产线、跨地域、跨空间的协作协同逐渐深入，推动了组织边界的扩大，组织间信息传递也更直接迅速。为推动变革顺利进行，组织结构变革时需要重点关注以下几个方面的问题：

1. 组织结构与企业战略相匹配

　　著名管理学者阿尔弗雷德·钱德勒指出，战略决定结构，结构跟随战略。企业的战略目标决定企业的组织结构，一旦明确了战略，组织结构应随之适时调整，以适应战略执行和实施的要求。同时，企业组织结构决定着企业各类资源的合理配置，对各项决策是否高效执行和顺利落地起着重要影响。

2. 组织结构变革不以减人为目的

　　智能制造的推行带来了"机器换人"，必然会带来现场操作工人减少、岗位合并、部门整合。从短期看，"机器换人"的确会对现有的岗位和部分员工造成一定冲击，打破既有的利益格局。但从长期看，智能制造将消灭危险性高、劳动环境差、简单重复劳动的岗位，释放繁重劳力，使员工享有更大的安全度、自由度和便捷度等。推行智能制造背景下的组织结构变革不是简单的减人增效，而是在减少操作岗位的同时，进一步优化人力资源配置，适应技术发展需要，进而提高效率、降低成本、稳定产品

---

　　① 智能制造战略下企业组织结构变革［EB/OL］.https://mp.weixin.qq.com/s/o_1mVx FUOtu52 VzChIlpg.

质量，为用户提供更好的服务。在确定变革决心的同时，需要加强宣传和引导，上下一心，达成共识。相反，简单粗暴地减人只会成为变革的最大障碍。

3. 组织结构变革以先进信息技术为基础

对于数字化变革中的企业，随着自动化的逐步推进，智能制造的大力推进，数字化控制场景的增多，信息技术的应用优化了业务流程，重塑了人们之间劳动组合的关系，为组织结构变革带来实施条件。组织结构变革不能盲目进行，要充分考虑现代化信息技术的运用，减少部门间的横向协调和管理界面，降低企业管理成本，将组织从原来庞大、复杂、烦琐的状态中解脱出来。

4. 流程再造是组织结构变革的前提

企业进行组织结构变革的前提是流程再造。技术变革首先带来的影响是业务流程发生变化，而组织结构变革是新的业务流程顺利高效的保障。组织为流程服务，而不是流程为组织服务。根据优化的流程调整组织结构，而不是先调整组织结构再优化流程。智能制造与流程再造、管理变革是一个系统思维，体现生产力和生产关系的辩证关系。马克思历史唯物主义告诉我们，生产力发展到更高阶段，如果生产关系、管理体制不进行相应变革，就不能适应生产力的发展。

5. 人力资源是组织结构变革的关键

在组织结构变革中，应充分重视人的影响因素。企业任何活动最终都需要人来承担和执行，人力资源往往是变革能否成功的关键因素。在智能制造背景下，培养和引进既懂信息化技术又懂业务的人才队伍尤为重要。在组织变革中，需要做好员工赋能，

> 及时了解员工诉求，帮助员工尽快适应新的岗位要求，增强员工对企业发展的信心，增加员工的归属感。

第六节　竞争力提升：从效益提升到创新驱动到可持续发展

一、效益提升

智能制造技术在企业层面的应用能够带来显著的生产效益，这是智能制造带来的最直接也是最清晰的结果。制造企业通过引进智能化设备、更新智能化产线、构建信息化系统，可以有效提升生产效率、节省成本、降低能耗，比如浙江通过推进数字化车间、智能工厂、未来工厂的建设，全面推广智能制造，建设前后企业的平均综合成本降低14.5%，能源利用率提升16.8%，产品不良率降低33.2%[①]。

围绕提升效率这一点来看，是应该做自动化、数字化还是智能化？应该没有一个标准的答案。为什么没有标准答案？对于企业来讲，当前每家企业所处的阶段是不一样的，所面临的问题也是不一样的，有些企业可能目前自动化程度还比较低，那么就得先去做自动化这件事情，这是必经的过程。有的企业已经有了自动化的积累，那接下去主要就是做数字化的工作。但是目标是殊途同归的，就是提升企业效益。

---

① "浙"样深化"未来工厂"建设［EB/OL］. https://mp.weixin.qq.com/s/aUJYnwdr Hs7fXFS_P4oYdA.

二、创新驱动

智能制造不仅影响智能产品的生产质量与开发速度，还促进了产业形态和发展模式的变革与创新，是推进制造业创新发展的主要技术路径。智能制造作为一个大系统，贯穿于设计、制造、服务等产品全生命周期的各个环节，通过对相应系统环节的优化集成，实现制造的数字化、网络化、智能化，将先进制造技术与数字化网络化智能化赋能技术深度融合，推动制造企业产品创新、生产创新、模式创新、集成创新的整体突破。一方面，持续开展制造业技术的原始创新积累，这是根本性的，也是相关企业安身立命的基础；另一方面，利用革命性的共性赋能技术——数字化网络化智能化技术，对制造技术进行赋能升级、集成创新，这是开拓性、普惠性的，适用于各行业、各种类的制造企业，也是赢得市场竞争的关键。

专栏3-6：智能制造推动制造企业创新升级[①]

1. 智能产品创新

制造产品、制造装备是智能制造的主要组成部分，前者是智能制造的价值载体，后者是智能制造的重要前提。新一代智能制造技术的发展进步，推动制造产品、制造装备从"数字一代"整体提升至"智能一代"，在提高产品功能、性能、市场竞争力方面具有根本性优势。

2. 智能生产创新

智能生产也是智能制造的重要组成部分，主要载体是智能工厂。智能工厂采用数字化网络化智能化技术来推动生产过程优化，提升生产系统的性能、功能、质量、效益。在今后相当长的

---

① 战略研究：智能制造推动我国制造业全面创新升级［EB/OL］.https://mp.weixin.qq.com/s/Hx6fvKabe1n1JwQVj-B6UA.

时期内，智能装备、智能生产线、智能车间、智能工厂等企业生产系统的优化升级，是推进智能制造的重要方面。

3. 制造业模式、业态创新

在智能制造技术支持下，制造业的生产模式、组织模式、产业模式都将发生革命性变化。一是制造业生产模式从大规模流水线生产转向规模定制化生产，企业生产与客户需求直接对接，以此优化企业生产资源配置，高效、经济、个性化地满足用户需求。二是制造业发展模式从生产型制造向服务型制造转变，数字化网络化智能化技术的广泛应用促使企业快速实现从产品制造企业向系统解决方案提供商、服务型制造商的转变。三是制造业组织模式从企业竞争与垄断走向企业竞争与协同合作，信息网络、物流系统方便快捷，企业的设计、生产、销售、服务等活动有望实现分解、外包、众包，生产制造、设计创新、制造服务等环节实现协同与共享，制造企业之间将形成合作共赢的生态。

三、可持续发展

智能制造和可持续发展看似两个主题，实则是一体的，都代表着人类未来文明不可或缺的组成部分。可持续发展是人类社会未来的方向，而智能制造是通向未来的快车道，两者相辅相成。如果说智能制造是未来之术，可持续发展就是未来之势，智能制造是工具箱，可持续发展就是蓝图。在注重"长期价值"的高质量发展理念引导下，数字技术将进一步与零碳建筑、能源转型、循环经济、人本主义等可持续发展元素结合起来。我们认为，落脚到企业层面，智能制造至少在三个方面可以助力可持续发展目标的实现。

首先，智能制造能够带来制造过程的可持续。这是智能制造能带来的最直接的效果，简而言之就是精益生产管理，它与前文所说的精益化、效益提升其实是一致的，通过最大限度改进人力和机器的最佳协同和互动方式，调动劳动者最宝贵的价值创造性，实现对人有效的提升和可持续。

其次，智能制造能够助力材料应用的可持续。在微观层面，智能制造会对可持续发展产生更加革命性的推动力。在日常生活中，人们衡量排放的基本单位是物质，甚至是物品，在工业过程中某类物质排放得多，这个过程是不环保不可持续的。智能制造通过对物质产品、材料分子进行智能化管理，最大限度挖掘工业材料的价值、减少工业过程的排放、实现工业废料的循环利用。

最后，智能制造能够塑造全生命周期的可持续。从生产开始、产品使用到全生命周期维护，无论是设备、机械、工具等生产资料，还是电器、车辆等生活资料，只要是工业产品，保持其状态稳定，发挥其最佳效能可以说就是可持续的，否则就是物质资源乃至社会资源的浪费。所以，智能制造的另一个外延可以包括产品自身的智能管理，即让产品以有效的方式自我管理并及时调整产品状态。

第二篇

变革重塑：智能制造的理念与架构

在上一篇章，我们从世界经济格局变迁和微观企业适应性变革两个角度，探讨了制造业企业数字化、网络化、智能化的必然性，也谈到了智能制造中的一些关键点，比如以客户为中心、数据的重要价值、管理与组织的匹配性变革，以及对企业竞争力、价值和可持续发展永无止境的追求。希望广大企业能正视智能制造的趋势、坚定对智能制造投入的决心。

在这一篇章，我们将用更加理性的视角，对智能制造的核心理念、技术架构、关键使能技术、典型应用场景、组织架构和评价标准等进行全面的阐述，希望能对即将或已经走上智能制造道路的企业和相关参与人士有一些理念、方法和工具的启发。

如果要用几句话来概括企业实施智能制造战略中要关注的要点，主要有四个方面：一是智能制造支撑的绝不仅是生产制造业务，还是企业的整个发展战略，所以一定是"一把手工程"，也一定会涉及流程再造和组织架构重塑；二是智能制造实施中，正确的理念引领十分重要，能帮助企业认清前进的方向和多目标平衡中的原则和标准；三是智能制造绝不是对数字技术的盲目应用，而是要与业务逻辑紧密结合起来，一定要解决关键设备、关键环节、关键流程中的问题，我们反对把智能制造做成"参观线"和"盆景"；四是智能制造是一个系统工程，虽然实施层面不可能一蹴而就，但是顶层设计一定要先行。

☆　第四章　☆

理念引领：智能制造的核心理念

理念引领实践，我们平时耳熟能详的可能都是一些科技型企业展示的企业理念，比如阿里一直秉持着"让天下没有难做的生意"的使命，坚定"客户第一"的信念；腾讯将"用户为本、科技向善"设定为它的使命愿景，同样引起了业内人士的热烈追捧；谷歌的"Don't be evil"昭示了一家高科技企业的经营理念，并将"一切以用户为中心，其他一切纷至沓来"奉为圭臬。智能制造同样有它的核心理念，诸如以客户为中心、以数据为驱动、以价值为导向、以生态为力量、以可持续发展为目标，引领着智造之路行稳致远。

第一节　以客户为中心

德鲁克认为，企业存在的理由是创造客户。在他看来，客户原本是不存在的，是企业和企业家通过对市场与客户需求的洞察做出产品和服务而创造了客户和市场。任正非曾说："为客户服务是华为存在的唯一理由。"华为的信仰就是"客户"，只要客户不消亡，华为就有存在的必要。归根结底，就是要保持对客户的尊重和敬畏，不断地以客户为中心，用客户的要求去审视自己，找到差距，抓住机会，规划方向，带领团队实现梦想。

专栏4-1：华为的核心理念——以客户为中心[①]

2011年利比亚战事爆发，众多欧美知名移动设备提供商纷纷在第一时间选择撤离，中国政府也安排专机接送在利比亚的华人华侨。面对这样严峻的人生考验，是回到家人身边，还是坚守在客户身边，很多华为员工都选择了坚守，因为他们知道当时网络和通信的安全与稳定对于客户是多么重要，因为他们知道这时是客户最需要他们的时候。于是，他们选择留在客户身边，帮客户确保网络和通信的安全与稳定。

华为员工也知道这种选择伴随着巨大的风险和牺牲，但是为了客户，为了网络的稳定，他们用自己的实际行动为我们诠释了什么是"以客户为中心"。这番坚守赢得了客户的信赖和赞誉。利比亚战事结束后，华为在利比亚获得了远超竞争对手的移动通信设备订单。

同样，2011年日本福岛爆发核危机后，孙亚芳带领的华为日本团队不仅没有撤离，反而增派人手，沉着、冷静地参加了抢险，在一天内协助软银、E-mobile等客户抢通了数百个基站。

---

① 吴大有.读懂华为30年：执念是一种信仰.北京：中国商业出版社，2018.

 数智时代：赢在智能制造

那么，以客户为中心的理念是否仅仅是了解和更好满足客户的已有需求？是否能够创造和满足客户潜在的需求？《乔布斯传》最后一章《遗产：无比辉煌的创新天堂》中引用了亨利·福特的话："如果我最初问消费者他们想要什么，他们应该会告诉我，'要一匹更快的马'！"乔布斯认为，其任务应当是提前一步搞清楚消费者将来想要什么。彼时，乔布斯决定做智能手机，曾有人问是否应该进行市场调研。乔布斯回答说："不用，因为他们并不知道自己想要什么。他们看到我们的产品，才会知道这就是自己想要的。"这就要求企业具有非同一般的远见、与客户群体的深度共鸣，这应该就是"以客户为中心"的至高境界。

此外，"以客户为中心"更是一种价值观的体现，企业的长期发展目标必须和客户紧紧联系在一起。亚马逊创始人贝索斯曾说："以客户为中心并不能保证你不受竞争影响。但如果从客户需求出发进行创新，你将能保持领先。"

值得注意的是，"以客户为中心"已成为当前制造企业的核心理念，智能制造则是奉行这一理念的最佳手段。在数字技术迅猛发展的今天，企业和客户之间的触点越来越丰富：用户论坛、社交网络、产品使用反馈、智能硬件交互等。这些触点留下了客户的蛛丝马迹，可以帮助企业更好地把握客户的需求，提高产品的个性化水平。基于智能制造技术，企业可以生产出超乎人们想象力的产品，苹果手机的发展就可以说明这一点。

另一方面，要抓住客户，产品的开发过程更需要新技术的支撑。"以客户为中心"的制造理念，首先应反映在产品开发上，现代产品开发的理念强调设计—制造—使用一体化考虑。传统的产品开发模式是串行的，就是单一地从设计到制造再到销售，而现代产品开发模式是并行的，在设计环节，设计者就可以通过物联网、大数据、人工智能等先进的数字技术获取到其他环节的数据和知识，获得客户的使用经验和想法。由此，随着先进制造技术的不断发展，客户需求的多样化和个性化催生了新的制造模式——大规模定制，柔性生产、智能排产、传感互联、大数据等技术的成

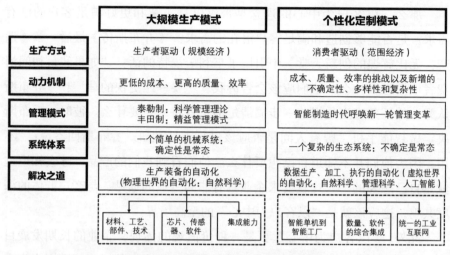

	大规模生产模式	个性化定制模式
生产方式	生产者驱动（规模经济）	消费者驱动（范围经济）
动力机制	更低的成本、更高的质量、效率	成本、质量、效率的挑战以及新增的不确定性、多样性和复杂性
管理模式	泰勒制：科学管理理论 丰田制：精益管理模式	智能制造时代呼唤新一轮管理变革
系统体系	一个简单的机械系统： 确定性是常态	一个复杂的生态系统：不确定是常态
解决之道	生产装备的自动化 （物理世界的自动化：自然科学）	数据生产、加工、执行的自动化（虚拟世界的自动化：自然科学、管理科学、人工智能）
	材料、工艺、部件、技术／芯片、传感器、软件／集成能力	智能单机到智能工厂／数量、软件的综合集成／统一的工业互联网

图4-1 大规模生产与个性化定制[1]

熟应用让制造企业可以在保持规模生产的同时，针对客户个性化需求进行敏捷柔性的生产。

智能制造推动的另一个重要转变是从生产型制造向服务型制造的转变，服务型制造也是一种基于客户端考虑的制造模式，有人把定制化生产也归于服务制造。对制造企业而言，产品卖出后，能够通过远程监控、运行诊断等先进技术提供必要的设备维护服务，一些制造企业也正在向"产品+服务"的商业模式转变。

第二节　以数据为驱动

在各业务领域存在着多种驱动模式，目标驱动、职能驱动、流程驱

---

① 智造讲堂：现代制造的基本理念之以客户为中心［EB/OL］. https://mp.weixin. qq.com/s/7BZnT9XoQBq-zUsFAP1_bg.

动、场景驱动，包括围绕其他生产要素产生的驱动，等等。那为什么需要数据驱动？因为我们需要自下而上的结构化逻辑，最有力地消除"人"这个主体高概率会产生的感性、重叠、偏差等风险，最大限度地向理性靠近。

2020年4月，中共中央、国务院发布的《中共中央 国务院关于构建更加完善的要素市场化配置体制机制的意见》，将数据作为与土地、劳动力、资本、技术并列的生产要素，要求"加快培育数据要素市场"，这标志着数据被正式纳入生产要素范畴。

专栏4-2：数据的主要特性[①]

数据作为五大生产要素之一，具有与其他生产要素共通性，如不可替代性、满足使用需要、可产生价值等，也有本身的特性，如流通性、虚拟化、智能化、可共享、可融合等。数据本身的特性，以及数据驱动的特性，主要体现在以下几个方面：

1. 真实客观性

实事求是重点在于"实"和"是"，"实"是实证、事实，"是"是真知，而数据是对世界的真实、客观描述，以数据为核心构建的驱动模型，在整体链路中无论是对问题描述、需求分析，还是场景设计、效能评价，都会更精确、更高效、更接近事实，更能探得本质与规律。

2. 整合互联性

从数据要素本身来说，需要统筹大量的多元异构数据进行相融、整合，成为信息，并显现出规律以及问题切口，才能产生真正的驱动力；从驱动链路来说，关联了纵向到底、横向到边的所

---

① "数据驱动"的本质与方法［EB/OL］. https://mp.weixin.qq.com/s/CYSDUE9ytj QYTX0gmJAjcg.

有要素，包括制度规范、知识、流程、人员、资源等，实现了点线面体系统性的各领域交叠、汇聚、融合，是科学协同理念的延续与发展。

3. 动态扩展性

一方面，在承载平台上以相关技术可以实现数据的动态在线，指引相应的驱动注入要素实时更新、上游流程自动重组而不用人工介入进行讨论、决策、优化；另一方面，根据DIKW模型理论，数据可以实现向信息、知识、智慧的逐步转化、扩展、沉淀，驱使协同后产生新的结构和功能。

伴随着大数据、人工智能等新技术与制造业加速融合，以"数据+算力+算法"为核心的智能制造技术体系逐渐形成。其中，数据是基础。大数据提供生产过程数据采集、加工处理、数据分析和可视化的能力。目前，大数据与人工智能形成多方位深度融合、相互促进发展，大数据为人工智能技术发展供应数据燃料，人工智能也为大数据发展带来算力提升和算法引擎。只有将数据与智能切实融入制造业中，以"数智"赋能提升制造企业核心竞争力，加速打造制造新模式，形成新动能，方能真正实现制造业智能化转型升级，进而带动整个行业高质量发展。

"数据+智能"制造新模式的本质在于如何让数据自主流动，化解生产过程当中的不确定性：让正确的数据、在正确的时间、以正确的方式，自动传递给正确的人和机器，实现生产资源的高效配置。这个新模式聚焦制造运营管理，围绕计划、质量、设备、物流仓储、能源等主线，借助"数据+算力+算法"的强大组合，将生产要素及过程状态转化为数字化信息，实现全生产链条互联互通，并将生产过程中产生的海量数据与专家经验相结合，使"数据"转化为"洞察"，及时为管理人员、生产主管和一线操作人员提供准确的信息和决策建议，增强企业洞察决策能力，实现

"感知—洞察—评估—响应"闭环的智能运作与循环提升，完成由人为经验决策到"数据+智能"决策的转变[①]。

此外，在全球政治经济格局动荡的背景下，还要注意"数据安全"的问题，尤其是一些高科技领域的企业，因为这不仅关系到企业和个人的利益和声誉，也关系到国家的信息安全和社会稳定。

第三节　以价值为导向

以价值为导向，就像是一艘船的指南针，带领着船只向我们想要达到的目标前进。对制造企业而言，以价值为导向意味着其决策和发展都围绕着一个核心，即价值的创造和实现。它注重对客户需求、员工发展和市场变化的深入理解，并以此为依据进行决策。企业的目标当然是追求利润，但同样重要的是，在整个过程中，通过各种方式提高效率、减少浪费、优化流程，更好地满足客户需求，从而提高企业的价值和竞争力，帮助企业在商业海洋中稳健前行，实现可持续发展。同时，它也强调了与合作伙伴、客户等共同创造价值，形成更强大的力量，也会注重对员工的激励和培养，以激发员工的创造力和潜力，为企业创造更多的价值。这种理念不仅能让我们的经济活动更有意义，更重要的是，还能让企业在竞争中脱颖而出，成为行业的佼佼者。

如何实现从低附加值、劳动密集型模式向高附加值、高技术含量模式转变，实现新旧动能转换？智能制造是重要手段。智能制造借助更加先进的技术和智能化手段，优化生产流程、提高生产效率和产品质量，引领企业向价值链高端攀升。

---

① 基于"数据＋智能"的制造新模式研究［EB/OL］. https://mp.weixin.qq.com/s/uZDZG3R Guz4lyTI4tchheg.

专栏4-3：智能制造价值导向的主要体现

1. 提高生产效率

通过智能化的生产线和生产设备，可以自动化、智能化地完成生产流程，减少生产过程中的人为影响因素，提高生产效率。

2. 降低生产成本

通过优化生产流程，减少资源浪费和废品率，同时降低人力成本和物流成本等。

3. 提高产品质量

智能监测生产过程的各个环节，及时发现问题和缺陷，通过柔性生产线、智能仓储管理和应对生产变化的灵活性，使企业更快捷地适应市场需求，提高产品质量。

4. 缩短产品研发周期

通过智能制造，产品从研发到上市、从下订单到配送的时间得以缩短。远程监控和预测性维护可以为机器和工厂减少高昂的停机时间，不断减少生产中断时间。

5. 提高生产的灵活性

通过采用智能化生产、工业互联和虚拟工艺设计等，智能制造开启了大规模批量定制生产乃至个性化小批量生产的大门，提高了企业生产的灵活性。

6. 创造新价值

企业将实现从传统的"以产品为中心"向"以集成服务为中心"的转变，将重心放在解决方案和系统层面上，利用服务在整个产品生命周期中实现新价值。

第四节　以生态为力量

　　智能制造是一项持续演进、迭代提升的复杂系统工程，涉及内容十分丰富，领域非常广泛。"生态"是推进智能制造发展的重要力量，它强调了智能制造的广度和深度。这就意味着，我们要构建一个如同自然生态系统一般的、多层次且多元化的智能制造生态系统。在这个系统中，产业链上下游、产学研用等各个关键环节都能深度融合，激发出强大的协同创新效应。推动智能制造高质量发展，不能只给予单一方面的支持，还要坚持系统观念，全面考虑区域、行业发展的实际情况。我们要充分调动地方政府、行业、企业、高校院所、金融机构等社会各界的积极性，不断完善智能制造发展生态。就像一棵茂盛的树，需要根部吸取养分，树干支撑树冠，树叶进行光合作用，各方共同努力才能让智能制造之树苗壮成长。

专栏4-4：智能制造生态体系[①]

　　智能制造发展生态是指对智能制造发展具有重要影响的各种要素的集合及其相互作用的关系，包括相互依赖、复杂连接、共同演化四个子体系，即创新体系、应用体系、供给体系和支撑体系。

1. 强化创新驱动，健全智能制造创新体系

　　创新是第一动力。在智能制造发展生态中，创新子体系主要负责提供发展动能，推动智能制造不断向更高层级演进。提高智能制造创新能力，首先要有高效运转、充满活力、开放协同的

---

① 完善智能制造发展生态，有力支撑制造强国建设［EB/OL］.https://mp.weixin.qq.com/s/bFuggLd2pE2F9olrn_zS9w.

创新载体，既包括企业的研发中心、检测中心、设计中心、中试基地等研发机构，还包括大学、科研机构、供应商和技术中介等组织。

2. 突出市场主导，完善智能制造应用体系

应用是根本目的。应用子体系负责为智能制造提供落地载体，使其从理念、技术和模式变成看得见摸得着的车间、工厂和供应链等。完善应用子体系，一方面要加快推广普及，把前期通过试点示范形成的经验、模式和解决方案在企业集团、细分行业和制造业集聚区等进行大规模的复制推广，推动制造业企业，尤其是中小企业的数字化转型和智能化变革。另一方面，还要鼓励基础条件较好的企业，加快人工智能、区块链、5G等新技术的创新应用，积极探索更高水平的智能制造。

3. 着力补齐短板，提升智能制造供给体系

供给是核心能力。供给子体系主要包括智能制造装备、工业软件和系统解决方案等，是智能制造发展核心能力的集中体现，也是当前我国智能制造发展的最大短板。提升智能制造供给体系，一方面，要充分发挥新型举国体制优势，依托国家重大科技项目、国家重点研发计划等专项资金，突破基础零部件、核心智能装置、关键工业软件等"卡脖子"环节；另一方面，还要充分发挥我国超大规模的市场优势，以市场需求为导向，推动产学研深度协同，通过产业化应用加速装备、软件和解决方案的研制和迭代升级。

4. 夯实发展基础，增强智能制造支撑体系

支撑是基本保障。除创新、应用和供给外，发展智能制造还需要基础设施、要素供给、网络安全、产业政策、社会文化环

境、国际环境等辅助因素的保障，即支撑子体系。其中，要素供给包括人才、土地、资金等。目前，制约智能制造发展的主要是人才因素，尤其缺乏既熟悉生产制造又懂ICT（Information and Communications Technology，信息与通信技术）技术的复合型人才；基础设施包括信息基础设施、交通网络、资本市场等，其中最关键的是网络、算力、工业互联网平台等信息基础设施。此外，还需要标准、安全等的支撑和保障。

第五节　以可持续发展为目标

1987年，世界环境与发展委员会（WCED）发表了报告《我们共同的未来》，这份报告正式使用了"可持续发展"概念，把"可持续发展"定义为"既满足当代人的需要，又不对后代人满足其需要的能力构成危害的发展"。很明显，可持续发展理念涉及环境保护、人的生存和发展，这显然是个社会综合问题，需要政府、工业、科技、社会等各方面组织的共同努力。作为立国之本的制造业，在可持续发展中的作用自然举足轻重，而智能制造是推进可持续发展的重要手段。

一想到和制造相关的可持续发展，我们脑海里首先跳出的可能就是绿色制造，尤其在当前实施"双碳"战略的背景下，节能、减碳、绿色等内容更加引人关注。绿色制造是一种全面的考虑制造全过程的新型制造模式，它要求在产品的制造、使用到报废整个过程中不产生环境污染或环境污染最小化，符合环境保护要求。对于一个制造企业而言，要做到这一点，需要从产品的全生命周期去考虑。

专栏4-5：绿色制造的主要方面

1. 绿色设计

绿色设计是从可持续发展的高度审视产品的整个生命周期，强调在产品开发阶段按照全生命周期的观点进行系统性的分析与评价，消除潜在的、对环境的负面影响，力求形成"从摇篮到再现"的过程。绿色设计主要可以通过生命周期设计、并行设计、模块化设计等方法来实现。

2. 绿色材料

绿色产品首先要求构成产品的材料具有绿色特性，即在产品的整个生命周期内，这类材料应有利于降低能耗，环境负荷最小。

3. 绿色生产

在实质性的机械加工中，在铸造、锻造冲压、焊接、热处理、表面保护等过程中都可以实行绿色制造工艺。具体可以从以下几个方面入手：改进工艺，提高产品合格率；采用合理工艺，简化产品加工流程，减少加工工序，谋求生产过程的废料最少化，避免不安全因素；减少产品生产过程中的污染物排放，如减少切削液的使用等，目前多通过干式切削技术来实现这一目标。

4. 绿色包装

绿色包装是指采用对环境和人体无污染，可回收重用或可再生的包装材料及其制品的包装。首先必须尽可能简化产品包装，避免过度包装；使包装可以多次重复使用或便于回收，且不会产生二次污染。如在摩托罗拉的标准包装盒项目方面，其做法是缩小包装盒尺寸，提高包装盒利用率，并采用再生纸浆内包装取代原木浆，进而提高经济效益。

5. 绿色处理技术

在传统的观念中，产品寿命结束后，就再也没有使用价值了。事实上，如果将废弃的产品中有用的部分再合理地利用起来，既能节约资源，又能有效地保护环境。如此一来，整个制造过程也会形成一个闭环的系统，能有效减轻对环境的危害，这也正是与传统制造过程开环特性最不同的一点。

此外，智能制造还应该是人与社会可持续发展的重要驱动力。在2019年达沃斯世界经济论坛上，论坛创始人兼执行主席克劳斯·施瓦布说："在第四次全球化浪潮中，我们应以人为本，实现包容性、可持续发展。"在我们身边，很多企业都在切实推动可持续发展，把面向人与社会作为企业的发展理念，比如华为。华为作为一家科技巨头，以"可持续发展"战略为框架，对标联合国可持续发展目标以及国际通用的相关准则，对外披露公司在社会价值方面的贡献，推进企业增长模式的变革，自2008年起，华为每年都会发布可持续发展报告。

专栏4-6：华为的可持续发展之路[①]

第一阶段，企业发展初期，华为主要在中国市场开展业务，主要关注教育、救灾济困方面的公益活动，如"寒门学子"等行动，华为每年为全国上百所学校提供奖助学金，为中国培育科技

---

① 华为：科技助力可持续发展［EB/OL］. https://mp.weixin.qq.com/s/62Mv29cN6-VOmuGv_q6TtA.

人才。此外还有其他一些社会公益活动，皆是企业基于社会责任的自发性行为。

第二阶段，从2001年持续到2013年，在走向国际市场的过程中，华为提出了可持续发展四大战略：一是致力于普惠联接，消除各地区之间的数字鸿沟；二是为网络稳定安全运行提供保障支持，任何时间、任何地点保证客户的网络稳定运行，确定了在当地长期为客户服务的理念；三是推进绿色环保，提出绿色节能减排政策并积极施行；四是实现共同发展，构建和谐的商业生态，无论进驻何地，都努力与当地社区融为一体。

第三阶段，华为将可持续发展战略进一步升级，形成数字包容、安全可信、绿色环保、和谐生态这四大战略基石。具体来看，因"消除数字鸿沟"偏电信领域，结合公司新的愿景和业务变化，将其升级为数字包容，同时发起了TECH4ALL数字包容倡议，希望让更多人拥有更多的技能和更多的服务。这一阶段华为还将节能减排扩大到整个供应链，从华为自身到上下游的供应商和使用者都纳入节能减排的链条中，构建更加和谐的商业生态。

另外，华为进一步提出要用"比特管理瓦特"，也就是融合数字技术和电力电子技术，以期用数字技术不断优化和提升绿色能源的能效，例如通过数字化加持的智能光伏逆变器，来提升光伏电站的发电效率等。

☆　第五章　☆

顶层设计：智能制造的体系架构

　　智能制造是以制造企业的价值链和竞争力提升为目标，从本质上来说不是单系统的应用以及数字技术的堆砌，而是数字技术、企业战略、管理体系、人员意识等多维度的建设和融合，是一个复杂的系统工程。可见，制造企业要推进智能制造，就要按照"统筹规划、分步实施"的总体思路，从顶层设计的制定开始，明晰体系架构，明确发展模式。

第一节　智能制造生态型组织——"三台"架构

一、什么是"三台"架构?

　　诺贝尔经济学奖获得者弗里德里希·A·哈耶克把"分立的知识"（divided knowledge）视为经济学的核心问题，他说："我们宣称要解决的乃是这样一个问题：若干人（其中每个人都只有一点知识）之间所发生的互动关系究竟是如何的？……究竟什么方式才是运用最初由个人分散掌握的那些知识的最佳方式？"这一问题源自经济管理领域理论研究与实践应用的最古老、最核心的课题——分工与协作的平衡。为此，我们是否能够设计一种全新的组织架构，适应于以VUCA（不稳定Volatile、不确定性Uncertain、复杂性Complex、模糊性Ambiguous）为基本特征的时代要求？

现在，这个问题有可能通过数字化转型找到解决方案，那就是"三台"架构。"三台"架构的出炉与VUCA的时代背景密切相关。我们可以从美军的演变来看"三台"的发展，二战时美军以军/师为单位，越战时以营/连为单位，阿富汗战争时以"前线小分队+后方航母战斗群"为作战模式，华为对美军非常了解，所以提出了"让听得见炮火的人呼唤炮火"。我国军队是"游击队+大兵团"作战模式，游击队就是小前台，大兵团是中台，这两个结合起来就是对未来组织的要求，既要敏捷，又要稳定，既要有效果，又要有效率。

作为一种"分布式"结构，"三台"架构既能激活个人、赋能个人，实现有效分工；也能协调组织、赋能组织，实现有效协作，从而实现分工与协作的有效平衡。"三台"架构包括三个组成部分：（1）灵活柔性执行具体任务的前台；（2）为前台提供全面赋能服务的中台；（3）为前台与中台指明长期战略方向与整体战略布局的后台。简单来说，就是前台是小分队，精兵作战；后台进行精准打击，中台控制资源，但是资源的指挥权在前台。如果用人体来比喻"三台"，那么后台是大脑，中台是躯干，前台是四肢。

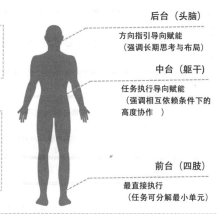

图5-1 "三台"架构

"三台"架构的有效分工体现为企业在员工层面上对于多元甚至时常杂乱的信息做出主动、及时的反应，以此避免风险，抓住机会。有效协作则体现为企业在组织层面上对于多元甚至时常冲突的个人与部门提供资源配置与战略布局方面的赋能。具体而言，在高度数字化的前提条件下，"三台"架构可在人、财、物等方面提供全面的有效赋能；在强大的公司文化前提条件下，"三台"架构可在权、责、利等方面提供全面的有效赋能。

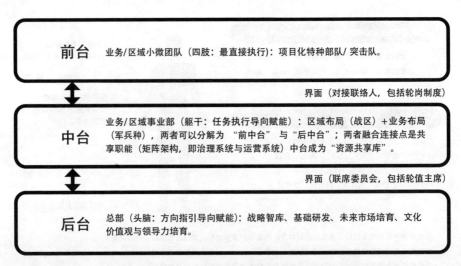

图5-2 "三台"架构的分工布局与协作界面

　　我们所理解的"三台"，已经超越了数字化层面的含义，更强调要以客户为中心，为市场和客户服务。本质而言，"三台"的设计是要敏捷地处理、回应大数据时代的数据洪流中的分立知识。应对敏捷地处理分立知识的挑战，是每个组织生生不息的核心。"三台"的组织架构，本质上是刚柔相济的，也是最能应时而变的。在"黑天鹅"事件发生时，"三台"组织将以最敏捷的身段应对危机。

专栏5-1：海尔的"三台"架构

　　海尔"三台"架构的核心是平台+小微企业（生态小微、孵化小微和转型小微），海尔把自己10万人的大公司拆成了4000多个小微公司，这些小微企业都到海尔创业。但是海尔在实践过程中也暴露出了一些问题，比如，许多小微企业会去争抢同一个优

质客户，小微企业之间完全没有协作，这不仅造成了资源的浪费，也降低了客户满意度。

为了改变这一局面，海尔发明了一种新的组织形式——链群，就是把一组小微通过自组织的方式连成一个价值链，在这些小微之间实现分工与合作。换言之，就是通过将"链群"升级成为中台，打破企业内部条条块块的业务分割，紧紧围绕客户的需求，实现跨小微、跨职能、跨业务的有序分工与协作。

基于此，海尔建立了"三台结构"：面向用户的敏捷前台，4000多个小微企业都是面向用户创造价值，非常敏捷，捕捉到用户的需求，将用户的需求变成真正的、独特的价值组合；将很多的能力集成变成了中台，里面有业务中台、数字中台、创新创业，以及财务、人力、税务、法律等各种职能共享化；后台做了一个基于产业互联网的卡奥斯工业互联网平台。平台结构是分层次的，越前端，小微企业越灵活，越后端，越稳健，刚柔相济，就像打太极拳一样在平台能力赋能下推动小微企业快速成长。

二、中台战略的缘起与发展

中台是企业数字化转型领域最热门的词之一。2015年，阿里提出中台战略，构建符合DT时代的"大中台，小前台"的组织机制和业务机制，中台的序幕就此打开。到了2018年，阿里升级数据、业务双中台战略并全面对外输出，引发国内各大公司的"中台潮"。近几年，阿里开始尝试把中台"变薄"，包括改变业务中台的功能定位、拆分组织中台。那么，中台到底有没有用？制造业企业究竟需不需要中台？中台如何发挥作用？在回答这些问题之前，我们先来看看国内中台的发展起源。

提到中台战略，绕不开阿里去芬兰赫尔辛基取经的故事。2015年年中，阿里巴巴创始人马云带着一众高管拜访远在芬兰赫尔辛基的一家移动游戏公司Supercell。马云在考察时发现，Supercell这家公司总人数不足200人，却创造了《部落战争》《卡通农场》《海岛奇兵》等多款现象级游戏产品。更令人意外的是，开发出热门游戏的项目团队成员一般由2～5个员工，最多不超过7个员工组成，这些项目团队被称为"细胞（Cell）"。项目团队可以自行决定做什么样的产品，然后最快时间推出公测版，看看游戏是否受用户欢迎。如果用户不欢迎，迅速放弃这个产品，再进行新的尝试，其间几乎没有管理角色的介入。

马云一行人发现，Supercell多年构建的中台能力，使这家规模不大的企业能够支持几个人的小团队在数周内研发出一款新游戏并进行公测，由此为Supercell带来强大的业务试错能力，在最短时间内抓住用户的口味推出爆款。本来就不大的公司被分成若干个小组，这样做的好处是可以快速决策，快速研发，快速把产品推向市场，而游戏引擎、服务器等后台基础则不需要操心。

受到上述启发，芬兰之行结束半年后，阿里巴巴于2015年12月启动"2018年中台战略"，将搜索事业部、共享业务平台、数据技术及产品部抽取出来组成中台事业群，整合资源，为"前台"的业务开展提供底层的技术、数据等资源和能力的支持。张勇在2015年发布的站内信中提到，"中台将集合整个集团的运营数据能力、产品技术能力，对前台业务形成强力支撑"，他对前台一线业务的期待则是"要更敏捷、更快速地适应瞬息万变的市场"。

阿里巴巴提出中台战略后，业界掀起了一场"中台"热。各家都在搭建各式各样的中台，如商务中台、组织中台、技术中台、数据中台等。但当中台要支撑的业务板块过多，它会难以同时满足所有平台的个性化资源需求，就会出现"资源瓶颈"。在2023年3月阿里宣布拆分计划之后，不再强调中台"做厚"，而是将中后台职能部门"做轻""做薄"，但依然保留着中台的业务能力。

从整个大环境来看，中台的兴起，一方面源自互联网技术的日臻成熟，互联网上半场的竞争拼的是流量思维下的用户规模，而到了下半场，竞争的是生态体系下的用户价值（粘性和全生命周期）；另一方面，现阶段的商业模式也从产品为核心转向了以用户为核心，而产业互联网的兴起，又让消费和生产链条有了重构的机会，会迫使企业向生态运营转化，这将彻底改变企业和企业之间、企业和用户之间、企业和员工之间的价值关系。

从专业的定义来看，"中台是通过后台应用在技术平台的支撑下进行封装或者重构，从而形成面向业务场景的共享服务以支撑业务快速创新的平台"。直白点说，"中台是包括了系统、组织模式和思维的一套整体解决方案"。所谓"中台"，其实是为前台而生的（可以是技术平台、业务能力，也可以是组织模式），它存在的唯一目的就是帮助企业实现核心能力的复用和核心资源的共享，以便更好地服务前台的规模化组合式创新，进而更好地快速响应服务好用户，使企业真正做到自身能力与用户需求的持续敏捷对接。中台应该包含四大组成部分，即数据中台、业务中台（诸如业务事业部）、职能中台（诸如人力资源、财务、法务、生产、研发等）、区域中台（诸如全球规模的区域分布，或全国规模的区域分布）。

专栏5-2：中台的三大特点[①]

---

1. 敏捷

将大应用变为多个小的应用组合，适应外部的快速变化，实现业务的快速调整应变。

[①] 厂拆中台，你的企业还需要中台吗？［EB/OL］.https://mp.weixin.qq.com/s/VFyvNNLDSzWaTJ HyPP9XLA.

2. 解耦

随着业务的发展，业务系统之间的交互通常会变得越来越复杂。一个功能的修改可能会影响很多方面。只有将需要大量交互的功能独立，从应用中拆解出来，才可以使应用之间耦合度大幅下降。

3. 复用

企业发展到一定程度，许多业务需求或功能需求高度类似、通用化程度很高，但是由于没有专门的团队负责规划和开发，大量的系统重复开发、重复建设，导致复用性低、效率低、产研资源浪费、用户体验不统一。一些公共的能力通过复用，可以提高开发效率，避免重复建设，也可以让数据和流程得以集中管理和优化。

那么对于制造业企业而言，是否有搭建中台的必要性？其实，搭建中台还是有必要的，关键在于什么时候搭建？对于中小企业而言，搭建中台不见得就一定要建系统，可以先是中台能力的沉淀，也就是说先将过往取得成功的经验梳理好，将一些关键流程先行标准化，把一些反复出现的场景当中的解决方案进行沉淀，组建中台运营团队推进运营落地，这样做已经是可以较大程度地提升企业的运行效率了。等到企业的通用能力的积累和数据的沉淀到一定程度，再启动中台的系统建设。对于已经开始规模化发展的大型企业来说，在高速发展的过程当中，业务变得越来越复杂，企业内部的条线越来越多，内部效率和资源消耗已经受到了比较大的影响，那么就要着手搭建中台了，且要基于企业的实际情况探索出一条适合自身发展情况的低成本搭建中台的道路，没有完美的中台，只有最合适的中台。

第二节　智能制造的系统架构

智能制造的系统架构主要包括基础设施层、平台数据层、场景应用层、组织保障层。

一、基础设施层

在数字化转型的背景下，智能制造的内涵已经超越了传统的工业制造，也带来了对关键基础设施非同以往的全新需求。从某种程度上来说，智能制造的核心就是信息化和自动化程度更高，而高自动化的根本，就在于稳定可靠的关键基础设施支撑。同时，为了实现对更多应用场景的覆盖，对关键基础设施的应用需求也就更具多样化。

基础设施层作为智能制造的基础支撑，包括基建设施、装备设施、信息基础设施。其中，基建设施包括用于组织生产活动的工厂车间，以及利用新一代信息技术，支撑传统基础设施转型升级形成的融合基础设施，比如智能交通基础设施、智慧能源基础设施等。装备设施包括用于产品生产所需的生产设备和工艺以及不断拓展内涵、外延，持续跟踪研究的创新基础设施等，比如重大科技、科教和产业技术创新等基础设施。信息基础设施主要是指基于新一代信息技术演化生成的基础设施，包括5G基站建设、新能源充电桩、大数据中心、人工智能和工业互联网等领域，涉及诸多产业链，是以新发展理念为前提，以技术创新为驱动，以信息网络为基础，面向高质量发展需要，提供数字转型、智能升级、融合创新等服务的基础设施体系。

专栏5-3：信息基础设施分类

1. 通信网络基础设施

5G、物联网、工业互联网、卫星互联网等。

2. 新技术基础设施

人工智能、云计算、区块链等，还包括基于新一代信息技术演化生成的基础设施。

3. 算力基础设施

以数据中心、智能计算中心为代表的彰显计算能力的基础设施。

4. 显示基础设施

以各种屏为基础，呈现依托数据库、数据中台、端边云协同存储分发处理结果的基础设施。

5. 工业软件基础设施

设计软件、仿真软件、EDA（Electronic Design Automation，电子设计自动化）工具和操作系统等的License及载体。

二、平台数据层

智能制造时代的到来，也意味着工业大数据时代的到来。数据是智能制造的"柴米油盐"，是智能工厂的原材料。制造企业要实施智能制造，打通物理层和数据层的数据通道是当务之急，采集生产实时数据是重中之重。

平台数据层构建了完整的数据资源体系，依托传感器、视频系统、嵌入式系统等组成的数据采集网络，对产品制造过程的各种数据信息进行实时采集，包括生产使用的设备状态、人员信息、车间工况、工艺信息、质量信息等，并利用5G通信技术将数据实时上传到云端平台，从而形成一套高效的数据实时采集系统。通过采集产品全生命周期数据，建立企业数据集、行业数据集，并对跨区域、跨车间、跨业务系统数据进行集成管理和价值挖掘。

基于工业互联网采集研发、生产、销售、物流、财务、供应链等数据，建设数据平台，对数据进行实时高效处理，数据与工艺技术、业务流程、组织管理相互作用后转化为知识和能力，通过云计算、边缘计算等技术，并基于AI模型、知识图谱、工具组件等构建企业大脑，不但能够驱动研发设计、生产运营、管理决策的有序化、精益化和智能化，提高运行效率、降低运营成本，而且能够驱动生产流程再造和组织形态变革，激活组织活力、重构商业模式，提升企业核心竞争力。

平台数据层实现了智能制造全流程数据的完备采集，为制造资源的优化提供了海量多源异构的数据，是实时分析、科学决策的起点，也为智能制造的生产优化决策和闭环调控提供基础。

专栏5-4：数据资源关键要素

1. 公共数据

公共资源交易数据、技术市场交易数据、行业数据、数字贸易服务数据、金融综合服务数据等。

2. 企业数据

订单数据、采购数据、销售数据、生产数据、人员数据、服务数据、质量数据、财务数据等。

三、场景应用层

什么是场景？很多人一开始接触到这个词都会有这样的疑问。不论是在智能制造领域，还是在平常生活当中，"场景"这个词都时常出现，但一开始可能很难对它有具象化的概念。很多汽车行业的从业者应该很快就会想到很多"场景模式"，比如小憩场景、办公场景、游戏场景，等等。

"场景"原本是一个影视用语，用来指戏剧、电影中的人物、事物在特定时间、空间内发生的行动。从更广泛的角度来看，"场景"已经泛化为各类情景，尤其是随着数字互联技术的出现，场景在不同领域不断泛化为新的体验，在制造领域也是如此。

在智能制造的视角下，以5G、大数据、云计算、人工智能、工业互联网、区块链、数字孪生等数字技术赋能的制造场景，正在系统性地改变人类关于制造业的"最初认识"，制造场景正在以"肉眼可见"的速度发展，并产生巨大的变革。

回到智能制造的系统架构当中，其中的场景应用层一般按照数智规范级、集成优化级、创新引领级三个层级，建设相应层级和水平的应用场景，包括数字化设计、智能化生产、绿色化制造、精益化管理、高端化产品、模型化发展、智慧供应链、个性化定制、网络化协同、服务化延伸等场景。这些场景里面包括智能制造的能力建设，比如数字化设计、智能化生产、绿色化制造、精益化管理等，包括新模式新业态，比如个性化定制、网络化协同、服务化延伸等。对于上述所涉及的智能制造典型场景，后文将专门展开介绍，并探讨智能制造领域内所发生的一些深刻变革，本节仅对场景应用层架构进行简单介绍。

四、组织保障层

组织保障层是对智能制造系统架构的保障和支撑，包括完善技术标准体系、质量管理体系、安全防护体系、文化与组织管理体系等，建立与智能制造相适应的企业文化、组织结构和制度规范。除此之外，还要坚持开放合作、生态赋能，积极融入产业大脑、行业（区域）工业互联网平台等外部数字化生态圈，融合应用好新一代信息技术、先进制造技术等。

专栏5-5：组织保障体系

1. 技术标准体系

建立完善工厂相关技术标准，规范工厂设计、生产、管理、物流及其系统集成等业务活动，针对流程、工具、系统、接口等应用要求，使用统一的技术标准。

2. 质量管理体系

强化生产全过程质量管理，实施从原材料采购、生产过程控制与检验、产品出厂检验到售后服务全过程的质量管理。

3. 安全防护体系

围绕生产安全、信息安全、功能安全等建立完善的安全防护体系，提升安全生产的主动防御能力、监测预警能力、应急处置能力、协同治理能力。

4. 文化与组织管理体系

强化企业文化建设和人才支撑体系建设，优化企业组织管理架构，建立适应数字化变革和未来发展战略的运营管理机制，实现敏捷、高效的运营管理。

☆　第六章　☆

技术支撑：智能制造的关键使能技术

当前，新一代信息技术与先进制造技术深度融合形成的智能制造技术，特别是新一代人工智能技术与先进制造技术，深度融合形成的新一代智能制造技术，成为第四次工业革命的核心技术和核心驱动力。智能制造的关键使能技术在制造业产品设计、生产、物流、服务等全生命周期各环节中的扩散和应用，将有助于推动中国制造业获得竞争新优势，推动全球制造业发展步入新阶段，实现社会生产力的整体跃升。本章以当前国内外工业企业应用广泛的智能制造技术为蓝本，总结归纳了实现智能制造的先进制造技术和新一代信息技术两大类关键技术。

第一节　先进制造技术

先进制造技术是对制造业竞争力起到关键决定作用的技术，是未来工业研发创新的重点。以先进制造技术的形式对创新进行投资被制造企业视

数智时代：赢在智能制造

为一种新型战略武器，它有助于制造企业抢占技术高地，提高行业技术地位。先进制造技术是一个涵盖性术语、相对性概念，其内容需要顺应时代变化、技术进步进行动态调整，以便能够响应竞争世界不断产生的需求，主要囊括以下在当下有代表性的前沿技术[①]。

一、机器人技术

机器人技术是指将人工智能、机器视觉、自主导航和机械控制等先进技术应用于机器人系统中，使其具备感知、决策和执行的能力。机器人技术的发展源于对提高生产效率、降低成本和改善工作安全性的需求。机器人由三大部分六个子系统组成，三大部分是机械部分、传感部分和控制部分，六个子系统可分为机械结构系统、驱动系统、感知系统、机器人环境交互系统、人机交互系统和控制系统。

专栏6-1：工业机器人结构

1. 机械结构系统

该系统由机座、手臂、末端操作器三大部分组成，每一个大件都有若干个自由度的机械系统。若基座具备行走机构，则构成行走机器人；若基座不具备行走及弯腰机构，则构成单机器人臂。手臂一般由上臂、下臂和手腕组成。末端操作器是直接装在手腕上的一个重要部件，它可以是二手指或多手指的手抓，也可以是喷漆枪、焊具等作业工具。

2. 驱动系统

要使机器人运作起来，需要在各个关节即每个运动自由度上

---

① Zairi M. Measuring success in AMT implementation using customer- supplier interaction criteria [J]. *International Journal of Operations & Production Management*, 1992, 12(10): 34-55.

安装传动装置，这就是驱动系统。驱动系统可以是液压传动、气压传动、电动传动，或者把它们结合起来应用的综合系统，可以是直接驱动或者通过同步带、链条、轮系、谐波齿轮等机械传动机构进行间接传动。

3. 感知系统

该系统由内部传感器模块和外部传感器模块组成，用以获得内部和外部环境状态中有意义的信息。智能传感器的使用提高了机器人的机动性、适应性和智能化的水准。人类的感受系统对感知外部世界信息是极其敏锐的，然而，对于一些特殊的信息，传感器比人类的感受系统更有效。

4. 机器人环境交互系统

该系统是现代工业机器人与外部环境中的设备互换联系和协调的系统。工业机器人与外部设备集成为一个功能单元，如加工单元、焊接单元、装配单元等。当然，也可以是多台机器人、多台机床或设备、多个零件存储装置等集成为一个去执行复杂任务的功能单元。

5. 人机交互系统

它是操作人员与机器人控制并与机器人联系的装置，例如，计算机的标准终端、指令控制台、信息显示板、危险信号报警器等。该系统归纳起来分为两大类：指令给定装置和信息显示装置。

6. 机器人控制系统

该系统是机器人的大脑，是决定机器人功能和性能的主要因素。控制系统的任务是根据机器人的作业指令程序以及传感器反馈回来的信号支配机器人的执行机构去完成规定的运动和功能。

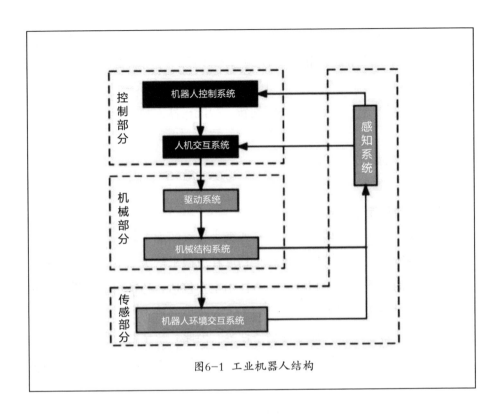

图6-1 工业机器人结构

随着智能制造的不断发展，智能机器人技术也在不断地进步和完善。未来的发展趋势主要表现在以下三个方面：

一是人工智能技术的应用。人工智能技术将为智能机器人技术的应用带来更大的可能性。基于深度学习和神经网络等人工智能技术，智能机器人可以进行更加复杂和高级的任务，包括自主规划和决策、精细操控、智能交互等领域。同时，人工智能技术也将为机器视觉、语音识别、自然语言处理等技术的进一步发展提供技术支持。

二是协作机器人技术的发展。随着智能制造的不断扩大和加深，协作机器人技术得到了广泛的关注。协作机器人技术是指机器人和人类之间进行一定的合作操作，共同完成某个任务。它将为工业制造带来更高效、更灵活和更安全的解决方案。在将来，协作机器人技术将不断发展和完善，实现更加紧密和高效的机器人与人员协作。

三是全行业的协同创新。智能制造所涉及的行业非常广泛，包括机械、电子、自动控制等领域。面对如此复杂和广泛的市场需求，未来的发展趋势将会强调全行业合作和协同创新。智能机器人技术作为智能制造的核心技术之一，它的应用和发展将对整个行业产生影响，需要在全行业范围内进行深入的协作和创新。

二、超精密制造技术

精密制造是指几何精度在微米—亚微米量级的加工制造技术。超精密制造是精密制造的延伸发展，指集合精度在亚微米量级以下，表面粗糙度小于25纳米的制造技术。超精密制造技术主要包括：超精密加工机理、超精密加工的设备制造技术、超精密加工工具及刃磨技术、超精密测量技术和误差补偿技术、超精密加工环境条件等。因此，超精密制造不是简单几何尺寸的超精密制造实现，而是综合力、电、光等多物理量保证的超精密制造实现。

超精密制造是世界公认先进制造的核心技术，更是国防装备（惯性技术产品、光学技术产品、伺服机构等）的核心制造技术，是实现现代高新武器装备精确化、轻量化、智能化的关键基础，是现代科学和高技术产业的基础，是现代制造科学发展的前沿。由宏观制造进入微观制造是未来制造业发展趋势之一，当前超精密加工已进入纳米尺度，纳米制造是超精密制造前沿的课题。中国工程院主席团名誉主席宋健指出"没有精密制造业就不可能把固体力学和量子力学知识转变成生产力，就没有信息产业"。

当前超精密制造技术在不断研究新理论、新工艺以及新方法的同时，正向着高效、极致等方向发展，并贯穿零部件整个制造过程或整个产品的研制过程，总体呈现出三个方面的趋势：

一是高精度、高效率。高精度与高效率是超精密加工永恒的主题。当前超精密制造技术如CMP（Chemical Mechanical Polishing，化学机械研磨）等虽能获得极高的表面质量和表面完整性，但以牺牲加工效率为保证。超精密切削、磨削技术虽然加工效率高，但无法获得如CMP、EEM的加工精度。兼顾效率与精度的超精密制造潮流下，半固着磨粒加工方法应运而生，另一方面表现为电解磁力研磨、磁流变磨料流加工等复合加工方法的诞生。

二是工艺整合化。当今企业间的竞争趋于白热化，高生产效率越来越成为企业赖以生存的条件。在这样的背景下，出现了"以磨代研"甚至"以磨代抛"的呼声。同时，使用一台设备完成多种加工（如车削、钻削、铣削、磨削、光整）的趋势越来越明显。

三是大型化、微型化。为加工航空、航天、宇航等领域需要的大型光电子器件（如大型天体望远镜上的反射镜），需要建立大型超精密加工设备。为加工微型电子机械、光电信息等领域需要的微型器件（如微型传感器、微型驱动元件等），需要微型超精密加工设备（但这并不是说加工微小型工件一定需要微小型加工设备）。

三、增材制造技术

增材制造也称3D打印技术，是指基于离散—堆积原理（图6-2），利用三维数字模型，通过软件分层离散和数控成型系统，利用激光束、热熔喷嘴等方式将金属粉末、塑料、细胞组织等材料逐层堆积，制造出实体产品的技术。增材制造技术从原理上突破了复杂异型构件的技术瓶颈，实现了材料微观组织与宏观结构的可控成形，从根本上改变了传统"制造引导设计、制造性优先设计、经验设计"的设计理念，真正意义上实现了"设计引导制造、功能性优先设计、拓扑优化设计"的转变。

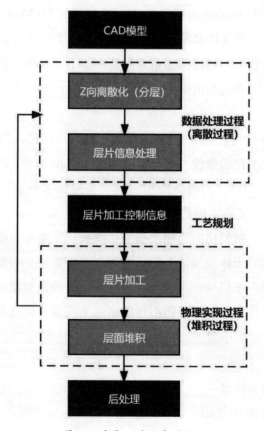

图6-2 离散—堆积成型原理

　　成型制造、加工（减材）制造和增材制造是当前制造领域的三大模式。图6-3是相关概念图，它显示了单位成本和制造数量（或规模）之间的关系。其中，成型制造最适于大批量生产，通过生产的数量来分摊购买工具和机器的高额初始投资，从而降低单位成本。与成型制造相比，加工制造的批量可以小一些，但比增材制造批量大。

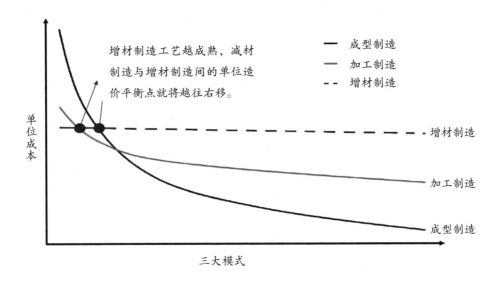

图6-3 三大制造工艺单位成本与生产批量大小关系

值得关注的是，作为一种直接生产技术，增材制造工艺越成熟，减材制造与增材制造间的单位造价平衡点就将越往右移。我们可以且应当采用类似的技术分析和经济效益分析来处理人机集成、复材—金属集成以及未来制造业的诸多使用场景。从经济社会和环境的角度来看，增材制造已经为未来企业提供了一种更加可持续的生产方式，通过分布式生产让更多人受益，并使更好的工作条件成为可能。同时，增材制造技术还可以通过大规模定制和优化的物流来减少生产流程中的浪费。因此，许多人将增材制造视为帮助企业可持续经营的关键力量。

四、绿色制造技术

绿色制造因其对资源需求的降低、对制造效益要求的提高，成为一种先进的生产制造技术工艺，受到各国的重视。其本质是统筹考虑产业结构、能源资源、生态环境、健康安全、气候变化等因素，将绿色发展理念和管理要求贯穿于产品设计、制造、物流、使用、回收利用等全生命周期，以制造模式的深度变革推动传统产业绿色转型升级，引领新兴产业高起点绿色发展，协同推进降碳、减污、扩绿、增长。

绿色制造以工业生态学、可持续制造、循环经济和清洁生产等为理论基础，利用产品全生命周期中各阶段的绿色技术实现资源利用率最高、能源消耗与排放最低。从绿色制造的技术体系来看，可以将绿色制造分为绿色设计、绿色生产、绿色运维和再利用四大部分。其中，绿色设计包含了高能效设计、轻量化设计、可回收性设计等；绿色生产包含了绿色产品技术、绿色工艺技术、车间节能调度等；绿色运维包含了产品运行状态的在线检测、主动再制造服务等；再利用涉及产品逆向物流、梯次利用及再资源化等，如图6-4所示。

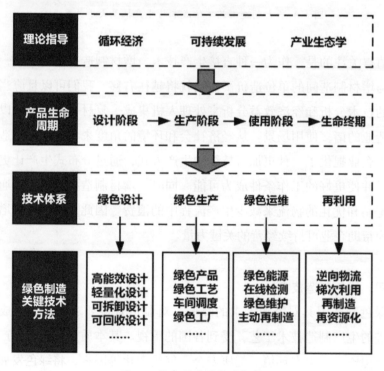

图6-4 绿色制造的体系架构

五、并行制造技术

并行制造的概念是美国国防分析研究所以武器生产为背景，在对传统的生产模式进行系统分析的基础上，于1988年首次系统化提出的，并行工程是对产品及其相关过程（包括制造过程和支持过程）进行并行的、一体化设计的一种系统化的工作模式。与传统的串行生产不同，并行制造要求产品开发人员在设计开始时就要考虑产品整个生命周期（从概念生成到产品报废）所有因素，如功能、制造、装配、作业调度、质量、成本、维护与用户需求等，同时与制造、销售等各部门密切合作，共同确定最佳设计方案，并尽早发现和解决问题，最大限度地减少设计反复，缩短设计、生产准备和制造时间。

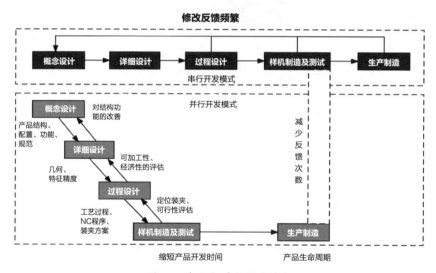

图6-5 串行与并行制造对比

在现今市场变化中，供应链战略成败对企业影响是深远的，供应链或者说是价值链设计决定着企业是否能够保持核心竞争能力，Finezui最早提出，将供应链引入并行制造研究。他认为，三维并行制造是指企业与供应链合作伙伴，包括供应商、分销商与顾客一道，集成、并行地设计产品、制造流程与供应链的系统方法。图6-6解释说明了三维并行制造思想，三维并行制造同时考虑产品开发链、订单完成过程与供应链能力构建三个方面。

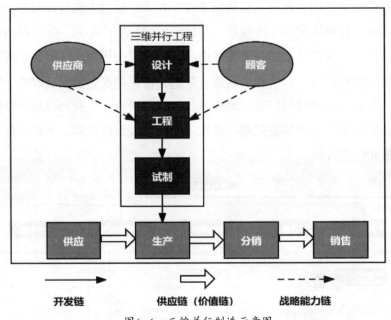

图6-6　三维并行制造示意图

六、仿生制造技术

地球上的生物在漫长的进化中所积累的优良品性为解决人类制造活动中的各种难题提供了范例和指南。从生命现象中学习组织与运行复杂系统的方法和技巧，是解决目前制造业所面临的许多难题的一条有效出路。仿生制造融合了制造技术、生物技术、材料技术、信息技术，模仿生物体的生命、行为、构造、功能、特性等方面组织材料的形态及其功能实现，创建具有自我调节、反应灵敏、自主运动、多功能、高效率等特点的新材料、新制造、新设备。仿生制造的根据在于制造过程与生命过程的相似性，制造过程中的几乎每一个要素或概念都可以在生命现象中找到相应的实例。

表6-1　制造过程与生命过程的类比

生命过程	制造过程
遗传密码 (DNA)	产品模型 (STEP)
基因	特征
个体复制：DNA—RNA—蛋白质合成—生命个体	产品生产：产品模型—工艺规程—材料加工—产品
信使 RNA (mRNA)	加工样板或数控程序
核糖体 RNA (rRNA)	生产设备
转动 RNA (tRNA)	原材料
二磷酸腺苷 (ATP)	能源
各种酶	各种生产工具及信息处理工具

仿生制造可向生物体学习自我发展、自组织、自适应、进化等功能，以适应日渐复杂的制造环境。仿生制造的逻辑主要包括以下三种：

一是生物活性组织和结构的仿生，例如骨骼、肌体、器官、组织的自修复、自组织、自适应、自生长、自进化的研究等。将组织工程材料与快速成形制造相结合仿生制造出具有生物活性的组织和结构。采用具有生物相容性和可降解性的材料（如医学上采用较多的人工骨骼的材料有陶瓷、磷酸盐材料、硫酸钙材料），先制造出生长单元的框架，再向生长单元内部注入适合的生长因子，使各个生长单元并行生长。这种技术既解决了仿生组织或结构与个体的相容性和适配性，又满足了快速生成的需求。如通过控制含水量来控制伸缩的高分子材料制造类生物智能体，可制造人造肌肉。在此基础上，还可依靠生物分子的生化作用，制造出具有较高水平的类人脑结构，作为生物体存储和逻辑装置的生物计算机芯片。

二是生物遗传制造，基于DNA分子在生物体内的自我复制机制，利用转基因技术来实现具有一定几何形状的生物制造。既可实现生物材料和非生物材料的有机结合，又可根据生成物的特征采用人工控制遗传信息的方法来控制生长单元，以生长出具有生命特征的"零部件"，如人造骨骼、组织、器官、肢体等。

三是生物控制的仿生，主要是模仿生物智能控制的功能，在产品中植入传感系统、信号处理与控制系统以及驱动系统，赋予产品健康自诊断、环境自适应和损伤自修复等智能功能与生命特征，达到增强产品安全、减轻质量、降低能耗、提高性能等目标。

第二节　新一代信息技术

新一代信息技术指的是以人工智能、物联网、大数据、云计算、区块链等技术为代表，能够带来前所未有的变革和进步的技术集合，是推动制造业向数字化、网络化、智能化转型的关键技术。

一、人工智能技术

20世纪50年代中期，随着人工智能概念的首次提出，世界各国也逐渐展开了人工智能技术的研究并逐步取得了一定的研究成果，如通过人工智能技术实现跳棋程序和定理证明等。然而由于机器推理能力有限，人工智能走向了低谷。到了20世纪60年代末，模拟人类的专家系统的出现使人工智能从理论研究走向实用化，推动人工智能进入应用发展的高潮。进入20世纪80年代后，由于人工智能技术在各领域中的不断扩展，专家系统表现出的应用领域狭窄、专家知识获取难度增加、无法与现有的数据库系统实现匹配等问题逐渐显现。20世纪90年代中期，随着互联网技术的发展，人工智能实现了机器从单一转向多主体式学习，这使得人工智能技术进一步走向实用化。如今，人工智能技术在不同领域，如情景感知、深度神经网络、图像识别和语音识别等，得到了飞速发展，实现了科学理论与实际应用的有效连接，如数据挖掘智能技术、无人驾驶智能技术及人机对弈等，突破了技术应用上众多的不可能性，并迎来了爆发式增长的新高潮。

基于应用性视角分析，可将人工智能大致分成专用和通用两个应用阶段。在专用人工智能应用阶段，系统的主体针对性较强，任务实现相对单一，建模过程也较为简单。通过对各项任务的单点突破，有数据表明，人工智能在部分单项智能方面已经实现了对人类的超越。例如，在象棋比赛中，人类不敌阿尔法狗（AlphaGo），阿里巴巴设计的"鹿班"（人工智能设计师）在一天时间内可以完成四亿幅的线上广告设计工作，工作量远超人类。通用人工智能则尚处于发展期。通用人工智能应像人脑一样具备自主学习、独立设计、严密推理及科学判断的能力，实现"一脑万用"。然而，目前的人工智能技术还达不到这一高度，仅可以实现信息感知和学习模仿等"浅层智能"，在抽象概念和推理决策等"深层智能"方面的能力还很薄弱。通过分析人工智能的发展历程与现状，可以预见，专用智能转向通用智能是必然的发展趋势，也是实现系统开发与应用的前瞻性挑战。

二、智能传感技术

智能传感器是具有信息采集、处理、交换、存储和传输功能的多元件集成电路，是集传感器、通信模块、微处理器、驱动与接口，以及软件算法于一体的系统级器件，具有自学习、自诊断和自补偿能力，以及感知融合和灵活的通信能力。智能传感技术的特点是精度高、分辨率高、可靠性高、自适应性高、性价比高。智能传感器通过数字处理获得高信噪比，保证了高精度；通过数据融合、神经网络技术，保证在多参数状态下具有对特定参数的测量分辨能力；通过自动补偿来消除工作条件与环境变化引起的系统特性漂移，同时优化传输速度，让系统工作在最优的低功耗状态，以提高其可靠性；通过软件进行数学处理，使智能传感器具有判断、分析和处理的功能，提高系统的自适应性；可采用适合大规模生产的集成电路工艺和MEMS（Micro-Electro-Mechanical System，微机电系统）工艺，性价比高。

　　智能化、微型化、多功能化、低功耗、低成本、高灵敏度、高可靠性将是新型传感器件的发展趋势，新型传感材料与器件将是未来智能传感技术发展的重要方向。不管是德国工业 4.0战略、美国"工业互联网"，还是《中国制造 2025》，具体到物联网、智能汽车、智能交通、智能制造，这些方面的前端核心技术都用到智能传感技术。智能传感技术的发展趋势主要体现在以下几个方面：一是关注传感技术的系统性以及传感器、数据处理与识别技术的协调发展；二是研究开发新型传感器和传感器技术，涉及新理论、新材料、新工艺等因素；三是研究与开发特殊环境下的传感器与传感器技术系统；四是研究各种行业使用的传感技术系统，主要是高可靠性、可利用性和降低成本；五是与人工智能等技术有机结合应用，主要是高可靠性、自适应性、抗干扰性智能传感技术。

三、5G 通信技术

　　5G通信技术，即第五代移动通信技术，是一种基于新一代无线通信技术的发展趋势，使用高频率波段、新型的天线技术和新型的编码技术，以提供更快的数据传输速度和更高的带宽。5G技术下的网络架构灵活开放，通过多接入边缘计算（MEC）与工业应用紧密结合，保证数据安全性和低时延。5G网络支持网络切片，为工业用户提供高可靠性的资源保障，满足工业互联网应用需求。5G技术主要的特性体现在高带宽（高频率）、广联接（大容量）和低时延（高可靠）。

　　与4G技术相比，5G技术主要存在以下特点：一是5G网络的速度可以达到每秒10Gbps，比4G网络快10倍。这意味着下载电影或备份数据库等密集型任务现在将只需要耗费原来时间的一小部分；二是低延迟。速度飞跃的一个关键原因是低延迟。延迟是指发送和接收信息之间的延迟。4G网络可以实现大约200毫秒的延迟。使用5G可以减少到1毫秒；三是更高的带宽。通过扩展无线电频谱资源，5G可以在更广泛的带宽（低频段、中频段、高频段）上运行，从4G中使用的sub-3GHz到100GHz及更高频段。5G可以在较低频段和毫米波中运行，从而显著提高容量、多Gbps吞吐量和低延迟。此带宽意味着可以连接更多设备以随时发送和接收数据。

四、云计算技术

云计算是一种利用网络虚拟"云"将大量的计算资源和服务按需提供给用户的分布式计算技术，它可以将复杂的数据计算处理程序分解成多个小程序，再通过计算资源共享池进行高效的搜寻、计算和分析，最后将处理结果回传给用户。云计算拥有超大规模、高可靠性、通用性、弹性伸缩等特点，在各行各业有着广泛的应用和重要的作用，它可以为企业和个人用户提供强大的计算能力、灵活的资源配置、低廉的成本和高效的服务，从而促进信息化、智能化和数字化的发展，改善用户体验和生活质量。

根据服务类型，云计算可以分为三种：一是基础设施即服务（IaaS），通过云基础设施来供应CPU、内存和磁盘等物理资源。通过虚拟化技术，终端用户可根据需要使用虚拟资源，而无须管理底层基础设施，典型的如亚马逊公司提供的弹性计算云EC2和简单存储服务S3；二是平台即服务（PaaS），为终端用户提供平台服务，其以编程语言、库、服务和其他工具来部署业务应用。终端用户可按需使用云平台，而无须管理底层云基础架构，如Google公司提供的Google App Engine和Microsoft公司提供的 Microsoft Windows Azure；三是软件即服务（SaaS），提供按需使用的应用程序服务，用户不需要管理底层的基础设施和平台，典型的如Salesforce公司提供的在线客户关系管理（CRM）。

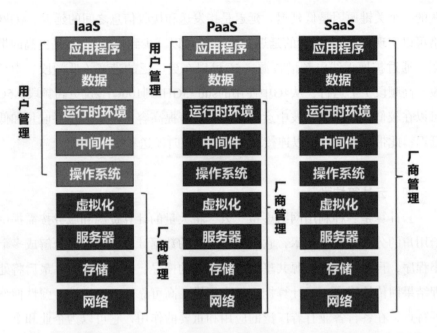

图6-7 云计算的三种服务模式

随着信息技术的发展和用户需求的变化，云计算也在不断地创新和进化。目前，云计算的三大趋势为：一是精细化，提供更细颗粒度、更灵活、更高效的资源管理和服务交付方式，例如容器技术、微服务架构、无服务器计算等；二是集成化，提供更全面、更一体化、更便捷的解决方案和服务体验，例如混合云、多云、边缘计算等；三是异构计算，利用不同类型、不同功能、不同性能的计算设备和资源，实现更优化、更协同、更智能的计算处理能力，例如GPU（Graphics Processing Unit，图形处理器）、FPGA（Field Programmable Gate Array，现场可编程门阵列）等。

五、数字孪生技术

数字孪生概念起源于美国，最初是为了预防损失极高的航天意外事件、空军战斗机维护等问题的发生，随后美国通用电气公司发现数字孪生技术对生产制造的价值，将其推广到工业生产领域。数字孪生技术是通过数字化建模的方式建立物理世界和数字世界之间精准映射关系、实时反馈机制，可以构建起虚拟世界对物理世界描述、诊断、预测和决策的新体系。根据复杂程度，数字孪生可以分成五级，级别越高，数字孪生越强大，如图6-8所示。随着人工智能、物联网、虚拟现实等技术的持续发展以及元宇宙概念的兴起，数字孪生概念进一步完善，适用范围不断拓宽，在工业领域具备了更大的想象空间。

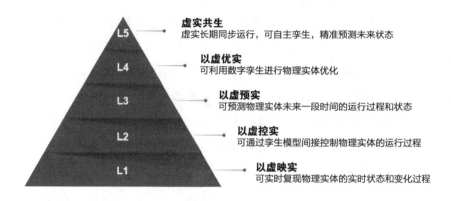

图6-8 数字孪生等级划分

近年来，为了满足数字孪生的应用需求，以GE、西门子、PTC、Ansys、罗克韦尔自动化、AVEVA、Altair、微软、IBM、达索系统、Maplesoft、Bentley等为代表的国际知名供应商，基于自身使能技术，推出了构建数字孪生应用的关键工具。同时，由于各个行业在发展过程中逐步形成了适用于自身发展的使能技术，为了加速数字孪生应用的成熟并扩展到不同行业不同企业的垂直领域，越来越多的供应商选择通过与多家供应商展开合作，来提供数字孪生所需要的完整解决方案。例如，PTC与罗克韦尔自动化、Ansys展开合作，将Ansys的仿真能力、罗克韦尔的工业自动化硬件设备融入PTC的物联网框架之下，实现了数字孪生能力的融合与贯通。

专栏6-2：典型案例——特斯拉借助数字孪生占据行业领先地位

特斯拉是数字孪生技术产业化应用的先行者。2011年，特斯拉成立设计工作室，赋予其超级工厂数字孪生能力。通过以降维打击的方式，将原本NASA用于航天军工这种高端领域的数字孪生技术应用到民用汽车领域，重构了汽车的设计、生产，颠覆了使用体验，确定了特斯拉的江湖地位。

特斯拉在电动汽车制造中应用了数字孪生技术。特斯拉拥有其制造的每辆汽车的数字孪生，用于在汽车和工厂之间不断交换数据。特斯拉通过这些数字孪生，不断调整和测试产品性能。在自动驾驶方面，特斯拉创建驾驶员及其行为、汽车及其行为方式、道路上的其他汽车和道路本身的数字孪生。通过捕获大量数据和深入分析这些数据，有助于解释自动驾驶中人、车的复杂行为，实现车辆的自动驾驶。

在2021年上海车展特斯拉车主维权事件中，特斯拉分别向市场监管部门、维权的张女士发送了整理为Excel表格的48页6697组后台服务器数据，详细记录了车主在事故前30分钟的车辆状况和驾驶动作。

特斯拉的用户不仅可以通过特斯拉的数字孪生追溯设备的过去和当前使用状况，在使用过程中，特斯拉汽车的功能似乎越来越智能，特斯拉汽车似乎越来越懂你。特斯拉通过数字孪生给用户提供了一种"持续智能"，可以持续适配用户、持续优化。特斯拉通过这种服务，每年可以从每辆特斯拉汽车获得超过1200美元的收入。

六、区块链技术

区块链技术是利用块链式数据结构来验证与存储数据、利用分布式节点共识算法来生成和更新数据、利用密码学的方式保证数据传输和访问的安全、利用由自动化脚本代码组成的智能合约来编程和操作数据的一种全新的分布式基础架构与计算范式。按照开放范围可将区块链分为公有链、联盟链和私有链，后两者统称为许可链。它们具有不同的特点，如表6-2所示。

表 6-2　区块链的分类及特点

项　目	公　有　链	联　盟　链	私　有　链
定义	全网节点组成的区块链网络，任意节点可接入网络并参与共识(记账)过程	联盟（多机构）成员构建的区块链网络，共识（记账）过程受到预选节点控制	个体或单机构内部构建的区块链网络，节点之间彼此信任
中心化程度	完全去中心化	部分去中心化/多中心化	完全中心化/私有化
信任机制	全民背书，完全解决信任问题	联盟背书	自行背书
性能表现	差	较高	高
主流技术协议	比特币（默认）、以太坊（默认）	以太坊（可配置）、EOS（默认）	比特币（可配置）、以太坊（可配置）、EOS（可配置）

由于区块链自身去中心、去信任、交易透明、节点匿名、不可篡改、可追溯的特点，对工业互联网中的数据确权、价值共享、主体协同、柔性监管方面有极大的促进作用，因此广泛应用于工业互联网。工业区块链能在可信数据采集、云储存、工业平台服务集成等基础设施层中发挥重要作用。从主要应用来看，在工业软件的应用层面，工业区块链在产品设计、生产、销售、保险、租赁、二手交易、维护回收等产业生态均有具体的应用场景。

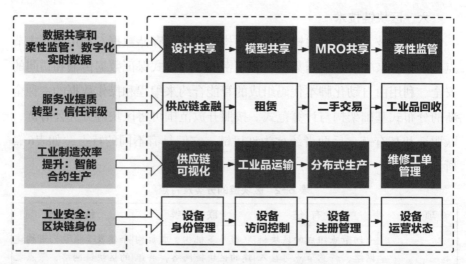

图6-9 区块链在工业互联网中的应用场景

☆　第七章　☆

场景创新：智能制造的九大典型场景

　　场景作为一种展示新业态、新模式、新应用的重要载体，已经成为新经济发展助推器。在制造业领域，一些人对于智能制造的想象力，正在通过各种场景呈现出来，用一种"肉眼可见"的方式，颠覆人们对于制造业"粗老笨重"的认识，诱发更多企业探索生产模式、商业模式、组织模式的创新性变革。从定义来看，智能制造场景是指面向制造各环节，通过新一代信息技术、先进制造技术的深度融合，部署高档数控机床与工业机器人、增材制造装备、智能传感与控制装备、智能检测与装配装备、智能物流与仓储装备、行业成套装备等智能制造装备，集成相应的工艺、软件等，实现具备协同和自治特征、具有特定功能和实际价值的应用[①]。近年来，越来越多的制造业企业主动把握机遇，开启新一轮制造业数字化转型，涌现了一大批具有示范引领价值的智能制造场景。

[①] 工业和信息化部办公厅 .2023 年智能制造典型场景参考指引 , 2023 年 .

第一节　数字化设计

产品设计位于微笑曲线的左端，是提高产品附加值最快速的环节之一。但是，设计环节投入成本高且耗时长，已经成为传统制造业高端化、品质化转型的难点和堵点。据统计，产品的设计阶段对产品生产周期的总成本影响通常占70%左右。随着大数据、人工智能等技术的突破和融合应用，设计环节通过插上数字化的翅膀，逐步摆脱了原有困境，数字化设计模式不断得到普及。从定义来看，数字化设计是指企业在工厂规划设计、端到端产品研发、工艺设计等环节中应用数字化技术，建设协同、虚拟、并行和动态等数字化设计平台，采用自上而下、模块化、标准化、虚拟仿真、面向全生命周期的并行/协同，基于大数据分析/知识工程等设计方法，实现设计的数字化、网络化和智能化，降低开发成本，提高开发效率和质量，缩短上市周期，实现最佳设计目标和企业间协作的设计。

数字化设计场景主要包括以下几种类型[①]：

一是三维工艺设计与仿真验证。在产品三维模型上添加制造信息，关联设备、工装、人员等制造资源，构建结构化工艺，借助加工、装配等工艺仿真工具在虚拟环境中快速迭代优化工艺设计，如白车身三维焊装工艺设计、铸造工艺数值模拟仿真等。

二是基于知识的快速工艺设计。建立加工方案库、工艺参数库、工装库等结构化工艺知识库，通过知识检索或算法推荐等精准匹配和复用知识内容，驱动工艺快速设计。如基于知识的航空发动机装配工艺设计，基于工装设计模板的锻造模具参数化快速设计等。

三是设计工艺制造一体化协同。打通设计、工艺和制造环节的业务流和数据流，基于统一设计数据源，开展面向制造的设计，并行工艺规划与

---

① 中国信息通信研究院. 中国智能制造发展研究报告——智能工厂 [R]，2022.

110　数智时代：赢在智能制造

设计，工艺作业指导实时下发车间可视化展示，以及制造问题实时反馈驱动设计优化，如航天产品研制的并行工程、配电装备设计制造一体化等。

专栏7-1：杭州西奥——以平台为支撑，实现全过程数字化设计[①]

杭州西奥电梯有限公司（以下简称"杭州西奥"）以打造"智慧工厂、智能制造"为目标，积极构建产品设计平台，采用国际领先的三维数字化设计模式，使用产品生命周期管理平台（PLM），应用参数化配置设计系统，以数字化三维设计为手段，最大限度地避免电梯系统布置中的冲突，快速形成实例规格模型，并对初始设计意图进行验证，在提升设计效率的同时降低了设计成本。

一是依托数字化三维设计技术优化产品布局设计

数字化三维设计结构紧凑、布局合理、模块化分区，在优化了空间、材料用量的同时，达到产品布局紧凑、合理的目的。

二是运用先进的设计管理理念提升设计效率

数字化三维设计管理理念中详细规划了产品模块化结构，通过工作分解、线上校审、线上归档和发布等管理手段，实现了对产品模型命名提交、模型层次结构划分、模型权限控制、模型干涉管理、成品质量控制、签署出版归档等环节的有效控制，实现设计管理信息化、一体化的目标，从而降低了人为因素造成的差错，减少了统计和归档的工作量，提升设计效率，通过专业设计流程带来了质的提升。

三是推进数据标准化和精细化

数据标准化是有效利用信息技术提升数字化设计的重要支

---

① 工业和信息化部装备工业一司.智能工厂案例集[R].北京：工业和信息化部，2021.

撑。模块化设计的产品库的标准化，是三维数字化软件应用提升的有效手段：通过完善常规乘客电梯轿厢系统，形成企业级标准化库，保证设计数据的一致性和准确性；大量应用参数化零部件标准模板建模，大大减少了建模的工作量。

第二节　智能化生产

智能化生产是指企业应用新一代信息技术，围绕计划调度、生产作业、仓储配送、质量管控和设备运维等生产制造过程的自感知、自优化、自决策和自执行的目标，实现生产设备、产线、车间及工厂的智能化、柔性化和敏捷化的生产。智能化生产离不开人与机器的深度协作。随着智能传感、深度学习等数字技术与传统机器深度融合，机器逐步具备感知、分析、决策能力，可以通过图像识别、数据分析、智能决策和精准执行等自主适应要素变化，识别人类意图，开展沟通交互，进而协同人类开展工作，推动人机工作方式从控制辅助向共生协同变革，工厂在生产管理与生产制造中能够形成"感知、分析、决策、执行"高水平闭环，推动设备、产线、车间及工厂智能化、一体化运作，实现企业生产效率、产品质量、安全水平"三提高"和生产成本、能源资源消耗"两降低"。

智能化生产场景主要包括以下几种类型[①]：

一是产线柔性配置。部署智能制造装备，应用模块化、成组和产线重构等技术，搭建柔性可重构产线，根据订单、工况等变化实现产线的快速

① 工业和信息化部办公厅.2023年智能制造典型场景参考指引[R]，2023.

调整和按需配置，实现多种产品自动化混线生产。

二是智能协同作业。部署智能制造装备，基于5G、TSN（Time-Sensitive Networking，时效性网络）等新型网络技术建设生产现场设备控制系统，实现生产设备、物流装备、生产线等实时控制和高效协同作业。

三是人机协同制造。应用人工智能、AR/VR、5G、新型传感等技术，提高高档数控机床、工业机器人、行业成套装备等智能制造装备与人员的交互、协同作业等能力，实现基于高精度空间定位与追踪、动作感知、自然语言处理、情绪识别等功能的自主协同。

专栏7-2：宁德时代——迭代升级智能化生产制造模式[①]

宁德时代新能源科技股份有限公司（以下简称"宁德时代"）作为全球领先的锂离子电池研发制造公司，早已在智能化生产领域展开布局与探索，并完成了三个阶段的升级跃升：

1. "自动化"阶段（2011—2013年）

在这一阶段，宁德时代主要在自动化水平，包括设备自动化、生产线自动化、物流自动化、仓储自动化等方面进行快速提升，逐渐建立起工程设计、测试验证、工艺制造等制造流程完善体系。在积累专业知识、丰富实践经验的同时，培育起一批拥有先进制造潜力的自动化装备供应商，与之共同成长。

2. "自动化+系统化"阶段（2014—2017年）

宁德时代开始陆续导入软件巨头SAP的企业管理系统（ERP）、供应商关系管理（SRM）系统和客户关系管理

---

① 工业和信息化部装备工业一司.智能工厂案例集[R].北京：工业和信息化部，2021.

（CRM）系统。2015年，"物联网应用元年"开启，大量产品生命周期管理（PLM）应用软件被动力电池企业导入应用，设备端的大量数据开始逐渐上线。同年，宁德时代开启了CPS（CATL Production System）体系建设，着手建立起大数据平台，搭建物联网体系，并部署私有云和公有云平台，为后面的大数据分析和智能化导入奠定了良好的系统基础。

3. "数字化+智能化"阶段（2017年至今）

2017—2018年，宁德时代启动数据管理分析相关工作，包括数据管理、数据应用、数据分析，以及切入实际的生产线和工艺优化上，这在生产过程中发挥了极大的作用。宁德时代开始关注如何基于导入的制造大数据，利用先进算法对生产线智能排程，以及对质量智能管控。2019年以来，宁德时代已经尝试在生产线上推广5G技术、AI技术、自学习技术、图像识别、视频流智能监控技术等。

通过在智能化生产领域的实践与探索，宁德时代自动化程度达95%，实时质量控制点超过3600个，取得了产品不良率下降75%、资源综合利用率提升24%、生产效率提升56%等良好效果；取得的专利、标准、软件著作权等技术成果，能够有效支撑生产线量产等方面的推广应用，为行业的数字化车间、智能工厂建设作出积极贡献。

第三节　绿色化制造

　　绿色低碳发展是"双碳""双控"背景下制造业发展的必然趋势，也是衡量企业可持续发展能力的要素。2016年9月20日，工信部发布了《关于开展绿色制造体系建设的通知》（工信厅节函〔2016〕586号），要求以促进全产业链和全生命周期绿色发展为目的，以企业为建设主体，以公开透明的第三方评价机制和标准体系为基础，保障绿色制造体系建设的规范和统一。

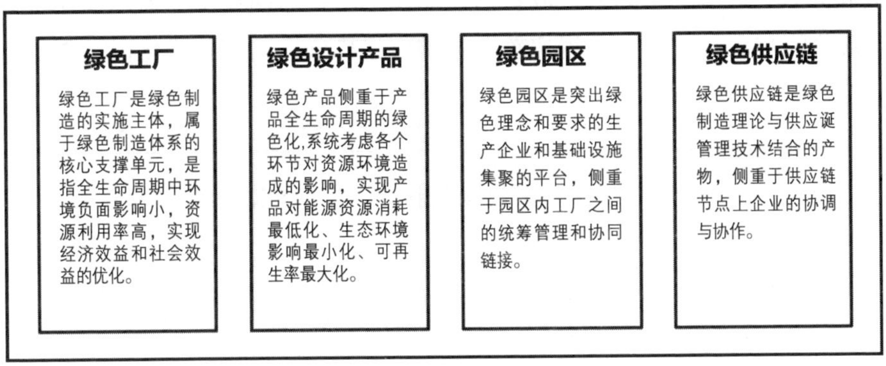

绿色工厂	绿色设计产品	绿色园区	绿色供应链
绿色工厂是绿色制造的实施主体，属于绿色制造体系的核心支撑单元，是指全生命周期中环境负面影响小，资源利用率高，实现经济效益和社会效益的优化。	绿色产品侧重于产品全生命周期的绿色化，系统考虑各个环节对资源环境造成的影响，实现产品对能源资源消耗最低化、生态环境影响最小化、可再生率最大化。	绿色园区是突出绿色理念和要求的生产企业和基础设施集聚的平台，侧重于园区内工厂之间的统筹管理和协同链接。	绿色供应链是绿色制造理论与供应链管理技术结合的产物，侧重于供应链节点上企业的协调与协作。

图7-1　绿色制造体系

　　当前，绿色低碳也越来越成为智能制造的重要考虑因素，数字智造与绿色制造加快融合，形成绿色制造发展模式。绿色化制造是综合考虑环境影响和资源效益的现代化制造模式。具体来讲，就是在数字技术的赋能下，使产品从制造、包装、运输、使用到报废的整个流程中，对环境影响最小，资源利用率最高，并使企业经济效益和社会效益最大化。

　　绿色化生产场景主要包括以下几种类型[①]：

---

① 中国信息通信研究院. 中国智能制造发展研究报告——智能工厂 [R]，2022.

一是能耗监控分析与能源效率优化。基于数字传感、智能电表、5G等实时采集多能源介质的消耗数据，构建多介质能耗分析模型，预测多种能源介质的消耗需求，分析影响能源效率的相关因素，进而可视化展示能耗数据，开展能源计划优化、平衡调度和高能耗设备能效优化等。

二是全过程环境监测与污染优化。依托污染物监测仪表，采集生产全过程多种污染物排放数据，建立多维度环保质量分析和评价模型，实现排放数据可视化监控，污染物超限排放预警与控制，污染物溯源分析，以及环保控制策略优化等。

三是全链条碳资产管理。通过采集和汇聚原料、能源、物流、生产、供应链等全价值链条的碳排放数据，依托全生命周期环境负荷评价模型，实现全流程碳排放分布可视比较、碳排放趋势分析、管控优化以及碳足迹追踪等。

专栏7-3：普洛菲斯——聚焦绿色制造，打造全球能效管理专家[①]

普洛菲斯电子有限公司（以下简称"普洛菲斯"）是世界500强企业法国施耐德电气旗下的核心工厂之一，主要制造工控自动化产品和能源管理类产品，在能耗管理领域具备先行探索经验。

为了响应节能减排号召，实现绿色发展愿景，普洛菲斯运用集团公司EcoStruxure能源和楼宇管理系统，连接所有用能设备，对水、电、气的使用进行监控和管理，实现了从产能、能源网络到能源系统的整体优化。普洛菲斯Power Monitoring Expert监控系统，可实时监控全厂的每一个高能耗设备，包括电力、水能及氮气的消耗情况；通过对每个设备设定正常情况下的消耗参数及对比实时采集数据，实现即时自动报警功能；资产顾问平台的健康

---

① 工业和信息化部装备工业一司.智能工厂案例集[R].北京：工业和信息化部，2021.

预测模型实现对配电设备的剩余寿命预测，从而对发生异常的设备进行分析处理，达到提前预防异常发生、稳定生产状态。经过系统导入，普洛菲斯实现了持续每年5%的能耗降低，能源利用率累计提高了14.8%。

第四节　精益化管理

传统管理方式以人工为主，管理决策依赖于经验，难以对各类要素、流程和活动的绩效进行准确评价，比如在生产管理中，人、机、料等关键生产要素难以实时感知和精准管控，造成资源负载不均、利用率不高。传统管理模式的弊端催生了精益化管理的需求，而物联网、大数据、人工智能等新一代信息技术的融合发展加速了精益化管理的实现。如前文所述，精益化管理理念起源于丰田汽车，最初主要是在生产系统的管理实践，随后逐步延伸到各行各业的企业管理业务。从定义来看，精益化管理是一种以精益思维为基础的管理方法和理念，通过系统集成优化，实现数据驱动的精益运营管理和安全管理，以精益制造和精准运营为目标，以风险防控和智能决策为导向，实现企业管理的精益化。精益化管理在原材料、电子信息、装备制造和消费品行业的现场改善、流程优化、作业改善、质量改善等方面实现了广泛应用。

精益化管理场景主要包括以下几种类型[1]：

一是全要素透明化看板管理与精准决策。通过全要素、全过程的感知采集，依托可视化看板，实时展示计划进度、效率质量、成本安全等综合

---

[1] 中国信息通信研究院.中国智能制造发展研究报告——智能工厂[R]，2022.

信息，支撑异常快速处置和高效管理决策。

二是数字化关键绩效评价与改善。结合精益管理理念构建全要素、全过程的关键绩效指标体系，基于生产数据分析开展精准绩效度量、评估与监测，支撑流程、效率、成本等的改善。

三是标准化作业改善。综合运用人机作业分析、人机工程、虚拟现实、机器视觉等技术，制定各工序的标准作业指导，交互式辅助、引导操作员开展标准化作业，并实时监控和纠正非标准作业行为。

专栏7-4：湖南科霸——理念引领，构建精益管理制造体系

湖南科霸是一家汽车动力电池极板、电池及能量包的研发、生产和销售企业。自成立以来，湖南科霸始终以"精益制造、品质第一"为核心管理理念，通过全面推行精益制造向智能制造的升级，融合工业4.0技术理念，着力打造动力电池领域的新一代智能化制造工厂。

具体而言，湖南科霸为实现精益化管理开展了一系列举措，比如建立生产监控与指挥中心，所有制造、设备系统的一线管理人员均可随时掌握工厂全局状况；建立标准化的接口平台，由MES系统将ERP系统、PLM系统、自动化物流仓储系统、设备控制系统进行集成，实现信息流和资金流的全面贯通。

当前，湖南科霸形成了精益营销、精益研发、精益采购、精益物流、精益能耗等管理体系，并在智能制造建设中，将精益生产的思想和管理体系融入信息系统、嵌入式软件、智能设备中，使过程更透明化、智能化，满足了客户的个性化需求，实现了产品的适时适量适品、高质量短交期。

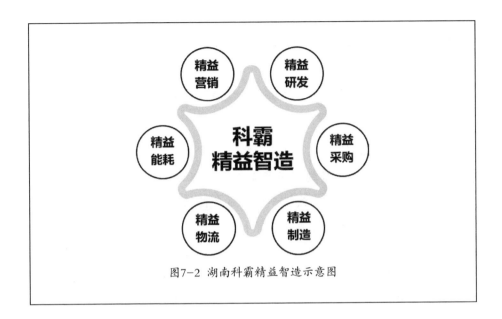

图7-2 湖南科霸精益智造示意图

第五节　智慧供应链

　　智慧供应链是指结合物联网技术和现代供应链管理的理论、方法和技术，在企业中和企业间构建的，实现供应链的智能化、网络化和自动化的技术与管理综合集成系统。通过构建智慧供应链，能够解决供应链中的成本高、信息不对称、环节不透明、流程不标准、管理不高效等痛点问题，并提供解决方案和应用场景的创新，实现整个供应链的可见、可控、可信。智慧供应链的核心是实现供应链中商流、信息流、物流、资金流的无缝对接，也就是实现"四流合一"，尽可能地消除不对称影响因素所带来的影响，借此来提高企业内部以及整个行业供应链的效率与运营质量①。

---

① 智慧供应链行业研究报告［EB/OL］. https://mp.weixin.qq.com/s/q2CnpDXaq7f5k BpXY3trLw.

专栏7-5：智慧供应链发展的三个阶段[①]

从技术层面来看，智慧供应链发展可以分为互联、自动、自主三个阶段。

1. 互联阶段

实现智慧供应链的第一步是互联，互联是智慧供应链的基础阶段。在互联阶段，线上平台与服务使供应链相关业务能够在线受理，用电子化的方式去传递和保存业务信息，实现业务之间的互联；物联感知与可视化以物联网为基础实现了物与物之间的互联和物流过程的可视化、透明化；可信互联与供应链金融则实现了信息的可靠传递、资金的可靠流转。三者相辅相成实现了商流、物流、信息流和资金流等要素的互联互通，为进一步优化业务实现自动化供应链打下了基础。

2. 自动阶段

实现智慧供应链的第二步是自动，自动是智慧供应链的过渡阶段。在自动阶段，自动化作业利用自动化、智能化设备来实现供应链环节上的具体操作的自动化；数字机器人技术是通过模拟人在计算机上的操作，将重复性、标准化的操作自动化，从而代替人工，实现供应链业务的自动化；超自动化则是业务流程的数字化、智能化在企业内深度和广度的应用，实现全流程的自动化。因此自动阶段是在互联的基础上，提升业务流程的数字化、智能化水平，将人们从烦琐、重复的工作中解放出来，是实现智能决策的必要条件。

---

① IDC& 悠桦林.智慧供应链，致胜数字时代——智能供应链计划白皮书，2023.

数智时代：赢在智能制造

3. 自主阶段

实现智慧供应链的第三步是自主，自主是智慧供应链的高级阶段。自主阶段是在实现自动化的基础上，利用人工智能、数字孪生等相关技术在无须人工干预的条件下实现智能决策、自主运行，并能够"柔性"应对突发情况。在自主阶段，计算机可以变得更加"聪明"，代替人来进行决策，供应链决策者将以"分秒级"效率完成经营决策和判断，从而在市场上保持竞争优势。

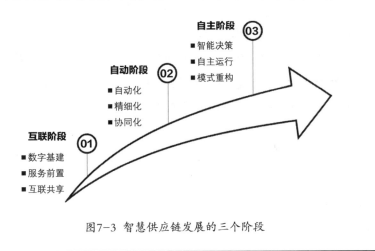

图7-3 智慧供应链发展的三个阶段

智慧供应链场景主要包括以下几种类型：

一是供应链计划协同优化。应用大数据、人工智能等技术，结合市场需求预测和仓储、生产、物流等状态分析，实现采购计划、生产计划、配送计划的协同编制与同步更新。

二是产供销一体化。通过人工智能、云计算等技术，打通销售、生产和采购系统的业务流、数据流，实现销售、生产和采购的协同优化。

三是供应链风险预警与弹性管控。建立供应链管理系统，集成知识图谱、云计算等技术，开展供应链风险隐患识别、定位、预警和高效处置。

京东一直以来都重视物流配送。从2015年开始，京东开始发展无人仓、无人机和无人车。到2017年，京东在全国范围内建设了7个"亚洲一号"智能物流中心，使用新兴技术来代替人工，实现货物存取、包装、入库及出库的全程自动化。京东与西安航天基地签订合作协议，加大对人工智能和大数据技术的投资。智慧物流从上到下可以分为三个部分——智慧化平台、数字化运营和智能化作业。智慧化平台的运营起着主导作用，数字化运营带动智能化作业，智慧化平台发布的指令由智能化作业负责执行。

为全面推进智慧供应链的构建，京东专门组建了聚焦智慧供应链创新和应用的Y事业部。2017年，Y事业部发布了"Y-SMART SC"京东智慧供应链战略，把数据挖掘、人工智能、流程再造和技术驱动作为原动力，形成覆盖"商品、价格、计划、库存、协同"五大领域的智慧供应链解决方案。京东在供应链的优化方面主要体现在两个方面：一是供应链技术的整体打造，包括对外赋能和输出；二是围绕零售最核心的供应链库存管理做提升周转、拉升现货率、降低滞销等关键指标的优化。

京东打造智慧供应链取得一系列成效，依托大数据、人工智能等技术，提高了补货环节的自动化、智能化水平，实现了自动化补货，替代了传统的人工劳动，优化了库存系统，提升了库存管理的精度。京东还积极建设人工智能平台，如YAIR零售人工智能算法平台，同时推出配套的应用产品，强化与合作企业之间的沟通互动关系，实现共同发展。

---

① 智慧供应链——智能化时代的供应链变革之路［EB/OL］. https://mp.weixin.qq.com/s/SQ9V38FaKXCIf9YsHjwqhQ.

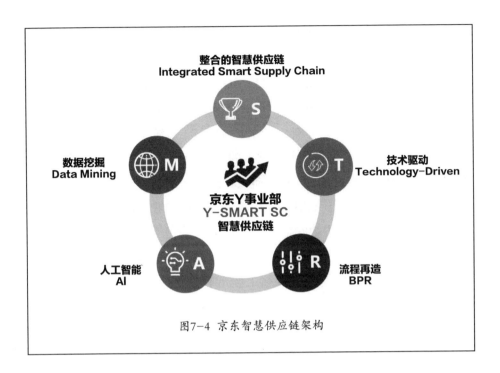

图7-4 京东智慧供应链架构

第六节 高端化产品（服务）

在智能制造的浪潮下，数字孪生、人工智能、工业仿真等先进技术不断取得突破并走向融合，推动企业生产方式和组织形态变革，为产品的迭代升级提供了强大的技术支撑，助力企业打造高端化产品。以芯片为例，芯片制造是世界上最昂贵的生产工艺之一，其中芯片良率是一个很大的挑战，尤其在芯片工艺来到更先进的5nm、3nm的情况下，先进节点的基准良率也越来越低，但在"智"造技术的支撑下，芯片良率、生产效率、创新速度都得到显著提升，也推动手机、电脑等电子设备朝着高端化、轻薄化、智能化趋势发展。

先进的智能制造技术不仅推动产品高端化发展，还打破传统生产制造的局限，推动实现降本增效，像工业元宇宙这样提供高端数字化服务能力的产业也应运而生。展开来讲，工业元宇宙是在智能制造发展背景下形成的一种新型工业生态，是XR、AI、5G、云计算、数字孪生等元宇宙相关技术与实体制造业深度融合的产物。工业元宇宙的出现，推动了整个工业体系在虚拟化背景下的重构，这种重构打破了传统工业、行业和企业的边界与束缚，真正实现在技术支撑下的产业融合，最大化地提高生产效率。举个简单的例子，在工厂运维阶段，通过运用工业元宇宙技术，不但能够知道工厂或设备"什么时候发生故障"，还能够了解"哪里发生了故障"，极大地提升了运维的安全性和可靠性。

专栏7-7：十沣科技——深耕工业元宇宙，技术赋能企业转型

浙江十沣科技有限公司（以下简称"十沣科技"）成立于2021年3月，是一家以从事软件和信息技术服务业为主的企业。十沣科技背靠陈十一院士团队资源，掌握先进的数字孪生、工业仿真等高端智能制造技术，致力于为企业提供自主高端工业软件、数字孪生系统与人工智能系统等高端数字化服务。

服务案例一：

客户要求：在设备未安装之前完成虚拟产线调试，更早地发现问题。

解决方案：通过车间实体与虚体的双向真实映射与实时交互，在数据模型的驱动下，计算出生产要素、生产活动计划、生产过程等，满足设备状态监控、生产和管控最优的生产运行模式。

应用效果：缩短整体环节所需的调试时间，交货时间总体缩短20%左右。

服务案例二：

客户要求：生产过程中采取有效的防范手段、控制措施和应急预案来防止事故的发生或把风险降到最低程度。

解决方案：通过设备GPS的接入、三维高清地图的集成设置地理信息围栏，实现人员越界等不安全事件的实时报警；通过接入危险区视频信号实现实时展示设备运行状况，快速定位危险源状态和现场作业人员的相对位置。通过智能安全帽、智能手环的应用，辅助管理人员实时掌握现场施工的安全情况，当发生安全帽佩戴不规范、施工人员心率过快等情况时，可及时发送预警信息，避免安全事故的发生。

应用效果：大屏实时展示车辆、设备、人员的实时状态，对预警、报警信息及时响应，做到安全信息的全面监控，减少人员伤害、财产损失和环境污染，降低企业成本。

第七节　个性化定制

个性化定制是指围绕产品设计、计划排产、柔性制造、物流配送和售后服务等业务环节，采用模块化设计、模块化生产和个性化组合的生产方式，通过需求信息平台和定制服务平台，实现用户个性化需求与批量生产能力有机结合的定制模式。个性化定制颠覆了"标准化设计、大批量生产、同质化消费"的传统制造业生产模式，将重点放在用户需求上，让用户参与产品的设计与制造，满足用户的个性化需求。

当前，大规模个性化定制已经成为适应、满足消费者需求多样化趋势的重要能力。企业借助大数据手段精准洞察消费需求，开展基于个性化产品和基于需求驱动的设计、研发、生产、服务和商业模式创新，促进供给与需求精准匹配；与此同时，通过积极接入数字孪生、VR/AR（虚拟现实／增强现实）等手段，为客户提供沉浸式体验，打造"消费宇宙"的全新生态。

栏7-8：上汽大通——探索汽车行业C2B大规模个性化定制模式[①]

为应对全球消费者日益增长的个性化需求，上汽大通汽车有限公司（以下简称"上汽大通"）秉承"定制化、智能化、国际化、年轻化"品牌理念，积极探索并实践汽车行业的C2B大规模个性化智能定制模式，以用户需求为中心驱动整个制造体系智能化升级。

1.建立以用户为中心的开放式运营平台

针对整车产品研发过程，公司基于产品化运营思维建设了数字化用户运营体系，成为同用户进行直联互动的触点，使得包含"车型定义""设计开发""汽车试验""用户反馈""用户定价""蜘蛛智选"六大阶段的C2B战略可以真正落地。针对整车产品使用过程，建设上线了上汽大通 MAXUS App、微信小程序等用户触点，实现实时车辆使用指导、维修保养提醒。

2.建设满足客户定制化需求的研发制造一体化体系

上汽大通打造了提供公司全车型用户自定义选配功能的"蜘蛛智选"平台。通过提供从选配到下单、支付、排产、制造、发运直至提车的全流程在线跟踪，让用户获得全新的移动购物体

---

① 工业和信息化部装备工业一司 . 智能工厂案例集 [R]. 北京：工业和信息化部，2021.

验。为了实现订单交付期的自由度及灵活性，建立日历订车模式，可以把订单、产能、排产计划、制造过程、运输的数据在线呈现，用户可以对车辆进行全生命周期的跟踪。

从实施成效来看，工程模块化设计能力大幅提升，支持产品全配置管理，形成大规模可配置的产品策略，覆盖80%的客户定制化需求；建立以用户为中心的交互平台，精准描述用户画像，提高转化率，降低营销CPS，产品CPS同比降低20%。

第八节　网络化协同

随着5G、物联网等网络技术的全面应用，泛在互联、万物互联已成为数字时代的典型特征。网络使得制造系统可以不断超越时空的限制进行更广泛地连接，将人、设备、系统和产品等要素连接起来，打通全要素、全价值链和全产业链的"信息孤岛"，使数据能够在不同系统、不同业务和不同企业之间高效流动，网络化协同模式也随之形成。从定义来看，网络化协同是以数据协同为基础，通过网络化方式进行资源要素的共享、调度，企业内外部业务的集成打通，推动实现全局资源协同优化。

网络化协同场景主要包括以下几种类型[①]：

一是生产全流程集成控制与协同优化。基于设备、控制、管控和运营多层次制造系统和信息系统集成，通过数据协同开展计划排程、资源调度、生产作业和运营管控的集成联动，进而实现全生产流程各环节的统筹

---

① 中国信息通信研究院. 中国智能制造发展研究报告 [R]，2023.

调度、资源组织、集中控制、高效衔接和动态优化。

二是生产端与消费端打通与协同优化。打通生产系统和消费互联网，以消费者精准洞察、需求敏捷响应和全生命周期体验交付为核心，重构生产模式、运营方式和商业模式，优化全链条资源配置与协作效率，进而快速创新产品服务来满足个性化需求，挖掘长尾市场，推动规模经济向范围经济转变，进而构建新竞争优势。

三是产业资源配置与协同优化。通过打造产业级平台，泛在连接全产业资源要素，构建全局资源共享平台，在更大范围、更广领域内组织、配置和协同制造资源，并基于资源状态实时感知，应用智能算法和大数据分析，动态优化资源配置，实现全局资源效率提升。

专栏7-9：丹佛斯——构建压缩机生产制造全生命周期协同制造平台[①]

丹佛斯（天津）有限公司（以下简称丹佛斯）依据集团数字化战略和应用新一代信息技术，重点构建了商用压缩机全生命周期协同制造平台。通过应用协同制造平台进行产品研发及工艺设计，生产过程中所有人员、工艺和设备信息等生产资源数据均实现自动采集和精确追溯。通过平台建设，丹佛斯实现生产效率年均提高15%、客户投诉年均降低20%和生产报废成本年均降低15%的显著成果，具有行业示范引领作用。

一是构建智慧研发体系，打造全生命周期数字化产品研发解决方案

依托已有的数字化设计和管理工具、先进的工程仿真软件、

---

① 工业和信息化部装备工业一司.智能工厂案例集 [R].北京：工业和信息化部，2021.

  数智时代：赢在智能制造

基于云平台的物联网和数字孪生模型，建立了以"智慧研发"为核心的全生命周期数字化产品研发解决方案，实现了产品设计的参数化和模块化、工程仿真的智能化、产品设计的定制化和轻量化、产品的远程维护和预防性维护。

二是建立智能过程质量控制系统，实现全过程数字化可追溯

产品主要零部件均包含二维码，存储了型号、批号等原材料数据。这些数据与生产信息一起连接到压缩机的序列号，以便进行质量跟踪。通过各类型传感器与数字化工具、防错装置和互锁系统的集成，构成智能过程质量控制系统，能够自动在线检测及合格判断，实现了设计、工艺、制造、检验等信息的动态协同。

三是创新自动化解决方案，实现高度柔性的自动化生产

基于数控化设备，以及机器人和机器视觉的全自动检测系统，形成了高度柔性的自动化生产模式。通过焊接机器人、机械加工机器人、转配机器人、螺栓紧固机器人、搬运机器人等与各种传感器、视觉判断系统、数字化防呆系统的集成，组成了一系列的自动化解决方案，有效解决了企业的安全、劳动强度、生产效率、质量等各种问题。

第八章

组织变革：打造数字化生态组织

新冠疫情暴发期间，人们需要遵守隔离制度，必要时进行居家办公、线上办公、远程办公，这使得组织的形式更加虚拟化、数字化和平台化。此外，新的组织形式层出不穷，如自组织、共享组织（员工）、零工经济等，导致部分传统组织的功能更加弱化、虚化和淡化。事实上，随着智能制造时代的到来，上述趋势或多或少早已萌芽，而疫情作为突发变量起到了"催化剂"的作用。进入后疫情时代，组织变化趋势依然存在。可以预见，企业未来将要面临变化更快的市场环境，反应迅速、结构灵活、不断迭代的数字化生态组织成为重要演进方向。本章将对数字化生态组织产生的变革展开论述，以重塑企业战略、组织架构、人才体系、创新模式、商业模式为重点，阐述智能时代组织生态系统的巨大变化。

第一节　重塑企业战略 [①]

在智能制造汹涌而来的时代，企业或被动或主动地转向数字化生态组织，但在各个环节的数字化浪潮中，战略管理体系的重塑往往相对落后。随着数字化进程不断加快，企业数字化能力的差距逐渐凸显，领先企业重新定位战略管理体系并推动战略管理的数字化转型，不断推动企业在海量信息时代快速做出精准决策，帮助企业从战略共识凝聚到战略落地，从而实现战略管理体系的完善与重塑；落后企业则在战略地图描绘、战略目标制定、战略高效落地等各个层面遭遇困难和挑战，从而在数字化时代逐渐失去方向。

企业数字化战略管理体系的搭建，一般要经历四个阶段，包括基础型战略体系、管控型战略体系、价值型战略体系和数智型战略体系。

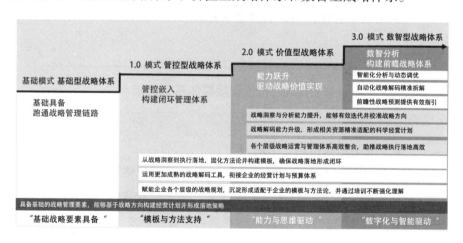

图8-1　数字化战略管理体系的四个阶段

阶段一：基础型战略体系。该阶段企业初步建立完整的战略管理体

---

① 科尔尼.向数字化要竞争力，"战略全景"强体系[R]，2023.

系，已具备战略规划、战略解码、战略落地实施等基本战略管理要素，能够基于市场洞察明确企业战略，并基于既定战略构建企业的经营计划，形成相应的落地策略。然而，该阶段的企业对战略管理方法的运用并不熟练，同时战略数字化并未有效承接，信息处理能力短板明显，存在战略洞察、规划与实施间的多重断点。

阶段二：管控型战略体系。这一阶段是企业步入战略管理数字化的关键，各战略管理要素已经能够通过标准化模板与通用方法论打通部分管理断点，也逐步建立战略落地监控和评估机制，设计并嵌入战略管控节点，形成初阶战略管理闭环。然而，大部分企业在执行过程中，仍会遇到规划缺乏前瞻性、战略颗粒度不够细、执行缺乏前置保障、效果监控及时性不足等问题。

阶段三：价值型战略体系。众多领先企业在管控型战略体系基础上更进一步，通过"战略增长雷达""战略解码树""战略学习地图"等工具全面升级数字化战略管理体系，助力企业完成从管控到价值驱动的战略体系能力跃升。

专栏8-1：价值型战略体系工具箱

---

1. "战略增长雷达"的助力

在战略规划层面，领先企业运用全维度"战略增长雷达"实现战略数字化对各个维度的完整覆盖，全面提升战略洞察能力，挖掘企业战略提升点，保障战略规划的前瞻性和有效性。

数智时代：赢在智能制造

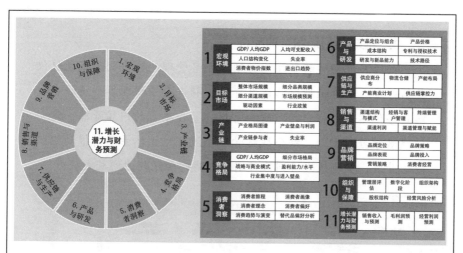

图8-2 战略增长雷达

2."战略解码树"的赋能

进一步细化战略解码的业务规则和解码要求——战略目标在拆解过程中可量化、可承接；指标层级与组织层级形成映射，本级的指标设置与下一级的相关指标挂钩，建立组织目标与个人绩效的关联逻辑。解码完成后，组织、个人需基于目标承接，明确完成该指标的行动方案，每一指标均需形成明确的落地事项。

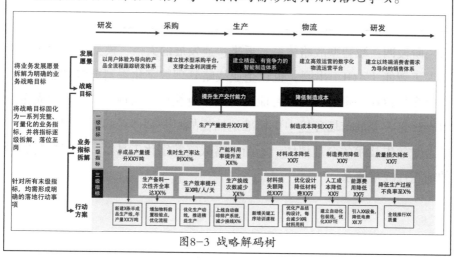

图8-3 战略解码树

3. "战略学习地图"的配合

如同其他领域的数字化转型，战略管理的数字化上线也仅仅是第一步。在价值型战略体系阶段，领先企业梳理各个层级在战略数字化运营过程中的问题和需求，整合丰富的内容资源，定制"战略学习地图"，结合战略管理全流程培训体系不断推动组织能力升级，实现从战略到执行闭环的战略管理能力螺旋式提升。

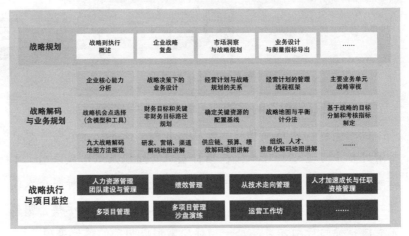

图8-4 战略学习地图

阶段四：数智型战略体系。近来快速发展的大语言模型（LLM）让通用人工智能（AGI）出圈，也让企业战略管理数字化看到更多可能性。以往很多停留在畅想阶段的数智能力将越来越快地走入现实。更多领先企业将在瞬息万变的市场环境中更精准地捕捉战略管理体系的更多切实需要，结合对领先技术的合理评估，不断丰富战略数字化工具箱，构建数智驱动的前瞻性战略体系。

第二节　重塑组织架构

企业组织作为多维复杂系统，在以人力为基本底座的组织架构中，常会出现管理重叠、维度不一等问题，数字时代通过重塑组织架构，打造数字化组织基座，成功建立更为敏捷、协调的"组织中台—协同网络"生态组织。

一、构建企业组织中台 ①

企业数字化转型过程中打通产业链上中下游，集成各种资源，形成企业自身的生态圈，其中中台就是最大限度地盘活企业内部资源的基座。与数据中台、业务中台等类似，数字化组织的核心是组织中台，包含人力、财务、战略决策等要素，由企业运营过程中可赋能其他成员的资源和环境组成。

传统的人力BP（Business Partner，业务伙伴）、财务BP更类似于执行者，负责将决策贯彻落实下去，是决策层权力发挥的一部分。但数字化生态组织的组织中台要求人力、财务等相关团队参与到决策中来，需要有更高的视野，也要有更大的影响，充分评估决策的风险与收益。同时，组织中台要做好赋能，找准前台组织的痛点、难点，构建沟通机制、流动机制、业务沉淀机制和共建共享机制，放大组织中台效能。

二、打造协同网络体系 ②

在组织中台之上，是一个多维网状组织架构，这些组织部门之间的边

① 组织中台，开启平台型组织的真正钥匙 . ［EB/OL］. https://baijiahao.baidu.com/s?id=1685588093648468902&wfr=spider&for=pc.
② 数字化时代重构组织结构［EB/OL］. https://mp.weixin.qq.com/s/mY3DD9KlxeW9qUkv-RDk2A.

界并不清晰，往往通过任务或者目标来划分，在公司战略调整后就可能重组，这就需要部门之间的协作能力不断提升。在数字化生态系统中，组织成员是多维网状组织架构中的一个点，与其他点实时相连，会随时接收到组织带来的信息，同时自身的反馈与互动也会即时反映出来，每个变化都会同步到整体组织中去。此时，组织成员通过信息交互实现自身定位的灵活变化，基于组织中台的赋能作用实现跨部门能力复用。

同时，生态组织内部成员与外部成员之间也是相连接的，顾客和生态伙伴的信息与组织内相应的信息互通，实现内外部的互动和共享，促进彼此协同决策、共创价值。在网络协同体系中，各成员都会围绕着顾客价值创造开展工作，以达到协同增效的目标。

三、推进能力模块化调用[①]

要实现"组织中台—协同网络"生态组织，重要的一点就是能力的模块化、组件化。通过组织能力数字化建设，实现能力与业务、资源的解耦，打破部门壁垒、专业隔阂，消除业务活动与能力以及资源与能力的捆绑，从而将能力模块化，实现组织能力的独立性和可复制性。

实现业务与组织能力解耦，在业务活动中提炼组织能力需求和要求，形成数字化的能力项和要素，同步推进能力与资源的解耦。资源定义为生产力，能力定义为生产关系，组织能力决定资源利用效率，强化组织能力的创造功能，切断资源滋生能力、能力占据资源的"内部独占"行为，故而形成能力模块组合为能力单元、业务单元调用能力单元的状态，组织能力更加轻量化、协同化，避免重复建设和资源浪费，进而推进数字化生态组织建设。

---

① PMO 实践 . 数字化场景 [3]：组织能力数字化重构［EB/OL］. https://zhuanlan.zhihu. com/P/604756598.

  数智时代：赢在智能制造

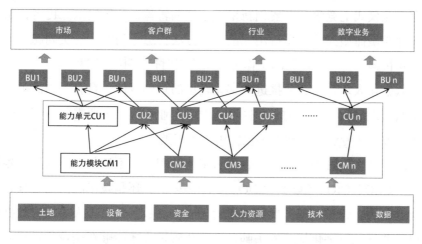

图8-5 能力模块数字化示意图

第三节　重塑人才体系[①]

随着数字化生态组织不断发展，技术与业务的结合点越来越多，人才的价值和定位也被重构，数字化人才的培养愈发重要。阿里、华为、腾讯、百度等公司分别推出"阿里星"人才计划、"鲲鹏高校人才计划"、"犀牛鸟精英工程人才培养计划"、两个"500万"计划等数字化人才培育计划，以应对数字时代的人才需求。

那么，一个全新的问题产生了，数字化人才是什么样的人才？首先，业界普遍认为数字化人才是学习型人才，持续学习的能力是数字时代最基本的能力，一个具有良好学习态度和方法，具备适应与调整能力，然后通过再学习与转化，与企业融为一体的人是优秀的数字化人才。其次，数字化人才是创新型人才，数字化时代的竞争是在业务、技术、管理等方面，

---

① 诺姆四达集团．数智时代的组织进化与人才需求变革 [R]，2022.

乃至商业模式上竞争，需要创新型人才披荆斩棘、开拓进取。再者，数字化人才是敏捷型人才，懂得用"敏捷"方法去思考问题、解决问题，通过"小步快跑、持续迭代"的工作方式来应对时代的不确定性。

数字化人才作为企业推进数字化转型的重要载体，具有不同的类型，他们共同组成数字时代的人才体系。对于企业而言，主要需要数字化管理人才、数字化专业人才和数字化应用人才三类人才。

一是数字化管理人才。在企业数字化转型中，不论是企业高层的各种CXO（CEO、CIO、COO、CDO、CTO……），还是技术团队的领导，抑或是业务团队领导，都需要数字化管理人才。数字化管理人才拥有数据化的思维并具备数字化战略的头脑。数字化管理人才能够在企业的现状、需求和现有的数据基础之上，站得更高看得更远，把握行业未来，洞察市场变化，抓住本质问题，勾勒前瞻蓝图，规划务实计划，监督落地执行。

二是数字化专业人才。数字化专业人才是应用智能制造推动企业转型的关键人员。他们是数字化产品和应用的缔造者和开发者，为企业构建数字化的基础架构和应用环境。数字化专业人才聚集在专业数字化技能打造，主要包括产品经理、研发工程师、数据工程师、应用架构师、算法工程师、前端设计师、运维工程师、运营工程师、硬件工程师，等等。

三是数字化应用人才。数字化应用人才既要是企业的业务骨干，也要是使用数字化工具的"行家里手"。在企业的市场营销、财务管理、人力资源、供应链管理、生产制造等业务领域中，都需要引入和培养优秀的数字化应用人才。数字化应用人才负责提出数字化需求、制定数据标准、定义应用场景、使用数字化工具、输出标准的数据。

数字化管理人才、数字化专业人才、数字化应用人才构成了数字化生态组织的人才体系。数字化生态组织和数字化人才是融合互促的关系，数字化生态组织有利于激发人的潜能，培养数字化人才；而数字化人才也可以影响和改变企业的客观环境，使之更适应自己的生存。在企业数字化转型的大潮之下，每一个人都应该做好变革的准备，敢于面对改变，敢于不断更新自己，不断提升数据思维能力和数字化专业技能。

中铁四局作为具有综合施工能力的国有施工企业，是较早一批将信息技术引入企业管理的大型建筑企业之一。随着企业的不断发展和业务数据的积累，以往"烟囱式"信息系统带来的问题越来越明显，结合企业现状，中铁四局启动了数智工程战略，以实现企业管理数字化、项目生产数字化和产业生态数字化的目标。

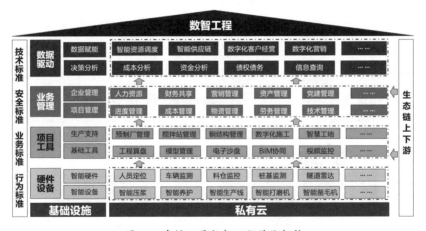

图8-6 中铁四局数智工程总体架构

数字文化是企业数字化转型的土壤，是企业数字转型的第一要务。中铁四局通过技能大赛的方式推进各子分公司及业务人员主动学习信息技术，例如在每年组织的青年员工技能大赛中加入BIM大赛和无人机应用比赛等项目，大赛由管理研究院或外部培训机构出题，各子分公司通过内部组织预选赛和内部培训确定参赛人员。通过技能大赛，企业为优胜选手或团队提供奖金，极大

① 中铁四局：以"数字文化"新理念 推动数字化人才体系建设 [R]，2023. 本文根据中铁四局管理研究院、人才发展院为"2023中国企业数字化人才发展调研"提供的资料整理。

调动了相关专业人员主动学习信息技能的积极性，能够有效激励企业数字化应用人才。同时，可以作为企业数字化应用人才的选拔和培养提供参考，有利于企业数字化人才结构的建立。

在探索数字化转型的过程中，中铁四局围绕数字化人员发展总体规划，分别针对数字化管理人才、数字化技术人才和数字化应用人才制定了相应的培养措施。在数字化管理人才培养方面，中铁四局主要采用内外协作的解决方式，通过内外优势互补完善人才培养体系，帮助企业更高效地赋能不同类型的数字化人才；在数字化技术人才培养方面，中铁四局依托自身的管理研究院，聚焦企业数字化转型前沿新兴业态研究，为数字化技术人才培养提供坚实保障；在数字化应用人才培养方面，由局人才发展院主导，结合业务人员在线学习需求打造的中铁四局学习云平台，能够满足企业员工线上线下、实时或离线、任务式或自助式的多形态学习需求模式。

图8-7 中铁四局"出发"学习平台中各类系统培训

数智时代：赢在智能制造

通过企业数字化转型建设和企业数字化人才培养，孵化出科技企业中铁四局管理研究院（安徽数智建造研究院有限公司）。目前，研究院已成为中铁四局数字化人才的发展基地，一方面实现科技成果的转化，另一方面也通过市场检验企业数字化研究成果，不断为企业数字化转型提供新的思路与理念，注入新的动力。

第四节　重塑创新模式[①]

　　近年来，Z时代与银发族等不同层次消费人群不断涌现，形态各异的圈层群体不断形成，每个群体都由兴趣爱好接近的人组成，群体内部具有相似的消费特征和购买动机，而不同群体之间的差异较大，因此根据群体的不同形成了大量不同的细分市场，这要求企业对于消费需求的创新能力必须更加精准。

　　以服装行业为例，整个产业都面临着数字生态较差、创新效率不高、制造模式落后等问题，各类成本逐年攀升、高库存无法化解、核心品牌创新效率低下，导致企业无法适配需求的快速变化。简而言之，即海量个性化需求与刚性供给能力、精准创新能力不匹配。

　　数字化仍是解决问题的关键钥匙。以交易交互平台为依托，广泛链接消费者及生产、商贸、营销、物流等企业，涉及原材料、中间品与成品全品类行业；以云化和数字化的形式集成，减少沟通障碍，提高信息流转，构建高质量的信息互动基础。在各方深度参与的前提下，打造以消费者需求为起点，以研发满足消费者需求产品为终点，以提高创新效率为目标的

---

① 莫张勤. 数字化重塑研发体系　产业协同提升创新效率——以服装行业为例探索传统行业高质量发展路径［N］. 中国改革报，2023-2-17.

智造平台，且不断在交互中产生迭代，逐步推送高精度的趋势预测。

服饰品牌威富根据消费者需求分析，借助天猫新品创新中心演算不同类型的碎片化消费需求，以其前沿趋势发现、消费者需求洞察、产业创新图谱、数字创意加速功能板块等数字基建板块，结合全链路的深度反馈，创建了智能测款模型，进行消费洞察并刻画多维目标消费群体画像，持续洞察消费趋势及市场机会，提升研发需求的精准度。

犀牛智造作为产业协同的实践者，为缩短研发周期、提升产品创新效率开创了一条新路。犀牛智造可以根据个性化需求，实现订单驱动的柔性生产和柔性供应链能力，以"小单快反"来动态匹配产供销。此外，犀牛智造应用人工智能等数字技术，极大地提升了研发效率。以多模态大模型M6为例，系统自行迭代识别设计师的草图，迅速生成样图，提高设计师的工作效率，进行工艺匹配，优化生产调度。

面对消费需求的巨变，我国传统产业的出路在于挖掘消费市场潜力、构建新型合作网络、提升全链路合作深度、提高生产经营效率。其主要落脚点为以数字化重构供需关系，以产业协同实现高质量的动态平衡。其实现路径主要有两条：一是通过数字化改造，构建规模化、全链路的智造平台，重塑创新研发体系，精准解码需求端，为产业协同的价值提升打下基础；二是实现产业协同、缩短研发周期，提升品牌创新效率，提高传统产能与海量碎片化需求的精准匹配，优化供给能力，实现高质量的动态供需平衡。例如，1688作为最丰富的源头工厂供给平台，从2015年开始探索区域产业集群整合服务方案，涵盖制造业电商化发展、产地区域公共品牌运营、人才培养与技能培训等多个方面，形成了一套务实有效的特色产业服务体系，成为产业集群内部中小企业实现数字化转型、深度参与国内大循环的重要通道。

数字化正在深刻地改变着每一家企业，纵深推进产业协同在不同企业、不同行业间拉开了距离。依托数字化手段，逐步糅合传统产业的组织、业务和上下游，推动围绕消费者这一核心的全链路合作，依靠产业协同提高创新能力和经营效率，推动更高质量的供需动态平衡，将成为未来企业提高市场竞争力的重要路径。

第五节　重塑商业模式 [①]

数字技术已经深刻地改变了企业的经营模式。随着数字技术的发展，大量企业通过数字化技术赋能，增强组织的价值传递过程、扩大组织的价值创造过程、促进组织的价值多路径实现，从而实现商业模式创新升级。具体而言，智能制造对组织的商业模式重塑的驱动主要体现在价值传递、价值创造和价值实现这三个过程之中。

第一，智能技术赋能组织价值传递，通过数字技术实现精准的营销与获客。营销和获客主要由客户细分、渠道通路和客户关系三个模块组成。在数字化时代，组织与客户的触达更多情况下通过移动应用、互联网工具和数字化渠道实现交互；越来越多的组织通过数字化手段推动渠道升级，并将价值主张、产品和服务用最恰当的方式传递给客户；数字化技术已然重塑了传统的客户关系管理，组织要"以客户为中心"，从单纯的"价值交付"向"价值共创"的理念转变。通过数据助力营销决策，赢得客户认可并形成持续不断的价值闭环。数字化获客模式能为组织带来更强的获客能力、更高的获客效率、更好的客户体验、更优质的客户关系、更长的客户生命周期，能够让组织与客户形成更紧密的纽带关系。

第二，智能技术赋能组织价值创造，通过运营模式创新为客户带来新的价值。数字化的运营模式就是基于数字化的新理念，以精益思想为引领，在精准识别客户价值与高效价值流的基础上，运用数字化技术和数据

---

① 懿德汇睿.数字化驱动商业模式创新［R］，2023.

对运营中的设计、研发、采购、生产、销售、交付和售后服务等各个环节实现赋能。从组织效率提高的角度来讲，通过技术平台的支撑，数字化打破了"数据孤岛""系统竖井"和组织内部的"部门墙"来减少企业内部的信息不对称、数据不开放方面的浪费，进一步提高端到端价值链的生产效率和风险管控能力。数字化运营模式是传统模式的升级，传统的运营管理体系也应随之升级为数字化的运营管理体系。构建数字化运营模式的意义在于不仅能实现价值链效率的最大化，还可以提高组织链接一切的能力。数字化运营模式是组织实现与外部生态链接的基础，是组织加入"生态联盟"前的自我变革。

第三，智能技术赋能组织价值实现，逐步完善的业务结构带来正现金流。一个好的盈利模式不仅能在短时间内获得更好的价值回报，长期来看还应该是一个可持续的、健康的价值创造、传递和获得的过程。盈利模式主要看收入来源和成本结构，企业在数字化转型的过程中，应聚焦在所花成本的价值层面上，用长远辩证的眼光、更客观精细的管理手段，在扩大业务规模的基础上降本增效和持续改进。好的数字化盈利模式不是一味追求削减成本，而是通过数字化的投入带来利润的倍增。企业的数字化转型就是生产要素的重新组合，根据实际情况合理设置成本、收入结构，以价值为导向，寻求组织盈利的最佳状态。

专栏8-3：组织变革先锋——美的集团

2011年，随着互联网企业进入传统家电制造行业，以美的为代表的传统家电企业感受到了空前的转型压力，同时消费者对于智能化的需求迅速增长，而人力成本不断提高。美的的营业收入增长虽然稳定，但销售毛利率却逐年下滑，净利润率持续徘徊在4%左右。这也就引起了美的集团对数字化生态组织变革的思考。

美的进行数字化转型之初，就意识到决定数字化转型成败的关键是人的思维意识的改变及组织方面的变革。美的首先着手建立一个文化和人才管理更具有弹性的高效组织，围绕用户导向和价值驱动两大核心营造文化氛围，并建立起完善的数字化核心人才引进与培养机制。通过自上而下思维上的变革，实现价值向上，并以数字化思维赋能美的变革。

美的的信息系统优化是从IT系统统一化到数据驱动的C2M以实现从备货式生产到订单式生产。在过去，美的仅IT系统就有100多套，使得内部流程、管理方式、数据都不统一。美的于2012年9月启动"632"战略，即"六大运营系统、三大管理平台、两大门户网站和集成技术平台"，以实现"一个美的、一个系统、一个标准"的目标。2015年，美的通过消费端的数据驱动生产模式的转型，从传统"层层分销"模式下的"以产定销"生产模式转型为由一线消费者数据驱动的"以销定产"的C2M生产模式。

进入全面深化数字化转型阶段，美的通过智能家居、工业技术、楼宇科技、机器人与自动化、智能供应链、工业互联网等板块发展打造全球化科技集团。2023年第一季度，美的获得了超过80亿人民币的净利润，同比增长两位数以上。

☆　第九章　☆

评价模型：国内外智能制造模型和评价方法

有别于车、锻、磨等具体生产制造工艺，智能制造是基于一系列制造工艺以及新一代信息技术的综合应用形成的复杂系统，这就需要从成千上万智能制造企业中总结出它们的典型特征，形成智能制造成熟度等级模型和评价方法，满足不同发展时期、不同地区和不同行业对智能化水平的不同需求。

第一节　智能制造模型和评价方法概述

当前，关于第四次工业革命的讨论不绝于耳，业界通过以全球最先进的智能制造领域企业以及下一阶段制造业努力的方向和目标，提取这些参照所共同拥有的特征建立可量化的智能制造成熟度等级模型。在这个模型的指导下，制造业生态中的各种业态都可以用该模型"度量"自己的长、宽、高（诊断当前所处的成熟度等级），再设定目标长、宽、高（成熟度模型中对应目标成熟度等级），最终提出升级改造方案。

成熟度理论起源于20世纪70年代，美国国家航空和航天局（NASA）为了更好地开展技术和风险管理，提出了度量技术风险的工具——技术成熟度（TRL），目前已广泛应用于美国及欧洲国家的装备采办项目管理过程中。和传统制造业不同，智能制造涉及多企业、多领域、多地域、多系统信息集成、应用集成和价值集成。发展智能制造首先需要统一其术语定义，数据模型系统集成等基础标准，建立对于智能制造基础框架、交互规范、可靠性等内容的共同认识，构建智能制造通用模型、生态模型和标准体系。以德、美、日为代表的发达国家已经形成了一批国际先进的智能制造评价参考模型，主要包括德国工业4.0参考模型架构（RAMI4.0）、美国智能制造成熟度水平评估模型（SMSRL）、日本工业价值链参考模型（IVRA）、新加坡智能产业准备指数（SIRI）等（见表9-1）。

表 9-1　智能制造现有主要参考模型

序号	模型名称	制定组织	发布时间	应用领域
1	德国工业 4.0（RAMI4.0）参考架构模型	德国工业 4.0 平台	2015 年 4 月	制造
2	美国智能制造成熟度水平评估模型（SMSRL）	美国国家标准与技术研究院（NIST）	2016 年 2 月	制造
3	日本工业价值链参考架构（IVRA）	日本工业价值链促进会（IVI）	2016 年 12 月	制造
4	新加坡智能产业准备指数（SIRI）	新加坡经济发展局	2017 年	工业企业
5	国家智能制造能力成熟度（CMMM 1.0）	中国电子技术标准化技术研究院	2015 年 12 月	智能制造（重点十大领域）
6	国家智能制造能力成熟度（CMMM 2.0）	中国电子技术标准化技术研究院	2020 年 10 月	智能制造（重点十大领域）

第二节　国际上主要的智能制造模型和评价方法

一、德国工业 4.0 成熟度评价体系（RAMI 4.0）

2015年3月，德国正式提出了工业4.0参考架构模型（Reference Architecture Model for Industry 4.0，RAMI 4.0），从产品生命周期/价值链（Life Cycle / Value Stream）、层级（Layers）和架构等级（Hierarchy Levels）三个维度，分别对工业4.0进行描述，以便工业4.0中所有的参与主体可以互相理解（见图9-1）。

德国工业4.0成熟度评价体系（Industry 4.0 Readiness）是目前德国工

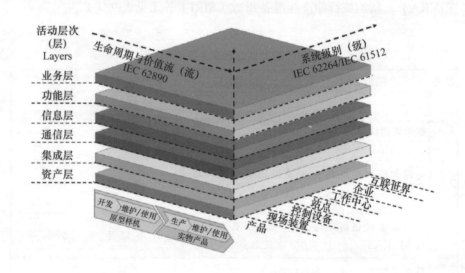

图9-1　德国工业4.0参考架构模型（RAMI 4.0）

（图片来源：德国机械设备制造业联合会，"Industry 4.0 Readiness Assessment Method Based on RAMI 4.0 Standards"）

数智时代：赢在智能制造

业4.0平台最前沿的工业4.0成熟度评测研究[①]。同时建立了一个工业4.0成熟度的在线自测工具，由德国机械设备制造业联合会（Verband Deutscher Maschinen und Anlagenbau，VDMA）下属IMPULS基金会委托IW咨询（科隆经济研究所下属的一个子公司）和亚琛工业大学FIR（工业管理研究所）共同完成，该评价体系基于工业4.0中的6个关键维度和18个项目。一是战略与组织（Strategy and organization），聚焦工业4.0企业的战略规划和控制；二是智能化工厂（Smart factory），其目标是分布式、高度自动化生产环境（例如，数字建模、设备基础结构、数据使用、IT系统）；三是智能化操作（Smart operations），旨在实现企业范围和跨企业的物理和虚拟世界集成（如信息共享、云使用、IT安全、自主流程）；四是智能化产品（Smart products），旨在促进自动化、灵活、高效的生产管理，以及创建新的数据驱动服务（即诸如自动驾驶汽车等产品的ICT附加功能，识别、本地化、自我报告）；五是数据驱动服务（Data-driven services），关注数据的收集和分析、服务收入在产品价值中的占比、数据共享等（如收集和分析客户满意度、产品改进建议、产品售后支持等信息）；六是员工（Employees），通过适当的培训和继续教育，使得员工提升数字化能力，获得与公司数字化转型所匹配的技能。每个维度成熟度分为六个层次（0—5），包含了为达到该水平所必须满足的最低要求，0级代表没有或很少计划实施工业4.0活动的公司，5级代表已经成功实施了所有工业4.0活动的最佳表现者（详见下图9-2）[②]。

---

① 工业 4.0 成熟度评级指南 德国工 4 平台成绩单（下）[EB/OL]. http://video.gongkong. com/newsnet_detail/343946.htm, 2016-06-07/2018-12-05.
② Industry 4.0 Readiness Online Self-Check for Businesses[EB/OL]. https://www. industrie40-readiness.de/?lang=en, 2018-12-05.

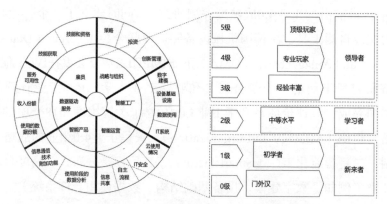

图9-2 德国工业4.0能力成熟度评价体系

（图片来源：德国机械设备制造业联合会，

"Industry 4.0 Readiness Online Self-Check for Businesses"）

工业4.0成熟度在线自测工具重点对产品创新（表9-2）和生产技术创新（表9-3）两个方面进行评价①。产品评价模块更加关注推动企业的商业模式从产品驱动转变为数据驱动，从单一销售产品为主向销售服务倾斜，围绕产品从交付到报废全生命周期开展服务，提高服务在产品价值中的比重。生产评价模块更注重柔性、敏捷制造，提高生产系统的敏捷性、生产率和产品质量。

表9-2 工业4.0工具盒子：产品②

水平等级 指标	一级	二级	三级	四级	五级
集成传感器和控制器	没有集成传感器和控制器	有集成传感器和控制器	产品自身可读取传感器的数据	可评估分析数据	基于数据独立地做出响应和决策
通信和连通性	无用户界面	可以发出或接收I/O信号	具有现场总线接口	具有工业以太网接口	可直接连接因特网

① 柏隽，林雪萍.工业4.0成熟度评级指南［EB/OL］. https://www.sohu.com/a/8265 1718_ 403191.

② https://www.industrie40-readiness.de/?lang=en.

续表

水平等级 指标	一级	二级	三级	四级	五级
数据存储和信息交换功能	无数据存储和信息交互功能	个体可被识别	具有数据存储功能	具备数据存储和自动信息交换功能	具有完整的数据存储和自动信息交换功能
监测	无监测功能	可探测产品失效	可记录运行状态，用于诊断	可预测自身的功能状况（预测性维护）	独立地采取控制措施（自修复）
与产品相关的IT服务	无IT服务	通过在线的门户网站提供服务	通过产品直接提供服务	独立自主地开展服务	完全集成IT服务基础架构
基于产品的商业模式	通过销售标准产品获得利润	销售产品并提供咨询服务	销售产品、咨询服务并改变产品以满足客户的特殊需求	销售产品及与产品相关的增值服务	销售产品的增值服务

表9-3 工业4.0工具盒子：生产

发展水平 指标	一级	二级	三级	四级	五级
生产数据加工处理	无生产数据加工处理	用于文档存档的数据存储	用于生产过程监控的数据分析	用于生产过程规划和控制的数据评估	自动生产过程规划和控制
机器间通信（M2M）	无机器间通信	具有现场总线接口	具有工业以太网接口	机器可连接到因特网	通过网络服务访问其他软件（M2M）
公司级生产网络	与其他业务部门无沟通	通过邮件和电话沟通	数据交换具有统一的数据格式和规则	具有统一的数据格式和相互独立且互联的数据服务器	相互独立且全互联的IT解决方案
生产过程中的信息通信基础设施	通过邮件和电话进行信息交换	有用于生产的中央数据服务器	通过基于互联网的门户网站进行数据分享	自动信息交换（如订单跟踪）	供应商和客户被完全集成于生产流程设计中

续表

发展水平指标	一级	二级	三级	四级	五级
人机交互	操作者和机器之间没有数据交换	利用本地用户交互界面	集中式或分布式的生产监测与控制	用手机等移动端的用户交互界面	AR/VR技术用于生产过程人机交互
小批量生产效率	僵化的生产系统且组件可互换的比例很低	使用柔性的生产系统和可互换的组件	柔性的生产系统和模块化的产品设计	企业内部组件驱动的模块化产品柔性生产	企业价值链之间的组件驱动的模块化生产

二、美国智能制造成熟度水平评估模型（SMSRL）

2001年，美国三军联合制造技术委员会在技术成熟度的基础上构建了制造成熟度（MRL）评价模型，对产品生产的经济有效性进行定量化评价。经过多年探索，2016年2月，美国国家标准与技术研究院（NIST）发表了一篇名为《智能制造系统现行标准体系》"Current Standards Landscape for Smart Manufacturing Systems" 的报告，总结了未来美国智能制造系统将依赖的标准体系，提出了智能制造系统（Smart Manufacturing System, SMS）和智能制造生态系统（Smart Manufacturing Ecosystem, SM Ecosystem）以及智能制造成熟度水平评估模型（Smart Manufacturing System Readiness Level，SMSRL）的概念和模型。

美国智能制造生态系统（SM Ecosystem）以制造金字塔（Manufacturing Pyramid）为核心，包括企业资源规划系统（Enterprise Resource Planning，ERP）、制造营运管理系统（Manufacturing Operations Management，MOM）、数据采集与监控（Supervisory Control And Data Acquisition，SCADA）、现场实体设备层（Field Device）。系统围绕产品（Product）、生产（Production）、商业（Business）三个维度（见图9-3），基于这三个主轴之间紧密的串联互动，形成更快的产品创新周期

和更高效的商业链，并让生产系统产生更大的灵活性。该生态架构将企业经营整体维度纳入考虑范畴，以多维度相互关联解释现实商业环境，呈现了未来智慧制造的复杂系统生态。

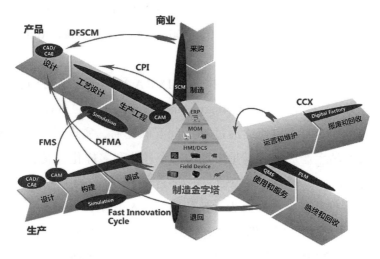

图9-3　美国智能制造生态系统（SM Ecosystem）

（图片来源：NISTIR 8107，"Current Standards Landscape for Smart Manufacturing Systems"）

SMSRL模型基于工厂设计和改进（Factory Design and Improvement reference-activity mode，FDI）活动模型，包括组织成熟度、信息技术成熟度、绩效管理成熟度和信息连接成熟度4个维度，反映了企业管理现代化水平，即企业管理规范化和流程化、数字化工具和方法的应用水平、绩效管理工具的使用和监控程度、用于交换所需信息方法的复杂性以及信息共享/交换的水平。SMSRL采用定性和定量方法对企业包括战略、领导、客户、产品、运营、文化、人、治理和技术9个方面共62个评估指标，采用Likert五点量表法进行评估调查和统计，经加权计算最终确定调查对象智能制造成熟度评价。

三、日本工业价值链参考模型（IVRA）

2016年12月8日，为推动智能工厂的实现，日本工业价值链促进会（Industrial Value Chain Initiative，IVI）——这个由制造业企业、设备厂商、系统集成企业等发起的组织，基于日本制造业的现有基础，推出了《工业价值链参考架构》（Industrial Value Chain Reference Architecture，IVRA）。

日本《工业价值链参考架构》（IVRA）呈现三维结构，每一个"块"称为"智能制造单元（Smart Manufacturing Unit，SMU）"，表示智能制造的一个自主单元，通过SMU间互联互通，实现提高生产效率、降低单件产品生产成本、满足市场需求个性化和多样化发展趋势。SMU由三个轴组成，纵向为"资源轴"（Asset View），分别为员工层、流程层、产品层和设备层；横向为"执行轴"（Activity View），分别为计划、执行、检查和处理，即PDCA循环；内向为"管理轴"（Management View），分为质量、成本、交货期和环境，即QCDE活动（见图9-4）。

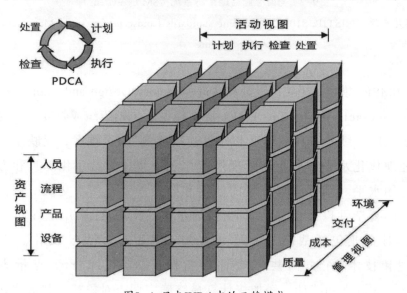

图9-4 日本IVRA中的三维模式

（图片来源：日本工业价值链促进会）

IVRA中通过多个SMU组合展现制造业产业链和工程链等。多个SMU的组合称为"通用功能块（General Function Blocks，GFB）"。GFB纵向表示企业或工厂的规模，分为企业层、部门层、厂房层和设备层；横向表示生产流程，包括市场需求与设计、架构与实现、生产、维护和研发5个阶段；内向表示需求与供给流程，包括基本计划、原材料采购、生产执行、物流销售和售后服务5个阶段（见图9-5）。

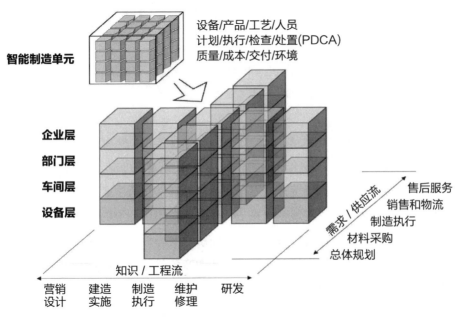

图9-5 IVRA中的通用功能块（GFB）

（图片来源：日本工业价值链促进会）

IVRA还将智能制造单元（SMU）之间的联系定义为"便携式装配单元（PLU）"，具体而言，分为价值、物料、信息和数据4个部分（见图9-6）。通过掌控这4个部分在SMU间的传递准确度，来提升智能制造的效率，打造高效的智能制造生态。

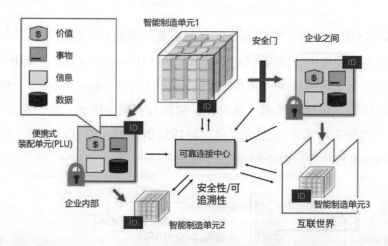

图9-6 IVRA中PLU的移动价值

（图片来源：日本工业价值链促进会）

日本工业价值链促进会（IVI）的三大关键理念为互联制造、松耦合和人员至上。日本追求工业价值链与多方形成协作共赢局面，保留了"以人为本，人员至上"的一贯传统；通过企业互联制造实现每个企业的价值；通过"松耦合性定义标准"实现企业易于合作，应对不可预测的未来需求，实际接口的复杂性，解决设备接口兼容、响应敏捷与弹性开发的问题，通过建立企业易于合作的"宽接口"，保持每个企业竞争优势不受影响。日本制造业以丰田生产方式为代表，一般都是通过人力最大化来提升现场生产能力，实现效益增长。IVI向全世界发布的智能工厂新参考架构嵌入了"日本制造业"的特有价值导向，期望成为世界智能工厂的另一个标准。

四、新加坡智能工业成熟度指数（SIRI）

2017年，新加坡经济发展局与第三方检测认证机构TUV南德意志集团合作，在参考德国工业4.0的模型和评价方法的基础上，推出了"新加坡智能工业成熟度指数（The Singapore Smart Industry Readiness Index，

SIRI）"，以期帮助工业企业系统全面地挖掘其工业4.0的潜力。

Siri评估矩阵由三层组成（见图 9-7），最顶层由工业4.0的过程、技术和组织三个基本构建模块组成，由八大支柱支撑。八大支柱代表了企业要成为面向未来的组织必须关注的关键方面。八大支柱再映射到16个维度，代表了企业在评估其当前成熟度水平时应考量的关键因素。

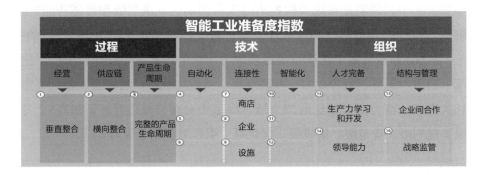

图 9-7 新加坡智能工业成熟度指数

（图片来源：新加坡经济发展局，The Smart Industry Readiness Index）

第三节　我国国家层面提出的智能制造评价方法

智能制造是我国制造强国建设的主攻方向，是推动制造业高质量发展、实现新型工业化的关键抓手。经过多年培育，我国的智能制造发展已从初期的理念普及、试点示范阶段进入当前深化应用、全面推广阶段，形成了试点示范引领、供需两端发力、线面复制推广、多方协同推进的良好局面。从模型和评价方法看，我国国家层面先后发布了通用的智能制造模型和评价方法（2015年发布CMMM 1.0版，2020年迭代为CMMM 2.0版）外，还发布了一系列基于行业细分领域模型和评价的相关标准。

一、国家智能制造能力成熟度（CMMM 1.0）

自2015年开始，工信部组织部分重点科研院所共同研究智能制造的基本定义、内涵、规划、路径和相关标准。2016年，我国首个智能制造能力成熟度评价模型（China Manufacturing Maturity Model 1.0，CMMM 1.0）诞生。CMMM 1.0借鉴了《国家智能制造标准体系建设指南（2015年版）》中智能制造系统架构提出的生命周期、系统层级和智能功能3个维度，对智能制造的核心特征和要素进行提炼总结（见图9-8），归纳为"智能+制造"两个维度，最后展现为一维的形式，即设计、生产、物流、销售、服务、资源要素、互联互通、系统集成、信息融合、新兴业态10大类核心能力以及细化的27个域。模型中对相关域进行从低到高5个等级（规划级、规范级、集成级、优化级、引领级）的分级与要求。

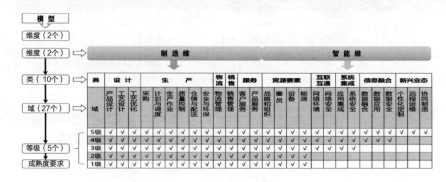

图9-8 模型架构与能力成熟度矩阵关系图

（图片来源：中国电子技术标准化研究院，《智能制造能力成熟度模型白皮书（1.0版）》）

根据使用者的不同，智能制造能力成熟度模型分为两种表现形式——整体成熟度模型和单项能力模型。整体成熟度模型提供了使组织能够通过改进某一些关键域集合来递进式地提升智能制造整体水平的一种路径，单项能力模型提供了使组织能够针对其选定的某一类关键域进行逐步连续式改进的一种路径。

整体成熟度模型用于衡量企业智能制造的综合能力，主要面向大型企业，兼顾了制造和智能两个方面。模型将企业智能制造能力成熟度划分为5个等级，数字越大成熟度等级越高。高成熟度等级代表比较强的智能制造能力，反之亦然。按照本模型提升企业智能制造水平是由低到高逐步递进的，不能放弃比较低的等级直接越级提升到比较高的等级，每个等级向下兼容下一个等级。随着等级的提升，要实现的类的数量是增加的，如图9-9所示。

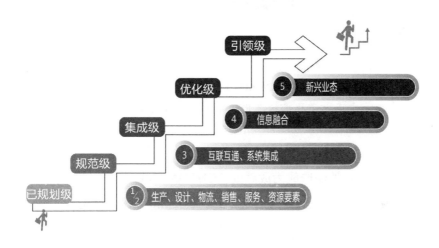

图9-9 CMMM 1.0整体能力成熟度

（图片来源：中国电子技术标准化研究院，《智能制造能力成熟度模型白皮书（1.0版）》）

单项能力模型主要面向中小企业或者只在制造的某些环节有智能化提升需求的企业，用于衡量企业在制造的某一关键业务环节的智能化能力，侧重制造维度的实施。模型将每一制造环节的智能制造能力分为5个等级，数字越大能力等级越高，选择一类进行改进后，必须严格按照等级递进提升（见图9-10）。

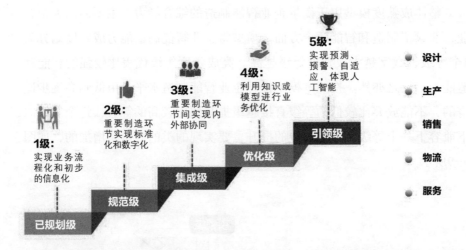

图9-10 CMMM 1.0单项能力成熟度模型

（图片来源：中国电子技术标准化研究院，《智能制造能力成熟度模型白皮书（1.0版）》）

二、国家智能制造能力成熟度（CMMM 2.0）

2020年，我国正式发布GB/T 39116-2020《智能制造能力成熟度模型》、GB/T 39117-2020《智能制造能力成熟度评估方法》。两个标准相互促进、相互补充，从应用和价值维度看"等级+要素+成熟度要求+评估方法"共同构成制造企业智能制造水平提升的解决方案。

CMMM 2.0聚焦"企业如何提升智能制造能力"的问题，提出了智能制造发展的5个等级、4个要素、20个能力子域以及1套评估方法，如图 9-11、9-12、9-13所示，引导制造企业基于现状合理制定目标，有规划、分步骤地实施智能制造工程，有效推动产业生态良性循环、健康发展。

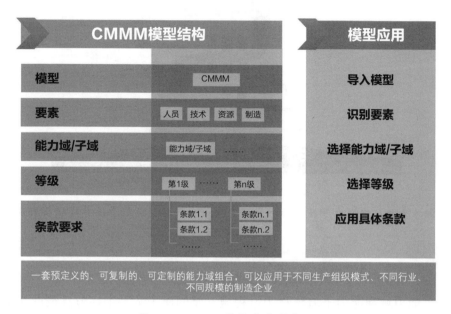

图9-11　CMMM结构 智能制造2.0

（图片来源：中国电子技术标准化研究院，《智能制造能力成熟度模型白皮书
（2.0版）》）

（一）CMMM 2.0要素构成

"要素"是企业实施智能制造必需的条件。CMMM2.0从早期
的"智能+制造"两个维度模型优化为覆盖人员（Personnel）、技术
（Technology）、资源（Resources）、制造（Manufacture）4个要素（图
9-12），从早期10个核心能力域增加到20个，从整体成熟度模型和单项能
力度模型总结提炼为一套柔性应用模型。CMMM 2.0把人员、资源、技术
作为支撑要素，把制造作为核心要素，体现了人员通过资源、技术来不断
改善制造的过程，其核心是一套菜单化通用的、可复制的能力域/子域组
合，可以应用于不同生产组织模式、不同行业、不同规模的制造企业。这
和发达国家的相关模型的理念基本一致，体现了四个要素之间的关系。

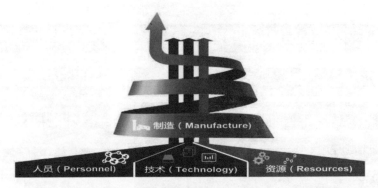

图9-12 CMMM四个要素关系图

（图片来源：中国电子技术标准化研究院，《智能制造能力成熟度模型白皮书（2.0版）》）

（二）CMMM 2.0能力域和能力子域

能力域和能力子域统称为过程域，是同属于某一个环节且彼此相关的要求集合，当这些要求共同执行时，可以达到该环节的智能制造目标。CMMM 2.0过程域的类别分为支持过程和制造过程（见图 9-13）。在人员、资源、技术3个要素下有7个基础过程域，在制造要素下有13个制造过程域，共计20个。

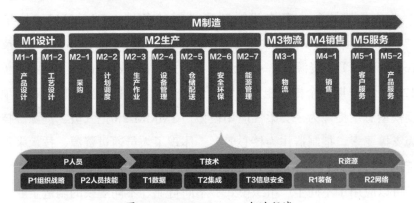

图9-13 CMMM 2.0 20个过程域

（图片来源：中国电子技术标准化研究院，《智能制造能力成熟度模型白皮书（2.0版）》）

（三）CMMM 2.0成熟度等级

CMMM 2.0成熟度等级是一组明确定义的智能制造渐进式提升目标，共分为5个等级。每个演进的等级都是在前一等级基础上增加新的要求或提高智能化程度，从而提升智能制造能力水平，等级演进过程见图9-14。

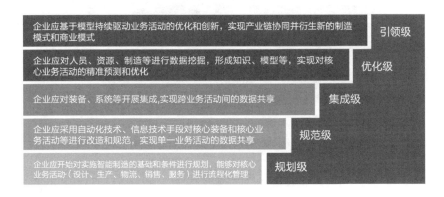

图9-14 CMMM等级演进示意图

（图片来源：中国电子技术标准化研究院，《智能制造能力成熟度模型白皮书（2.0版）》）

（四）CMMM 2.0模型选择

如前文所述，CMMM 2.0定义了以人员、技术、资源三要素覆盖的过程域为基础，以生产过程域为核心的柔性模型。具体表现为：PTR+生产+N（其中"PTR+生产"为必选过程域，N为包括设计、物流、销售、服务中单一或任意过程域组合的形式）。用户自定义模型包括了智能制造系统层级、不同生产组织形式等。系统层级包括了单元级、车间级、工厂级和供应链级等；生产组织形式包括了多品种小批量生产、大规模个性化生产、按订单装配等；模型选择视图如图9-15所示。以"自组织柔性生产"模式为例，图9-16展示了其典型实践的视图，包含了制造企业为实现"自组织柔性生产"需要实践的过程域的集合。

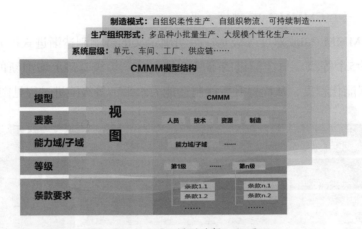

图9-15 CMMM模型选择：视图

（图片来源：《智能制造能力成熟度模型白皮书（2.0版）》）

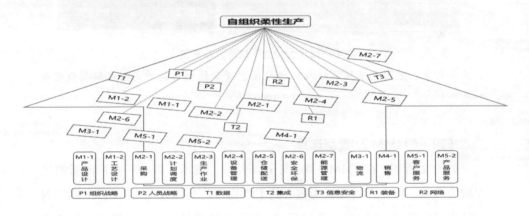

图9-16 自组织柔性生产实践视图

（图片来源：《智能制造能力成熟度模型白皮书（2.0版）》）

三、细分领域智能制造相关标准成果

除发布智能制造成熟度模型和评估标准（CMMM）外，我国在细分领域智能制造模型和评价方法的探索和研究亦成果斐然。相关标准包括信息安全、航天工程技术、发电装置技术、电子商务、研发运营一体化等领域的技术和服务成熟度评价（见表9-4）；相关研究成果包括汽车企业数字

化转型成熟度评估模型[①]、大型智能制造企业项目管理成熟度模型和评价体系[②]、船舶智能制造技术评价指标体系[③]、钢壳智能制造技术水平评价指标体系[④]等。

表 9-4　国家层面智能制造模型和成熟度评价相关标准

标准编号	标准名称	应用领域	实施时间
GB/T 20261–2020	信息安全技术 系统安全工程 能力成熟度模型		2021 年 6 月
GB/T 32427–2015	信息技术 SOA 成熟度模型及评估方法		2017 年 1 月
GB/T 33136–2016	信息技术服务 数据中心服务能力成熟度模型		2017 年 5 月
GB/T 36073–2018	数据管理能力成熟度评估模型		2018 年 10 月
GB/T 37988–2019	信息安全技术 数据安全能力成熟度模型		2020 年 3 月
GB/T 41400–2022	信息安全技术 工业控制系统信息安全防护能力成熟度模型		2022 年 11 月
GB/T 42129–2022	数据管理能力成熟度评估方法	信息技术	2023 年 7 月
GB/T 42560–2023	系统与软件工程 开发运维一体化 能力成熟度模型		2023 年 12 月
GB/T 42749.3–2023	信息技术 IT 赋能服务业务过程外包（ITES-BPO）生存周期过程 第 3 部分：度量框架（MF）和组织成熟度模型（OMM）		2023 年 12 月
RB/T 206–2014	数据中心服务能力成熟度评价要求		2015 年 3 月
SJ/T 11235–2001	软件能力成熟度模型		2001 年 5 月
SJ/T 11621–2016	信息技术软件资产管理 成熟度评估基准		2016 年 6 月

① 门峰，董方岐，刘双虎.汽车企业数字化转型成熟度评估模型研究[J].汽车工业研究，2022(02)：24-27.
② 李杨.大型智能制造企业项目管理成熟度模型和评价指标体系的构建及其应用研究[D].导师：罗卫.湖北工业大学，2020.
③ 邵明智，周楠，杨虎，周同明.船舶智能制造技术评价指标体系[J].造船技术，2020(04)：62-67.
④ 陈伟乐，邵明智，宋神友，郇金波，夏丰勇，侯星.钢壳智能制造技术水平评价指标体系研究[J].中国水运（下半月），2020(08)：58-59，62.

续表

标准编号	标准名称	应用领域	实施时间
SB/T 11155-2016	电子商务物流服务信息系统成熟度等级规范	电子商务	2017 年 5 月
GB/T 23021-2022	信息化和工业化融合管理体系 生产设备管理能力成熟度评价	智能制造	2022 年 3 月
GB/T 32855.2-2020	先进自动化技术及其应用 制造业企业过程互操作性建立要求 第 2 部分：评价企业互操作性成熟度模型		2021 年 6 月
GB/T 40814-2021	智能制造 个性化定制 能力成熟度模型		2022 年 5 月
GB/T 37264-2018	新材料技术成熟度等级划分及定义	材料	2019 年 7 月
GB/T 39157-2020	靶材技术成熟度等级划分及定义		2021 年 10 月
GB/T 40518-2021	航天工程技术成熟度评价指南	航天	2022 年 3 月
GB/T 40520-2021	航天单机产品成熟度定级规定		2022 年 3 月
GB/T 42331-2023	潮流能发电装置技术成熟度评估导则	电力	2023 年 7 月
NB/T 20511-2018	核电技术成熟度评价规范		2018 年 9 月
NB/T 20615-2021	技术成熟度评价在核电研发中的实施导则		2021 年 7 月
YD/T 3763.1-2021	研发运营一体化（DevOps）能力成熟度模型 第 1 部分：总体架构	移动通信	2021 年 4 月
YD/T 3763.2-2021	研发运营一体化（DevOps）能力成熟度模型 第 2 部分：敏捷开发管理		2021 年 4 月
YD/T 3763.3-2021	研发运营一体化（DevOps）能力成熟度模型 第 3 部分：持续交付		2021 年 4 月
YD/T 3763.4-2020	研发运营一体化（DevOps）能力成熟度模型 第 4 部分：技术运营		2020 年 10 月
YD/T 3763.6-2021	研发运营一体化（DevOps）能力成熟度模型 第 6 部分：安全及风险管理		2021 年 7 月
YD/T 3763.8-2021	研发运营一体化（DevOps）能力成熟度模型 第 8 部分：系统和工具技术要求		2021 年 4 月

第四节　国内智能制造成熟度区域成果

随着《中国制造2025》国家战略的提出、不断推进以及《国家智能制造标准体系建设指南（2015年版）》等文件和标准的发布实施，智能制造理念深入人心。

经过不断实践，一些基于细分行业的智能制造成熟度理论研究不断涌现和成熟，一些地区根据自身产业集群特点，参考了国家发布的CMMM模型和研究成果，发布了一批地域性标准（见表9-5）。其中，2016年，浙江省经济和信息化委员会组织编制了智能制造水平定量评价标准《智能制造评价办法（浙江省2016年版）》[①]；2019年，温州市经济和信息化局温州市汽车零部件、电气、泵阀、服装和制鞋五大重点行业特点组织制定了《温州市智能制造评价指南（2018版）》；2021年天津市市场监督管理委员会按照立法程序于2021年颁布了我国首部省级促进智能制造发展的地方性法规《天津市促进智能制造发展条例》，将智能制造提升到战略高度，配套发布了DB12/T 1073-2021《工业企业智能制造能力成熟度评估规范》等。

表 9-5　国内智能制造成熟度区域成果

标准编号	标准名称	发布省市	实施年度
/	智能制造评价办法（浙江省2016年版）	浙江省	2016 年
DB3304/T 040-2017	嘉兴市制造业企业数字化转型评估标准	嘉兴市	2017 年
余制造强区〔2017〕1 号	关于强化项目准入 推进智能制造工厂解决方案服务工作的指导意见	余杭区	2017 年
甬工推进办〔2018〕15 号	宁波市"3511"产业投资导向目录和智能制造评判标准（2018 年版）	宁波市	2018 年
/	温州市智能制造评价指南（2018 版）	温州市	2019 年

---

① 智能制造评价办法（浙江省2016年版）发布［J］.杭州科技，2016（06）：29-34.

续表

标准编号	标准名称	发布省市	实施年度
/	嘉兴市制造业企业数字化转型评估标准21	嘉兴市	2020 年
DB12/T 1073-2021	工业企业智能制造能力成熟度评估规范	天津市	2021 年

一、浙江省智能制造评价办法

根据制造业行业和生产组织方式的不同，针对离散型智能制造企业、流程型智能制造企业、网络协同型智能制造企业、大规模个性化定制型智能制造企业、远程运维服务型智能制造企业5种类型（见表9-6、9-10），分别制定了不同的评价办法。在该版评价办法中，国产化被提到重要位置。

表 9-6 离散型智能制造评价办法

序号	项目	评分内容	满分
1	工厂设计数字化（满分8分）	（1）工厂 / 车间总体设计已建立数字化模型	2
		（2）工厂 / 车间工艺流程及布局已建立数字化模型	2
		（3）上述（1）（2）的数字化模型已进行模拟仿真	2
		（4）上述（1）（2）的数字化模型相关数据已进入企业核心数据库	2
2	产品设计数字化（满分10分）	（1）采用三维计算机辅助设计 CAD 计算机辅助工艺规划 CAPP、设计和工艺路线仿真、可靠性评价等先进技术，实现产品数字化三维设计与工艺仿真	3
		（2）已建立产品数据管理系统 PDM	3
		（3）产品信息能够贯穿于设计制造质量、物流等环节实现产品的全生命周期管理 PLM	4
3	制造过程自动化（满分18分）	（1）制造过程现场数据采集和分析系统，能够充分采集制造进度、现场操作、质量检验、设备状态等生产现场信息	6
		（2）制造过程关键工艺参数在线测量采用机器视觉等智能感知技术	3
		（3）工业机器人等核心智能制造装备的创新应用达到国内同行业领先水平	3
		（4）自动化生产线上核心智能制造装备的国产化率80%以上	3
		（5）制造过程自动化控制系统的国产化率80%以上	3

续表

序号	项目	评分内容	满分
4	数据互联互通（满分15分）	（1）工厂已建立实时数据库平台	3
		（2）实时数据库平台与制造过程自动化控制系统实现互通集成，建立车间级的工业通信网络，在系统、装备零部件以及人员之间实现信息互联互通和有效集成	3
		（3）数据库平台与生产管理系统实现互通集成	3
		（4）工厂生产实现基于工业互联网的现场数据可视化信息共享及优化管理	3
		（5）数据互联互通系统的国产化率90%以上	3
5	制造执行系统MES（满分12分）	（1）已建立车间制造执行系统MES，实现计划排产生产检验的全过程闭环管理	5
		（2）建立的车间制造执行系统MES已与企业资源计划管理系统ERP集成	2
		（3）建立的车间制造执行	5
6	企业资源计划管理系统ERP（满分12分）	（1）已建立企业资源计划管理系统ERP，其中供应链管理模块能实现采购、外协物流的管理与优化	5
		（2）利用云计算大数据等新一代信息技术实现企业经营管理和决策的智能优化	2
		（3）拥有可靠的信息安全技术，确保智能工厂的信息安全	2
		（4）建立的企业资源计划管理系统ERP为国产化系统	3
7	智能制造总体技术先进性评价（满分15分）	（1）信息深度自感知	5
		（2）智慧优化自决策	5
		（3）精准控制自执行	5
8	智能制造综合指标先进性评价（满分10分）	（1）生产效率提高20%以上	2.5
		（2）运营成本降低20%以上	2.5
		（3）产品研制周期缩短30%以上	2.5
		（4）产品不良品率降低20%以上	2.5
		（5）能源利用率提高10%以上	2.5
注：达到其中4个指标本项即评满分			

表 9-7　流程型智能制造评价办法

序号	项目	评分内容	满分
1	工厂设计数字化（满分10分）	（1）工厂／车间的总体设计已建立系统模型	2
		（2）工厂／车间的工程设计已建立系统模型	2
		（3）工厂／车间的工艺流程及布局已建立系统模型	2
		（4）上述（1）（2）（3）的系统模型已进行模拟仿真	2
		（5）上述（1）（2）（3）设计相关数据已进入企业核心数据库	2
2	生产过程自动化（满分18分）	（1）生产工艺数据自动数采率90%以上	3
		（2）工厂自控投用率90%以上	3
		（3）关键工艺参数／质量指标采用在线分析仪／智能传感器等	3
		（4）关键生产环节实施先进控制	3
		（5）关键生产环节实施在线优化	3
		（6）自动化控制系统的国产化率90%以上	3
3	数据互联互通（满分15分）	（1）工厂已建立实时数据库平台	3
		（2）实时数据库平台与过程控制系统实现互通集成	3
		（3）实时数据库平台与生产管理系统实现互通集成	3
		（4）工厂生产实现基于工业互联网的现场数据可视化信息共享及优化管理	3
		（5）数据互联互通系统的国产化率90%以上	3
4	制造执行系统MES（满分12分）	（1）已建立车间制造执行系统MES（Manufacturing Execution System，生产执行系统），实现计划排产生产检验的全过程闭环管理	5
		（2）所建立的车间制造执行系统MES已与企业资源计划管理系统ERP（Enterprise Resource Planning，企业资源计划）集成	2
		（3）所建立的车间制造执行	5
5	企业资源计划管理系统ERP（满分12分）	（1）已建立企业资源计划管理系统ERP，其中供应链管理模块能实现外协采购物流的管理与优化	5
		（2）利用云计算大数据等新一代信息技术实现企业经营管理和决策的智能优化	5
		（3）拥有可靠的信息安全技术，确保智能工厂的信息安全	5
		（4）所建立的企业资源计划管理系统ERP为国产化系统	5
6	智能制造总体技术先进性评价（满分15分）	（1）信息深度自感知	5
		（2）智慧优化自决策	5
		（3）精准控制自执行	5
7	智能制造综合指标先进性评价（满分10分）	（1）生产效率提高20%以上	2.5
		（2）运营成本降低20%以上	2.5
		（3）产品研制周期缩短30%以上	2.5
		（4）产品不良品率降低20%以上	2.5
		（5）能源利用率提高10%以上	2.5
注：达到其中4个指标本项即评满分			

表9-8 网络协同型智能制造评价办法

序号	项目	评分内容	满分
1	网络协同型智能制造平台(满分35分)	（1）建立网络协同型智能制造平台，实现产业链不同环节企业间资源、信息共享，企业间、企业部门间的创新资源与生产能力按市场需求实现集聚与对接，设计、供应、制造和服务环节实现并行组织和协同优化	25
		（2）所建立的网络协同型智能制造平台为 国产化系统	10
2	并行工程技术（满分20分）	围绕重点产品，采用并行工程，实现异地的设计、研发、测试、人力等资源的有效统筹与协同	20
3	资源配置功能（满分20分）	针对制造需求和社会化制造资源，开展动态分析，在企业内实现制造资源的弹性配置，在企业间实现网络化协同制造	20
4	数据互联互通（满分15分）	（1）网络平台先进性：信息、资源的高效统筹与异地共享，制造需求和制造资源的高度优化	5
		（2）企业间协同水平：企业之间在研发、生产、测试等环节实施过程中跨界、跨区或协同的能力	5
		（3）企业内协同水平：企业内部的生产组织管理架构实现敏捷响应和动态重组的能力	5
5	智能制造综合指标先进性评价（满分10分）	（1）生产效率提高20%以上	2.5
		（2）运营成本降低20%以上	2.5
		（3）产品研制周期缩短30%以上	2.5
		（4）产品不良品率降低20%以上	2.5
		（5）能源利用率提高10%以上	2.5
注：达到其中4个指标本项即评满分			

表 9-9 大规模个性化定制型智能制造评价办法

序号	项目	评分内容	满分
1	模块化设计方法（满分15分）	产品采用模块化设计，可通过差异化的定制参数，组合形成个性化产品	15
2	个性化定制平台（满分20分）	建立基于网络的开放式个性化定制平台，并与用户实现深度交互，定制要素具有引导性和有效性	20
3	个性化产品数据库（满分15分）	利用大数据库技术对用户的个性化需求数据进行数据挖掘和分析，建立个性化产品数据库，快速生成产品定制方案	15
4	敏捷柔性智能制造（满分20分）	（1）企业的设计、生产、供应链管理、服务体系与个性化定制需求相匹配	10
		（2）产品设计、计划排产、柔性制造、物流配送和售后服务实现集成和协同优化	10
5	智能制造总体技术先进性评价（满分20分）	（1）产品模块化设计的组合性	5
		（2）个性化定制平台的交互性	5
		（3）个性化产品数据库的完备性	5
		（4）敏捷柔性智能制造的敏捷性	5
6	智能制造综合指标先进性评价（满分10分）	（1）生产效率提高20%以上	2.5
		（2）运营成本降低20%以上	2.5
		（3）产品研制周期缩短30%以上	2.5
		（4）产品不良品率降低20%以上	2.5
		（5）能源利用率提高10%以上	2.5
注：达到其中4个指标本项即评满分			

 数智时代：赢在智能制造

表 9-10 远程运维型智能制造评价办法

序号	项目	评分内容	满分
1	远程运维服务平台（满分30分）	（1）建立远程运维服务平台（云服务平台），具有多通道并行接入能力，对装备运行数据与用户使用习惯数据进行采集	20
		（2）应用大数据分析、移动联网等技术，自动生成装备运行与应用状态报告，并推送至用户端	10
2	远程运维服务软件（满分30分）	（1）以云服务平台和应用软件为创新载体，为用户提供在线监测、远程升级、故障预测与诊断、健康状态评价等服务	15
		（2）提供装备远程无人操控、运行性能优化、基于预知维修决策、备件库存管理优化等增值服务	15
3	远程运维服务核心模型（满分30分）	（1）装备（产品）生命周期分析平台	5
		（2）装备核心部件生命周期分析平台	5
		（3）用户使用习惯信息模型	5
		（4）基于专家系统的故障预测模型	5
		（5）基于预知维修决策模型	5
		（6）装备（产品）运行性能优化模型	5
4	远程运维服务综合指标先进性评价（满分10分）	（1）装备（产品）停机时间缩短20%以上	3.3
		（2）装备（产品）维修成本节约10%以上	3.3
		（3）装备（产品）备件资金减少20%以上	3.3
		（4）远程运维服务业务收入新增10%以上	3.3
注：达到其中4个指标本项即评满分			

二、天津市智能制造评价标准

天津市根据实践中企业业务流程的不同特点，提出了该地区通用的智能制造成熟度等级评价模型架构和评级方法，涵盖能力要素、能力域和能力子域三个层次，包括5个能力要素、13个能力域以及23个能力子域（见图9-17）。同时，针对流程型制造企业和离散型制造企业的不同业务特点，提出了相应的主要评估域。

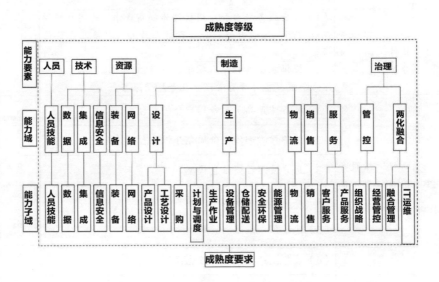

图9-17 天津智能制造能力成熟度评估模型构成

（图片来源：DB12/T 1073-2021《工业企业智能制造能力成熟度评估规范》）

标准指出，评估工作应根据企业自身业务活动确定评估域。评估域应同时包含人员、技术、资源、制造和治理五个能力要素的内容。其中，人员要素、技术要素和资源要素下的能力域和能力子域为必选内容，不可裁剪。制造要素下生产能力域不可裁剪，治理要素下的管控能力域不可裁剪，其他能力域可根据实际业务情况裁剪（见表9-11和表9-12）[①]。

---

① 天津地方标准 DB12/T 1073—2021《工业企业智能制造能力成熟度评估规范》.

表 9-11　流程型制造企业主要评估域

要素	人员	技术			资源		制造											治理			
能力	人员技能	数据	集成	信息安全	装备	网络	设计	生产							物流	销售	服务	管控		两化融合	
评估域	人员技能	数据	集成	信息安全	装备	网络	工艺设计	采购	计划与调度	生产作业	设备管理	仓储配送	安全环保	能源管理	物流	销售	客户服务	组织战略	经营管控	融合管理	IT运维

表 9-12　离散型制造企业主要评估域

要素	人员	技术			资源		制造												治理			
能力	人员技能	数据	集成	信息安全	装备	网络	设计	生产							物流	销售	服务		管控		两化融合	
评估域	人员技能	数据	集成	信息安全	装备	网络	产品设计	工艺设计	采购	计划与调度	生产作业	设备管理	仓储配送	安全环保	能源管理	物流	销售	客户服务	产品服务	组织战略	经营管控	融合管理	IT运维

标准还提出了评估域对应各等级成熟度的要求，按不同满足程度分为全部满足（1分）、大部分满足（0.8分）、部分满足（0.5分）和不满足（0分）四个等级。同时给出了成熟度等级得分、能力要素得分、能力域得分、能力子域得分的计算方法（见公式1—4），以及能力要素、能力域、能力子域的权重（见表9-13，表9-14）。根据成熟度等级得分即可查得企业当前所处的成熟度等级[①]，如下所示：

成熟度等级得分=Σ（能力要素权重值×能力要素得分）……（1）

能力要素得分=Σ（能力域权重值×能力域得分）…………（2）

能力域得分=Σ（能力子域权重值×能力子域得分）…………（3）

[①] 天津地方标准 DB12/T 1073—2021《工业企业智能制造能力成熟度评估规范》.

能力子域得分=（Σ能力子域每条要求得分）/n ·················（4）

公式中：n——成熟度能力子域里的分项的个数

表9-13　流程型制造企业主要评估域及权重表

能力要素	能力要素权重	能力域	能力域权重	能力子域	能力子域权重
人员	3%	人员技能	100%	人员技能	100%
技术	10%	数据应用	46%	数据应用	100%
		集成	27%	集成	100%
		信息安全	27%	信息安全	100%
资源	14%	装备	67%	装备	100%
		网络	33%	网络	100%
制造	66%	设计	4%	工艺设计	100%
		生产	63%	采购	12%
				计划与调度	14%
				生产作业	28%
				设备管理	15%
				仓储配送	12%
				安全环保	12%
				能源管理	12%
		物流	15%	物流	100%
		销售	15%	销售	100%
		服务	3%	客户服务	100%
治理	7%	管控	60%	组织战略	50%
				经营管控	50%
		两化融合	40%	融合管理	50%
				IT运维	50%

　数智时代：赢在智能制造

表 9-14　离散型制造企业主要评估域及权重表

能力要素	能力要素权重	能力域	能力域权重	能力子域	能力子域权重
人员	3%	人员技能	100%	人员技能	100%
技术	10%	数据应用	46%	数据应用	100%
		集成	27%	集成	100%
		信息安全	27%	信息安全	100%
资源	11%	装备	60%	装备	100%
		网络	40%	网络	100%
制造	69%	设计	13%	产品设计	50%
				工艺设计	50%
		生产	48%	采购	14%
				计划与调度	16%
				生产作业	16%
				设备管理	14%
				仓储配送	14%
				安全环保	13%
				能源管理	13%
		物流	13%	物流	100%
		销售	13%	销售	100%
		服务	13%	产品服务	50%
				客户服务	50%
治理	7%	管控	60%	组织战略	50%
				经营管控	50%
		两化融合	40%	融合管理	50%
				IT 运维	50%

三、温州市智能制造评价标准

　　基于中国电子技术标准化研究院发布的CMMM 1.0和浙江省经济和信息化厅《浙江省智能制造评价办法（浙江省2016年版）》框架体系的研究成果，温州市经济和信息化局委托温州市智能制造研究院，结合温州市范围集聚的汽车零部件、泵阀、服装和制鞋特色产业领域实际，编制了《温州市智能制造评价指南》（2018版）（以下简称温州评价指南）。温州评价指南旨在帮助企业对照指南开展智能制造评价，系统分析企业实施智能制造所处的阶段和薄弱环节，制定发展目标、整体规划和实施路径，达到有针对性地提升和改进智能制造能力的目的，加快传统制造业的数字化转型。

有别于CMMM 1.0评价模型，针对当前民营企业在管理方面的关键共性问题和短板，温州版成熟度模型在传承了CMMM 1.0以制造为核心，人员、资源、技术三个方面支撑的理念的基础上，把管理提高到新的高度，强化了管理作为支撑的功能（如图9-18所示），通过人员、管理、资源、技术四个方面支撑制造过程的改进和提高，推进和提升智能制造的应用水平。图中，白色部分为智能制造成熟度模型CMMM 1.0的要素，灰色部分为增加的附加域（管理）要素。

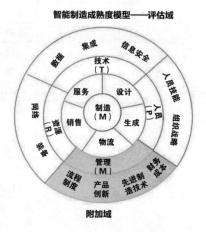

图9-18　温州版成熟度模型框架

［图片来源：《温州市智能制造评价指南》（2018版）］

在CMMM 1.0的基础上，评价指南对包括附加域（管理）在内的二级指标进行了细化和分解，最终形成10个一级指标、23个二级指标、52个三级指标的评价方法细则，如表9-15所示。

表 9-15　温州版智能制造评价指标构成

一级指标	二级指标	三级指标
智能制造成熟度模型		
人员	组织战略	企业战略规划架构
		管理组织架构
技术	人员技能	数据技术应用人才
设计	数据	大数据存储系统
	集成	信息技术应用与数据治理
	信息安全	信息安全设备备份恢复复用
生产	装备	设备生产线智能化
		自动化工业控制系统
		数控机器人生产线
		能源仓储检验检测物流装备智能化
	网络	工业网络环境安全全资源设施
	产品设计	数字化产品仿真分析设计
		数字化虚拟样机设计仿真
	工艺设计	数字化工艺和工业制造过程工艺管理
		数字化工装设计仿真
制造	采购	供应商采购管理
		数字化采购过程工艺管理
	计划与调度	物料需求与生产计划
		高级计划与制造资源计划
	生产作业	生产作业级计划排程
		生产过程管控
	仓储配送	设备管理仓储管理配送管理
	能源安全环保	能源安全物流管理
		能源安全环保管理
	销售	客户关系管理
		最佳销售流程管理
	服务	客户服务体系管理
		客户产品服务管理
附加域		
管理	流程制度	制度与精益流程管理
	产品创新	产品创新与标准化
		智能精益产品创新管理
	先进制造技术	工业软件质量提升
		表单先进制造技术改造升级
	财务成本	财务与成本管理
		投资保障技术管理

该指南同时提出了智能制造应用水平等级，自低向高分别是一级（初始级）、二级（规范级）、三级（集成级）、四级（优化级）和五级（引领级），如表9-16所示。较高的等级涵盖了相应低等级的要求，等级的提升应通过渐进的方式来实现。

表9-16 智能制造评价等级

级别	名称	等级特征
一级	初始级	侧重于业务规范化管理，实现基本业务的电子化、自动化和信息化
二级	规范级	侧重于企业采用数字化装备、信息技术手段等对核心业务进行数控化和信息化改造，实现部门级的系统应用和部门级数据共享
三级	集成级	重点评价企业建立数字化生产线、数字化车间或数字化工厂，实现跨业务、跨部门的集成系统建设和企业级数据共享
四级	优化级	企业全面采用智能化装备和智能化系统，实现核心业务的数据动态呈现、精准预测、实时分析和部分业务优化控制
五级	引领级	企业实现基于模型驱动业务优化和持续创新，实现产业链协同并衍生新的制造模式和商业模式，实现大数据、人工智能技术的深度应用

根据制造企业的业务特点，对于不同行业、不同企业的智能制造应用评价水平进行评估诊断时，其对应的各级指标权重值也不尽相同，温州智能制造评价指南给出了企业综合评价过程中各指标对应的推荐权重，见表9-17、表9-18。该标准规定的评价等级与CMMM 1.0的应用水平评价指标保持一致。评价指标和应用水平等级从一级至五级，与智能制造成熟度模型的评分方式、分值保持基本一致；标志性等级"三级（集成级）"与成熟度模型三级水平保持较高的一致性。

温州评价指南指标推荐权重计算如算式4所示：

总分=成熟度标准权重+附加域权重·····················（4）

式中：

总分为120分，成熟度标准权重总分100分，附加域权重20分。

表 9-17 评价指标及推荐权重表（智能制造成熟度模型）

一级指标（内容）	一级指标（分值）	二级指标（内容）	二级指标（分值）	三级指标（内容）	三级指标（分值）
人员	8	组织战略	4	企业战略规划	2
				企业组织架构	2
		人员技能	4	管理人才	2
				技术应用人才	2
技术	14	数据	5	数据技术与数据管理	5
		集成	5	系统集成	4
				大数据／人工智能	1
		信息安全	4	存储备份与恢复	1
				信息安全技术应用	3
资源	15	装备	10	数控装备	5
				自动化生产线	
				工业机器人	
				设备／生产线智能化	
				仓储物流装备	2
				检验检测装备	2
				能源、环保、安全设施	1
		网络	5	网络资源	3
				工业互联	2

续表

一级指标（内容）	一级指标（分值）	二级指标（内容）		二级指标（分值）	三级指标（内容）	三级指标（分值）
制造	47	设计	产品设计	6	数字化设计	3
					产品仿真分析	1
					数字化虚拟样机	2
			工艺设计	5	数字化工艺工装设计	3
					工艺和制造过程仿真	1
					数字化工艺管理	1
		生产	采购	5	采购管理	3
					供应商管理	2
			计划与调度	8	主生产计划	3
					物料需求与制造资源计划	3
					高级计划排程	2
			生产作业	8	生产作业与调度	4
					生产过程管控	4
			设备管理	5	设备管理	5
			仓储配送	6	仓储管理	3
					生产配送	3
			能源管理	2	能源管理	2
			安全环保	2	安全环保	2
物流	4	物流		4	物流管理	4
销售	6	销售		6	销售管理	3
					客户关系管理	3
服务	6	服务		6	客户服务	3
					产品服务	3
一级指标（合计）	100	二级指标（合计）		100	三级指标（合计）	100

 数智时代：赢在智能制造

表 9-18 评价指标及推荐权重表（附加域）

一级指标（内容）	一级指标（分值）	二级指标（内容）	二级指标（分值）	三级指标（内容）	三级指标（分值）
管理	20	制度与流程	4	制度与流程管理	2
				精益化管理	2
		产品创新	4	智能产品创新	2
				产品创新与标准化管理	
				产品数据管理	2
		先进制造技术	8	先进制造技术	2
				装备升级改造	2
				质量控制	2
				工业软件技术	2
		财务成本	4	财务与成本	2
				投资保障	2
一级指标（合计）	20	二级指标（合计）	20	三级指标（合计）	20

此外，温州评价指南给出了汽车零部件、泵阀、服装和制鞋四个领域的细分行业的智能制造评价，对细分行业开展智能制造评价和改造具有重要指导作用。本节以指南给出的汽车零部件行业智能制造评价为例，简要介绍其评价要点。

针对汽车零部件行业普遍遵循 TS 16949 体系要求，产品设计和性能要求主要由下游客户提出；企业主要进行产品实现，重点推进精益生产、JIT（Just In Time，及时生产）生产方式等管理模式，强调产品的准时交付率、产品质量可靠性和可追溯性等特点，指南对汽车零部件行业评价过程中的关键评价内容和评价要点做了特殊说明（如表9-19、表9-20所示）。

表 9-19 汽车零部件行业智能制造评价要点（能力成熟度部分）

一级指标 （内容）	二级指标 （内容）	三级指标 （内容）	三级指标 （分值）
人员	组织战略	企业战略规划	（无特殊说明）
		企业组织架构	（无特殊说明）
	人员技能	管理人才	（无特殊说明）
		技术应用人才	（无特殊说明）
技术	数据	数据技术与数据管理	（无特殊说明）
	集成	系统集成	（无特殊说明）
		大数据/人工智能	三维测量、智能识别、VR/AR 等的人工智能技术在设计、制造、质检中的应用；大数据技术在产品制造、质量分析和设备故障诊断中的应用等
	信息安全	存储备份与恢复	（无特殊说明）
		信息安全技术应用	（无特殊说明）
资源	装备	数控装备	根据工艺需评价增材制造、高端数控加工中心、柔性制造单元、工业机器人、智能产线等高端装备的应用能力；以及生产线的协同互联能力
		自动化生产线	
		工业机器人	
		设备/生产线智能化	
		仓储物流装备	（无特殊说明）
		检验检测装备	需评价关键零部件、控制系统、性能、装备质量等检测环节的测量装备的自动化、数控化和数据采集和分析能力；汽车电子等产品还需根据行业要求评估电子电器检测设备能力
		能源、环保、安全设施	需评价塑、漆、防锈、防腐等表面涂敷材料、电镀等有害化学材料的环境监控设施；需评价熔炼、铸锻、热处理、空压等高能耗设施的能源监控设施
	网络	网络资源	（无特殊说明）
		工业互联	（无特殊说明）

续表

一级指标 （内容）	二级指标 （内容）	三级指标 （内容）	三级指标 （分值）
制造	设计	产品设计	数字化设计	根据产品特征需评价机械设计、电气设计、控制系统等的数字化设计能力和设计协同；需评价数字化一维样机的设计和应用能力；需评价与上下游企业之间基于数字化样机的协同设计
			产品仿真分析	结构、力学、运动、疲劳、失效模式等方面仿真分析；行业安全所涉及的核心关键零部件需建立仿真分析模型
		工艺设计	数字化工艺工装设计	需评价基于一维设计的数字化工艺、工装，产品的数字化装配
			工艺和制造过程仿真	（无特殊说明）
			数字化工艺管理	汽车电子、电器类产品因涉及电气、PCB板、SMT贴片等工艺的需增加评价电子电路工艺的数字化管理
	生产	采购	采购管理	如客户要求，需建立对材料和零部件采购、外协等的检测、质量、追溯的管理的评价
			供应商管理	（无特殊说明）
		计划与调度	主生产计划	（无特殊说明）
			物料需求	（无特殊说明）
			与制造资源计划	（无特殊说明）
			高级计划排程	（无特殊说明）
		生产作业	生产作业与调度	（无特殊说明）
			生产过程管控	（无特殊说明）
		设备管理	设备管理	（无特殊说明）
		仓储配送	仓储管理	（无特殊说明）
			生产配送	（无特殊说明）
		能源管理	能源管理	需根据制造工艺评价熔炼、铸造、热处理、空压等高能耗设施的能源监控能力
		安全环保	安全环保	需评价塑、漆等表面涂敷材料、电镀、表面处理等化工材料的环境监控能力

续表

一级指标 （内容）	二级指标 （内容）	三级指标 （内容）	三级指标 （分值）
物流	物流	物流管理	如涉及客户 JIT 准时供货要求的仓储和物流配送，应纳入评估体系
销售	销售	销售管理	（无特殊说明）
		客户关系管理	（无特殊说明）
服务	服务	客户服务	（无特殊说明）
		产品服务	需评价产品的寿命分析、备品备件提供、故障分析以及维修维护等面向产品的服务；根据产品要求提供产品质量全程追溯机制

表 9-20 汽车零部件行业智能制造评价要点（附加域）

一级指标 （内容）	二级指标 （内容）	三级指标 （内容）	三级指标 （分值）
管理	制度与流程	制度与流程管理	（无特殊说明）
		精益化管理	企业推动精益管理、JIT、6sigma 等精益管理体系；精益管理的理念、技术、方法与工具、系统体系的建设和完善
	产品创新	智能产品创新	根据汽车行业发展趋势进行技术和产品预研；自动化、机电一体化、电动汽车零部件研发和创新能力；通用、系列化产品需评价产品、备品备件、零部件等的标准化、模块化和参数化设计能力
		产品创新 与标准化管理	
		产品数据管理	根据产品特征需评价机械、电气、程序、软件等的数字化管理能力；定制型产品需单独评价研发项目的数字化管理能力；评价对产品结构、变更、制造等过程的追溯

数智时代：赢在智能制造

续表

一级指标 （内容）	二级指标 （内容）	三级指标 （内容）	三级指标 （分值）
管理	先进 制造技术	先进制造技术	增材制造、新型材料、新工艺、精密加工、柔性制造、自动化、数控技术、故障诊断、远程运维等相关制造技术的研究与应用
		装备升级改造	（无特殊说明）
		质量控制	切实落实 TS16949、全面质量管理等行业质量体系和要求；实现对产品实现过程中的质量相关数据的采集、统计、跟踪、分析和必要的全程追溯
		工业软件技术	（无特殊说明）
	财务成本	财务与成本	（无特殊说明）
		投资保障	（无特殊说明）

第三篇

知易行难：
我国智能制造发展的『立』与『行』

前面，我们探讨了企业为什么要走智能制造发展道路，并以当前主流的科学技术为支撑，提出了践行智能制造可以采用的基本参考框架。

然而，知易行难。

目前，我国制造业企业的数字化转型还处于起步阶段，比起金融行业、电商行业，制造业的数字化的差距不可谓不大。

是决心问题？技术问题？资金问题？人才问题？恐怕都存在。要想真正让智能制造落地成为企业的主流生产制造方式，逐个破解这些问题固然重要，系统构建支撑体系和生态体系也势在必行。然而，我们觉得，最重要的还是发掘、释放智能制造对企业的真正价值。智能制造不应该是企业在政府号召下的简单粗暴、冲动性的投入，而应该是能真正解决企业最核心痛点问题以及帮助企业建立真正核心竞争力的武器。

有不少先行企业，已经率先享受了智能制造带来的发展红利，企业的生产效率大幅提升，管理能力大幅提升，商业模式更有市场竞争力。在浙江，就有这么一批勇立潮头的"未来工厂"。

当然，还有大量的中小企业，在数字化的大门前徘徊，想进去，又不敢进去，就是我们常说的"不会转""不能转""不敢转"。对于中小企业的问题，政府和行业中的大企业确实需要帮一把，提供更加"用得起""难度低""见效快"的产品和服务。

☆ 第十章 ☆

我国智能制造发展现状

在新一轮科技革命和产业变革浪潮中，抓住智能制造，是推动制造强国建设的关键手段和必由之路。"十三五"以来，我国围绕智能制造已经进行了一些部署、取得了一些成效，但仍在关键核心技术、统一标准体系、智能制造人才供给、数字基础支撑等方面存在短板，亟待攻克。

第一节　我国持续保持世界第一制造业大国地位

制造业决定了一个国家的综合实力和国际竞争力，是我国经济命脉所系，是立国之本、强国之基。新中国成立70年来，制造业一直是我国经济高速增长的发动机，特别是党的十八大以来，我国制造业发展取得历史性成就、发生历史性变革，规模跃居世界首位，创新活力加速释放，产业结构不断优化，数字赋能日益澎湃，对世界制造业产业链供应链的影响逐步增强，正从全球"制造大国"向"制造强国"迈进。

一、制造业国际竞争力显著增强

近年来，我国制造业规模持续增长，产业体系更加健全，产业链更加完整，国际竞争力持续提升。2022年联合国工业发展组织发布的全球制造业竞争力指数显示，我国制造业竞争力排名世界第二，仅次于德国。2022年，全国实现制造业增加值33.5万亿元，连续13年位居世界首位，是日本的1.77倍、韩国的5.93倍、欧盟的2.05倍，占全球制造业增加值的比重从2012年的22.5%提高至2022年的近30%，成为名副其实的世界第一制造大国、全球制造业中心。

制造业体系不断完善。到2022年底，全国共拥有41个工业大类、207个工业中类、666个工业小类，是全世界唯一拥有联合国产业分类中全部工业门类的国家，形成了一批产品集中生产、专业化协作配套、产业链条成熟的产业集群，产业链供应链韧性较强；据统计，我国在世界500种主要工业产品中有40%以上产品产量居世界第一，其中全球90%的个人计算机、80%的空调、75%的太阳能电池板、70%的手机均在中国生产。

产品竞争力不断提升。我国技术密集型的机电产品、高新技术产品出口额分别由2012年的7.4万亿元、3.8万亿元增长到2022年的13.81万亿元、6.34万亿元；制造业中间品贸易在全球的占比达到20%左右；入围世界品牌500强的工业和信息化领域品牌数量从2012年的10个增加到2022年的21个，"中国制造"在全球产业链供应链中的竞争力和影响力持续攀升。

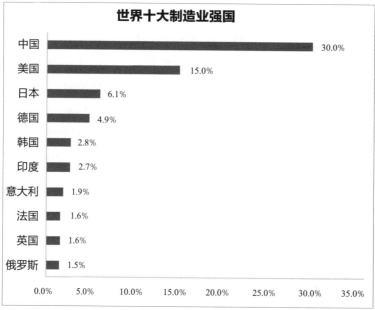

图10-1　2012—2022年我国制造业增加值及占全球比重情况

（数据来源：根据工业和信息化部历年发布的数据整理）

二、制造业创新活力显著提升

我国制造业创新能力正从量的积累迈向质的飞跃、从点的突破迈向系统能力提升，加速推动我国制造业从"中国制造"向"中国创造"迈进。我国全球创新指数排名从2012年的第34位上升到2022年的第11位，成功进入创新型国家行列。

研发投入强度持续增加。2022年全国全社会研究与试验发展（R&D）经费投入首次突破3万亿元大关，达到30870亿元，稳居世界第二；R&D经费投入强度跃升至2.56%，超过法国（2.35%）、荷兰（2.32%）等创新型国家，并进一步接近经济合作与发展组织（OECD）国家平均水平（2.67%）。

创新主体实力不断提高。全国高新技术企业从2012年的3.9万家增长至2022年的40万家，增长近10倍；有762家企业进入全球企业研发投入2500强，仅次于美国（822家），远超日本（233家）、欧盟（361家）；有7家企业上榜2022年世界最具创新力公司50强，较上年新增2家。

创新平台建设不断加强。截至2022年底，全国已建成国家级制造业创新中心26个，占全部国家级创新中心数量的70%，在运行的国家重点实验室数量达到533个，国家级企业技术中心数量达到1636家，产业技术基础公共服务平台125个；建有国家高新区173家，较2012年新增84家。

高技术领域创新成果不断涌现，科研成果转化步伐加快。2022年，我国发明专利有效量为421.2万件，跃居世界第一；每万人口高价值发明专利拥有量达9.4件，同比提高1.9件；规上工业企业新产品收入占业务收入比重从2012年的11.9%提高到2022年的22.4%，"蛟龙"潜海、双龙探极、C919试飞、"嫦娥"揽月、"北斗"组网、"九章"问世等大国重器亮点纷呈，引领中国制造业不断攀上新的高度。

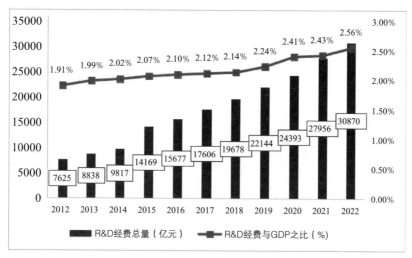

图10-2 2012—2022年我国R&D经费支出及占GDP比重情况

（数据来源：根据历年的《中国统计年鉴》数据整理）

三、制造业产业结构升级明显

我国深度适应全球产业发展和变革趋势，培育发展战略性新兴产业，加快传统产业改造提升，着力提高制造业供给体系质量，制造业产业结构加速优化，正在向产业链价值链中高端加速迈进。2022年，我国转型升级指数162.8，比2015年提高51.58个百分点；全国装备制造业、高技术制造业增加值占规上工业增加值比重分别为31.8%和15.5%，比2014年分别上升1.4和4.9个百分点，对规模以上工业增长的贡献率分别达到50.3%、48.6%；战略性新兴产业增加值占国内生产总值比重超过13%，比2014年上升了5.8个百分点。

新动能规模实力不断彰显。全国工业机器人年产量达44.3万套，新增装机总量全球占比超过50%，稳居全球第一大市场；光伏组件、风力发电机等清洁能源装备关键零部件占全球市场份额的70%；新能源汽车年销量达到680万辆以上，连续8年位居全球第一。

一批具有全国影响力的新兴产业集群竞相涌现。在45个国家级先进制造业集群中，新一代信息技术领域占13个、高端装备领域占13个、新材料领域占7个、生物医药及高端医疗器械领域占5个、消费品领域占4个、新能源及智能网联汽车领域占3个；累计培育国家战略性新兴产业集群66个。

传统优势产业改造稳步推进。2012年以来，全国技术改造投资占工业投资比重持续稳定在40%以上；以纺织服装、化工、化纤、造纸、橡胶塑料制品、非金属矿物制品、有色金属加工、农副食品加工等为代表的传统产业规上工业利润率从2012年的5.82%提至2022年的6.78%，提高了0.96个百分点。

图10-3　2012—2022年我国装备制造业、高技术制造业增加值占比情况
（数据来源：根据历年的《全国国民经济和社会发展统计公报》数据整理）

四、制造业数字化转型纵深推进

我国坚定不移地以智能制造为主攻方向，推动产业技术变革和优化升级，推动制造业产业模式发生根本性转变，通过"鼎新"带动"革故"，制造业数字化转型速度不断加快。据《2022中国数字经济主题报告》统计，2022年，中国数字经济规模已达45.5万亿元，同比增长16.2%，连续11年高于同期GDP名义增速，规模位居世界第二。

产业数字化转型加速。2022年，我国实现产业数字化增加值41万亿元，2014—2022年年复合增速达16.66%，显著高于同期GDP增速（8.21%），占GDP比重由2014年的19.3%提升至2022年的33.88%，提高了14.58个百分点。

智能化改造成效突出。2022年，全国工业企业关键工序数控化率、数字化研发设计工具普及率分别达到58.6%、77.0%，比2012年分别提高38、28.2个百分点；2012—2022年十年间，全国累计建成700多个数字化车间/智能工厂，实施305个智能制造试点示范项目和420个新模式应用项目，炼化、印染、家电等领域智能制造水平处于世界领先地位。

工业互联网创新发展加快。截至2022年底，我国工业互联网产业规模已超1.2万亿元，建有"5G+工业互联网"建设项目超过3100个，培育较大型的工业互联网平台超过150家，连接工业设备超7800万台（套），工业App数量突破60万个，工业互联网的应用已覆盖45个国民经济大类，智能制造的底座更为坚实。

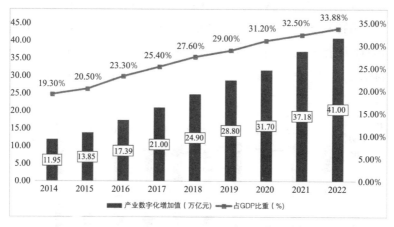

图10-4 2014—2022年我国产业数字化增加值及占GDP比重情况
（数据来源：根据历年的《中国数字经济发展报告》数据整理）

五、制造企业实力稳步增强

我国坚持把培育和发展优质企业摆在突出位置，着力完善企业兼并重组政策措施，健全优质企业梯度培育体系，加大对中小企业发展的政策支持，全面保护和激发企业内生动力与活力，制造业企业综合实力和竞争力显著增强，形成了龙头骨干企业"顶天立地"，专精特新中小企业"铺天盖地"，一批"单打冠军""配套专家"脱颖而出的企业梯队。2022年，我国规上工业企业数达到45万家，比2012年增长30.89%；实现规上工业营业收入137.91万亿元，利润总额达到8.40万亿元，比2012年分别增长48.40%、35.70%。

骨干龙头企业持续做强做优。2022年，全国有145家公司上榜世界500强，较2012年新增72家，上榜企业数连续四年位列全球第一，上榜企业营收占500家上榜企业总营收的31%，首次超过美国（30.0%）；A股制造业上市公司数量从2012年的978家增加到2022年的3313家，增长了近2.4倍；中国制造业企业500强营业收入从2012年的21.7万亿元增长到2022年的47.11万亿元，实现翻番。

优质中小企业不断涌现。到2022年，全国累计培育制造业单项冠军企业1186家，专精特新小巨人企业1.2万余家，专精特新中小企业9.8万余家，带动地方培育8万余家省级专精特新中小企业；共有70余家"小巨人"企业荣获国家科学技术奖，1500余家"小巨人"企业承担过国家重大科技项目。

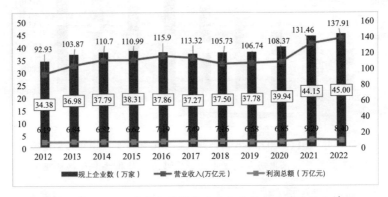

图10-5 2012—2022年我国规上工业企业数量及营业收入情况
（数据来源：根据历年的《中国统计年鉴》数据整理）

第二节　我国制造业发展仍然"大而不强"

中国制造业已成为全球实体经济的重要组成部分，这是不争的事实。纵向比较，在"后发优势"作用下，我国制造业与发达经济体之间的差距持续缩小；但横向比较，我国制造业仍明显落后于国际先进水平。与世界制造强国相比，我国制造业的差距主要体现在以下几个方面：

一、关键核心领域受制于人

产业基础能力是制造业发展的支撑和"基石"，是我国制造业赖以生存发展的工业基础和关键条件。当前，我国核心基础零部件和元器件、先进基础工艺、关键基础材料、产业技术基础以及基础软件、基础研究等关键核心领域存在突出短板，成为制约我国制造业由大到强发展的"瓶颈"。

例如，在高端电子装备制造领域，芯片制造的硅片、光刻胶、掩膜版等高端材料依赖进口，EDA设计软件被美国等垄断，极紫外EUV光刻机装备缺乏，缺少自主研发的IP核，操作系统和知识型高端工业设计软件依赖进口，复杂电子装备系统设计、电气互联工艺、电子封装测试及热设计与管理、光—机—电—液插拔、连接基础件等制造技术亟须提升；在机械制造领域，高档数控机床、高端传感器、机器人关键部件及高性能轴承、齿轮、液—气—密件等关键基础件亟须加强自主创新；在航空航天领域，航空发动机、航电系统、材料存在短板，亟待提升智能设计制造、高性能复合材料、精密超精密加工、特种加工技术工艺；在高端医疗设备领域，超声、电子显微、生物电/磁、X射线、磁共振、光学成像及核医学影像等自主研发不足。工信部调研结果显示，32%的关键材料在中国仍为空白，70%以上智能终端处理器以及绝大多数存储芯片依赖进口，高档数控机床、工业机器人、汽车等关键生产线上逾95%制造及检测设备依赖进口。

从研发经费投入看，2022年，我国全社会研发经费投入总额虽稳居世界第二，但基础研究投入约1951亿元，投入强度仅为6.3%，而同期的法国、意大利和新加坡的基础研究投入强度均超过20%，英美高于15%。制造业自主创新能力不强，科学技术积累不高，导致我国低端产品过剩、中高端产品供给不足、进口依赖严重等问题。

图10-6　2012—2022年我国基础研究投入及占比情况

（数据来源：根据历年的《全国科技经费投入统计公报》数据整理）

二、产业结构形态相对低级

我国制造业近年来结构转型升级在不断加速，但整体上仍处于全球价值链中低端，结构优化升级进展较缓慢，产业形态相对低级。

从产业结构看，技术密集型产业偏低、劳动及资源密集型产业比重过大。2022年，我国医药制造、计算机、通信和其他电子设备制造等高技术制造业营业收入占规上工业比重仅为18.92%，而农副食品加工业、纺织业、纺织服装等劳动密集型制造业营业收入占比21.4%，化学原料及化学制品、黑色金属冶炼及压延、有色金属冶炼及压延、非金属矿物制品等六大高耗能产业占比高达34.93%。

从产业层次看，产业高端化和产业链高端环节发展仍显不足。如在医药制造领域，我国仍以医药中间体和原料药为主，化学药品制剂制造、中成药生产以及化学药品原料药制造等中间制造环节产值占规上医药制造业比重较高，而生物药品制造和医疗诊断、监护及治疗设备制造等技术含量较高、附加值高、领域前沿的占比不高；在电子信息领域，我国整体处于产业链中附加值较低的中后段，主要在部分电子元器件生产、整机组装等劳动密集型环节，导致产品附加值低，行业利润率较低，2022年我国规上电子信息制造业行业平均利润率约为4.80%，低于规上工业平均利润（6.31%）。

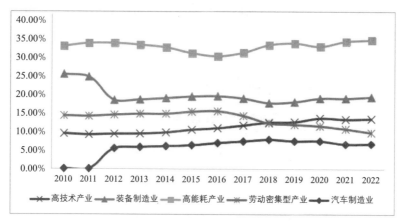

图10-7　2010—2022年我国制造业产业结构变化情况

（数据来源：根据历年的《中国统计年鉴》数据整理）

三、整体发展质量效益不高

过去几十年来，我国借助经济全球化的红利，快速融入全球产业链分工体系，并形成了全球门类最齐全的制造业产业体系和配套网络，但整体处于国际价值链中低端环节，制造业发展质效有待提升。《中国制造强国发展指数报告（2022）》显示，我国"质量效益"分项数值对制造强国贡献率占比始终低于15%，五年内贡献率仅提升2个百分点，与美国30%和日本27%左右的较高水平差距非常明显。

制造业产出效率不高。2022年，我国制造业实现规上工业营业利润率6.09%，与2012年的6.66%相比下降了0.57个百分点；人均制造业增加值仅为3530亿美元，相比于美国的8389亿美元、日本的6572亿美元、德国的8882亿美元的水平严重落后。

制造业发展层次不高，具有高产出、高附加值特性的高技术产业比重不足。2022年，我国高技术产业主营业务收入占规上工业比重仅为18.92%，低于美国24.3%、日本23.5%、韩国19.2%；进一步从工业制成品出口角度看，2022年我国服装和纺织行业出口份额占比较高，机械和运输设备、化学行业出口占比有所收缩，而欧美在机械和运输设备、化学行业的出口占比较高。

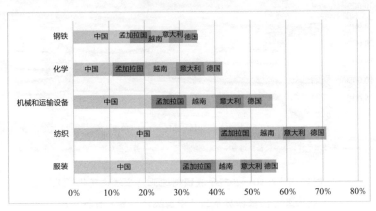

图10-8　2022年全球各工业制成品出口份额前五国家（地区）

（数据来源：根据世界贸易组织公布数据整理）

第三节　智能制造对制造强国建设的关键作用

一、智能制造是抢占未来竞争制高点的重要抓手

当前，世界处于百年未有之大变局，国际环境日趋复杂，全球科技和

产业竞争更趋激烈，大国战略博弈进一步聚焦制造业，美国"先进制造业领导力战略"、德国"国家工业战略2030"、日本"社会5.0"等以重振制造业为核心的发展战略，均以智能制造为主要抓手，力图抢占全球制造业新一轮竞争制高点。之所以世界主要国家都高度重视智能制造，是因为智能制造代表了制造业的发展趋势和方向，是发展下一代制造业的核心要义，关系到本国在未来制造业国际竞争中的地位。站在世界新一轮科技革命和产业变革同我国转变发展方式的历史性交汇点，加快发展智能制造，是我国抢占未来经济和科技发展制高点的战略选择，也有助于抵消劳动力成本上涨的负面影响，对打造我国制造业国际竞争新优势，迈向制造强国具有重要战略意义。

二、智能制造是实现中国制造由大到强的必由之路

改革开放以来，我国的经济发展取得了辉煌的成就，成为世界第一制造业大国，但还不是制造强国，在从大国向强国迈进的过程中，提高质量效益、转变生产方式是中国制造业必须解决的问题。智能制造作为驱动制造业转型升级的智慧引擎，通过信息技术和数字化手段的应用，不仅有助于提高生产效率和质量，更能够加快制造业产品研发和创新的速度，提升产业链的效益和竞争力。可见，智能制造不仅是解决当前我国制造业发展所面临深层次问题的必然要求，也是加快推动制造大国向制造强国转变的必然要求。习近平在十九大报告中指出："加快建设制造强国，加快发展先进制造业，推动互联网、大数据、人工智能和实体经济深度融合。"为充分应对外部环境和内部结构调整所带来的变化与挑战，国家提出"两化深度融合"和"中国制造2025"等，以期为新常态下制造业发展找到出路，以推进新一代信息技术与制造业深度融合为主线，以推广智能制造为切入点，强化工业基础能力，提高综合集成水平，全面推进制造业转型升级，推动中国制造实现由大变强的历史跨越。

三、智能制造是我国制造业创新发展的必然要求

随着信息技术和互联网技术的飞速发展，以及新型感知技术和自动化技术的应用，制造业正发生着巨大转变，先进制造技术正在向信息化、自动化和智能化的方向发展，实现"数字化、网络化、智能化"制造成为制造业发展的新趋势，也是新一轮科技革命和产业变革的核心所在。智能制造作为未来制造业的发展方向，已成为全球制造业的共识，也是中国制造业创新发展的重要方向。智能制造的实现，关键是依靠新一代信息技术系统的技术支持，而我国在制造领域、现代信息技术领域都建立了规模庞大、门类齐全的产业体系，形成了结构完整、配套健全的供应链网络。作为工业制造与信息技术融合发展的交汇点，智能制造引领和推动新一轮工业革命，将进一步促进我国新一代信息技术与先进制造技术的深入融合，助推传统产业实施技术优化升级，支持新兴产业培育和发展，带动新技术、新产品、新装备发展，催生新的经济增长点，推动制造业迈入数字化网络化智能化阶段，促成我国制造业的历史性重大变革。

第四节 "十三五"以来我国智能制造发展取得的成就

"十三五"以来，我国紧抓新一轮科技革命和产业变革的重大历史机遇，深入实施智能制造工程，智能制造取得长足进步，从应用规模水平、核心技术、企业主体、保障体系各个层面均取得了一系列重大成就。

一、应用规模和水平全球领先

在智能制造工程带动下，以工业机器人、感知技术、智能信息处理技术、智能控制系统、自动化成套生产线为基础的智能制造产业快速发

展壮大。中国智能制造装备市场规模从2017年的1.27万亿元增长到2022年的2.68万亿元，年复合增长率达到16.11%，智能制造装备的国内市场满足率超过50%。工业软件产品收入突破2400亿元，培育系统解决方案供应商6000家，其中主营业务收入超10亿元供应商近百家，服务范围覆盖90%以上的制造业领域。我国制造业机器人的使用已增长至每万人322台，密度增长了近13倍，连续多年成为全球第一大应用市场。人工智能、5G覆盖等智能制造关键技术的应用规模更是占据全球最前列。截至目前，我国已培育近2000家引领行业发展的数字化车间/智能工厂和5500余家区域领军企业，已有110家工厂达到国际智能制造先进水平[①]。

二、智能制造核心技术不断突破

我国以智能制造为主阵地，积极推进产、学、研协同创新，取得了一批基础研究、核心技术成果，掌握了一部分长期制约我国产业发展的智能制造技术，部分细分智能制造装备产品领域已经领先全球。以机器视觉领域为例，当前全球机器视觉第一大技术来源国为中国，中国机器视觉专利申请量占全球机器视觉专利总申请量的57.71%；其后依次是日本（18.14%）、美国（3.87%）和韩国（3.87%）。在智能制造装备及智能装备产品领域，我国在5G通讯、龙门吊、无人机、火箭振动台、高压输配电、月球探测器、深海采矿船和中国高铁等领域领先全球。如在中高端龙门吊智能制造领域我国占据绝对的垄断性地位，拥有全球70%以上的市场份额，欧美发达国家海军也要采购中国的龙门吊制造本国战舰。在发电和输配电领域，大型发电成套装备、特高压输变电成套装备、智能电网成套装备等已经达到国际领先水平。2020年，中国企业主持修订的"S试件"五轴机床检测方法获得国际标准化组织（ISO）批准并正式发布，实现了中国在高档数控机床检测领域国际标准"零"的突破。

---

① 世界工厂网，https://www.gongchang.com/news/show/t2-109452/.

三、企业智能化水平飞跃性提高

我国高度重视数字技术赋能企业生产，先后实施中小企业数字化赋能专项行动、智能制造试点示范行动等政策行动，积极推动企业数智化转型，强化新型技术的工程化和产业化，催生了新模式新业态，激发了企业发展活力。中国工信产业网数据显示，截至2022年底，全国工业企业关键工序数控化率、数字化研发设计工具普及率分别达到59%和77%，比2012年分别提高了38.4个和28.2个百分点，开展网络化协同和服务型制造的企业比例分别达到38.8%和29.6%。"以示范带应用"效果显著，企业智能化改造促进提质降本增效成果明显。截至目前，国家遴选了400余个智能制造综合标准化与新模式应用项目和305个智能制造试点示范项目，涌现出离散型智能制造、流程型智能制造、网络协同制造、大规模个性化定制、远程运维服务等新模式新业态，更重要的是，这些数字化车间和智能工厂项目完成智能化改造后，生产效率平均提高44.9%、最高3倍以上，能源利用率提升19.8%、最高达到1.25倍，运营成本降低25.2%，产品研制周期缩短35.0%，产品不良品率降低35.5%。

四、智能制造保障体系初步构建

智能制造领域具有知识产权密集、开源渗透性强的特点，兼容性好、开放性强的跨行业标准体系是发展智能制造技术的重要制度支撑。党的十八大以来，标准体系作为智能制造的一项核心制度安排，加速"从无到有，从有到全"进阶。我国于2015年、2018年、2021年发布三版《国家智能制造标准体系建设指南》，推进各细分领域开展标准体系建设。工业和信息化部数据显示，截至2022年，我国已发布智能制造国际标准42项、国家标准300多项，基础共性和关键技术国家标准的覆盖率达到97.5%。与此同时，5G、工业互联网等工业智能化发展的关键基础设施持续覆盖。我国累计建成并开通5G基站231.2万个，5G基站总量占全球60%以上；工业互联网应用已覆盖45个国民经济大类，高质量外网覆盖全国300多个城市，已培育较大型工业互联网平台150余家，连接工业设备超过7800万台。

第五节　我国智能制造发展面临的问题与挑战

一、仍有许多关键核心技术亟待突破

我国以工业强基示范项目为抓手，解决了一批智能制造核心基础零部件、关键基础材料和先进基础工艺的"卡脖子"问题，但由于国内对智能制造装备产业的发展侧重技术追踪和技术引进，且由于基础研究能力不足和对引进技术消化吸收力度不够，控制系统、系统软件等关键技术环节薄弱，技术体系不够完整，导致产业整体技术水平与世界先进水平有较大差距。尤其是构成智能制造装备或实现制造过程智能化的重要基础技术和关键零部件主要依赖进口，如新型传感器等感知和在线分析技术、典型控制系统与工业网络技术、高性能液压件与气动元件、高速精密轴承、大功率变频技术等；伺服电机、精密减速器、伺服驱动器、控制器等关键核心部件技术难题尚未攻克；精密工作母机设计制造基础技术、百万吨乙烯等大型石化的设计技术和工艺包等均未实现国产化。

二、缺乏统一的智能制造技术口径和标准

制造业智能化过程中所需的各种智能化器件、网络端口的链接、系统软件的集成等，都需要有一个标准作为实现制造业智能化在更为广泛的空间中得以顺利对接的前提性条件。智能制造行业标准的不统一，会造成行业发展混乱，阻碍其发展壮大。设备之间良好的连接能够促进整个系统的信息交流、分析，实现更大边界范围的资源整合。美国、德国等国外制造业强国正在不断扩大对先进制造业国际标准的控制权，积极发展本国智能制造行业标准的制定及推广工作。反观国内，大部分传统制造企业间自动化系统中的技术参数不同，来自不同的厂商。即使有一些标准在各学科领域、协会机构和工作单位中得到了使用，但是缺乏对这些标准的协调统

一，不同网络之间、设备之间存在严重的异构异质问题。随着全球智能制造发展大势日趋明朗，行业标准的不规范、不统一问题带来的制约作用也会越发明显。因此，国内应迅速建立智能制造标准委员会，系统开展智能制造标准的制定及推广工作。

三、人才短缺制约我国智能制造发展

我国智能制造面临人才缺口大、培养机制跟不上、现有制造业人员适应智能制造要求的转型难度较大等一系列问题。教育部、人力资源和社会保障部、工业和信息化部联合发布的《制造业人才发展规划指南》预测，到2025年，高档数控机床和机器人有关领域人才缺口将达450万，人才需求量也必定会在智能制造不断深化中变得更大[①]。

智能制造除了需要熟悉数字化、网络化、智能化技术的专业型人才，更迫切需要具备机电、工业软件、控制、计算机和工业工程等基础的跨专业人才及兼备学科交叉的系统级人才。高校作为智能制造人才供给主要来源，培养的人才大多以机电类、自动化类为主，学科分割严重，在网络通信、工业软件等新一代信息技术方面存在不足，而新一代信息技术专业人员则缺乏机电类、自动化类的知识和经验。部分本科院校虽然设置了如智能制造工程技术、机器人工程等新工科专业，但高校人才培养目标与产业发展需求差距仍然较大，人才质量无法满足我国智能制造发展的实际需求。在企业中，系统级人才十分稀缺。随着人工智能、大数据、工业互联网及5G等新一代信息技术与各行各业制造技术加速融合，对既掌握新一代信息技术又熟悉行业技术的系统级人才需求越来越大。而此类系统级工程技术人员的培养周期长、培养难度大，企业面临招不来、留不住的困局。系统级人才紧缺问题的解决迫在眉睫。

---

① 林露. 未来五年高档数控机床和机器人领域人才缺口将达 450 万 [EB/OL] .http://finance.people.com.cn/n1/2020/0730/c1004-31804358.html.

四、我国智能制造发展的数字基础薄弱

从我国制造业发展的整体水平来看，地区间、行业间以及企业之间智能制造发展不平衡，一些企业已开始智能化探索，但更多企业尚处于电气化、自动化甚至机械化阶段，半机械化和手工生产在一些欠发达地区仍然存在。国家工业信息安全发展研究中心发布的《中国两化融合发展数据地图（2021）》显示，虽然我国两化融合发展指数达到96.6，实现大幅增长，但仅有不到50%的工业企业在研发设计、生产、采购、销售、财务、人力、办公环节实现数字化工具的应用覆盖，不到10%的企业初步具备探索智能制造基础条件，欠发达地区智能制造水平往往更低，我国制造业全面实现数字化、网络化、智能化还有很长的路要走。

同时，我国制造业企业以中小企业为主，企业规模和技术实力普遍偏弱，难以全面支撑智能化、数字化转型。目前，智能工厂改造投资回收期普遍偏长，基本上5年内的回收期可被先进制造企业接受，但大量的中小企业都只能接受2—3年的回收期。传统制造企业尤其是中小企业的利润率较低，受到投资回报的牵引，往往将应用的重点放在自动化设备等硬件设施的升级上，很多企业并不太重视设备联网和数据采集，这样造成企业在数字化转型中重硬轻软，能力分布失衡。

☆ 第十一章 ☆

未来工厂点亮企业智能化转型道路

对中国工业而言，"乡镇企业"抑或是"世界工厂"的时代都已经过去，何去何从是一个需要回答好的根本性问题。当前，世界百年未有之大变局加速演进，我国城市化进程"棋至盘中"，面对"需求萎缩、供给冲击、预期转弱"三重冲击，以"创新、协调、绿色、开放、共享"新发展理念为指引，走有中国特色的新型工业道路，擘画有中国特色的现代工业发展新图景，成为中国经济高质量发展的关键。

中国改革开放的弄潮儿浙江，正在积极推进一场新的车间革命——未来工厂，它以新材料、新产品、新工艺为关键支撑，以数字设计为重要引擎，以生产流程再造、要素优化重组、企业组织重构为关键使能场景，倡导产业、科技、生态、人文融合的发展观，有望成为新时期浙江乃至中国产业竞争力提升发展的全新载体。

第一节　浙江首创提出"未来工厂"

为贯彻习近平总书记关于制造强国建设和提升中国话语能力的重要论述精神，加快推进制造业高质量发展，抢占未来发展制高点，2019年11月，时任浙江省省长袁家军在全省传统制造业改造提升现场会上首次提出打造"未来工厂"。2020年，根据中央深改委第十四次会议审议通过的《关于深化新一代信息技术与制造业融合发展的指导意见》，浙江省研究出台培育建设未来工厂试行方案，启动未来工厂建设。2021年，浙江省在全国率先启动实施数字化改革，在数字经济领域谋划推进"产业大脑+未来工厂"建设，制定发布未来工厂建设导则和评价标准，按照"五化四型十场景"的理念、方法和要求深化未来工厂建设。到2023年底，累计培育未来工厂72家、智能工厂（数字化车间）794家，在库培育1000余家，形成了未来工厂引领、自主可控能力提升、产业集群重点突破、大中小企业融通发展、企业意愿明显增强的智能制造新发展格局。

一、未来工厂定义清晰，点亮智能制造发展方向

未来工厂是指工业企业深度融合新一代信息技术与先进制造技术，集成应用软件定义的知识模型和能力组件，以数据驱动生产方式和企业形态变革，持续推动生产运营智能化、绿色化、精益化、人本化和高端化升级，通过构建数字化生态组织，引领模式创新和新兴业态发展的现代化新型产业组织单元。浙江提出建设未来工厂，旨在打造中国特色智能制造标杆，构建自主创新智能制造发展体系，引领新一代信息技术与先进制造技术深度融合的发展趋势，指引智能制造发展方向。与未来工厂相比，"工业4.0"是制造业与新一代信息技术深度融合的智能化的时代性变革技术，而"灯塔工厂"则是"工业4.0"全球化的传播载体，是将"工业4.0"技

术从试点阶段推向大规模整合应用阶段的成功案例。但从目前公开的资料看，"灯塔工厂"没有明确清晰的定义，没有公开的建设与评价标准，对于企业实施智能制造来说仿佛是披上了"面纱"，缺乏实际指导和借鉴意义。

二、未来工厂架构独具特色，指引模式机制创新之路

智能制造的参考架构，以三维架构为主流。"工业4.0"的参考架构模型RAMI4.0从层级、生命周期和价值流、系统控制三个维度，全方位展示了"工业4.0"涉及的关键要素。我国智能制造提出的技术架构主要是从制造为主体的价值维、以两化融合为主线的技术维和以人为本的组织维进行架构的。相比较而言，未来工厂按照"四横四纵"的架构进行搭建，具有系统性、全局性特色。四横包括基础设施层、数据资源层、应用支撑层和业务应用层；四纵包括政策制度体系、组织保障体系、标准规范体系和安全防护体系。未来工厂参照"1234"体系架构进行建设。"1"是指围绕质量效益和核心竞争力提升的价值链提升进行建设；"2"是指基于产业大脑数字赋能和企业大脑能力支撑进行建设；"3"是指数字化生态组织、新一代信息技术、先进制造技术融合应用的三大技术支撑；"4"是指未来工厂要求满足"智能工厂+高端产品+智慧供应链+新模式新业态"四个方面的能力要求。未来工厂与产业大脑链接，可以共享产业大脑的数字化能力，未来工厂又输出可复制可推广的知识模型和能力组件，反哺增强产业大脑能力，形成"产业大脑+未来工厂"的赋能模式，有效破解经济领域各方面体制性障碍问题，为企业生产经营赋能、为产业生态培育服务、为政府数字化治理助力。

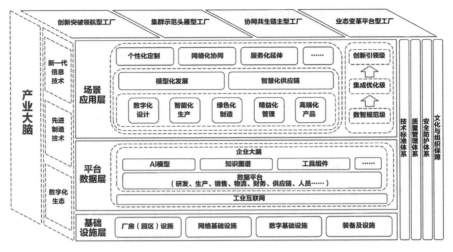

图11-1 浙江省"未来工厂"建设体系图

三、未来工厂遵循"五化"理念，引领打造现代化新型组织

"工业4.0"的目标是建立一个高度灵活的个性化和数字化的产品与服务的生产模式，是对一个产品的整个价值链的组织管理。而未来工厂不仅强调产品全生命周期的价值链和竞争力提升，还强调持续推进智能化、绿色化、精益化、人本化和高端化发展，引导企业坚持以人为本和精益管理的内在要求，持续推进高端跨越、智能升级和绿色转型，提升企业核心竞争力，加快向全球价值链中高端攀升。与"灯塔工厂"实现了重大的财务和运营效益相比，未来工厂是通过引导企业实施数字化改革，重塑核心业务流程、重组资源要素，以数据和模型驱动，持续推进产业技术变革、生产方式变革、产业模式变革和企业形态变革，打造现代化新型组织，实现了企业更深层次变革。与"灯塔工厂"的可借鉴价值相比，未来工厂拥有模型化发展的核心理念，要求企业建立自己的智能制造技术团队，通过软件定义、数据驱动、模型驱动，将知识经验转化为模型和应用组件，不仅具备自我复制的能力，还对外赋能行业企业，其内涵更加丰富、理念更加先进、外延更加广阔，对打造中国智造标杆具有示范引领意义。

四、未来工厂分为"四种类型"，追求不同的社会价值

企业根据自身发展战略和特点，区分"领航型""链主型""头雁型""平台型"四种类型开展未来工厂建设，并通过市场化的方式实现对外赋能，追求不同的社会价值。

"领航型"在关键共性技术方面要取得重大突破，在新技术应用和模式创新方面形成新范式，输出新技术、新应用和新模式。

"链主型"面向产业链上中下游企业提供专业化服务，提高产业链协作效率和供应链协同水平，助力产业链现代化水平提升。

"头雁型"重在解决行业共性问题，输出易复制可推广的模型组件和解决方案，为产业集群和行业数字化转型提供经验模式。

"平台型"为产业主体、协同企业等提供专业化服务，或为客户提供定制化、平台化等产品延伸服务，促进产业模式和新兴业态发展。

相对"工业4.0"以解决客户问题、优化降低成本、抢占工业革命先机来说，以及相比较"灯塔工厂"所倡导的商业价值和端到端的价值链改善而言，通过四种类型未来工厂的建设，企业不仅围绕自身发展战略与愿景持续提升，还履行了对产业链、行业企业赋能的社会义务，追求的是社会价值，体现的是中国特色社会主义制度的优越性。

五、未来工厂打造"十大场景"，彰显了标杆示范效应

与"灯塔工厂"需满足实现重大影响、成功整合多个用例、拥有可拓展技术平台、在关键推动因素中表现优异四类抽象的标准相比，未来工厂公开发布了建设导则和评价标准，而且相关标准在企业已经得到深入实施。要求建设数字化设计、智能化生产、绿色化制造、精益化管理和高端化产品五项通用基础场景，以及智慧化供应链、个性化定制、网络化协同、服务化延伸、模型化发展五项特色创新场景。经过两年多的实践探索，未来工厂理念和典型场景已经深入浙江企业，标杆示范效应得到充分发挥。

一是引领产业技术和生产方式变革。未来工厂通过导入数字化技术、理念和方法，以数据驱动生产流程再造和资源要素重组，推动产业技术变革和优化升级；通过数字化设计、智能化生产、绿色化制造和精益化管理，革新生产方式，显著提升企业综合效益与核心竞争力。前两批建成的41家未来工厂，企业平均生产效率提升54%，能源利用率提升17%，综合成本降低19%，不良率降低36%，有力对冲了劳动力、原材料、物流运输、减排减污等成本冲击，实现了提质、增效、降本、减碳、可持续的高质量发展。

二是引领产业模式和企业形态变革。未来工厂牵头或参与建设产业大脑和工业互联网平台，构建数字化组织生态，创新应用网络化协同、个性化定制、服务化延伸、模型化发展等新模式，重塑生产组织方式、商业模式和管理服务流程，引领产业模式和企业形态变革。吉利纯电动汽车"领航型"未来工厂，通过数字孪生进行1比1的虚拟仿真与调试，实现了产品开发设计、产线布局、工艺流程、制造过程及生产物流仿真和生产过程优化，实现从订单到交付的大规模个性化定制生产。老板厨房电器"链主型"未来工厂，建设"九天中枢"企业大脑，实现了设计、生产、物流等企业内部环节协同，建立了涵盖"1网3端7点"的智慧供应链，以平台化、伙伴制带动产业链上下游协同发展，实现全链运营保障。

三是带动大中小企业实施数智化转型。未来工厂极大地激发了企业投身数字化转型和智能化升级的时代浪潮中，成为浙江智能制造的"金名片"。在未来工厂的示范带动下，中大型企业建设未来工厂的积极性很高，中小型企业推进数字化改造的意愿空前高涨。2021年，老板厨房电器未来工厂接待省内外参观考察团队1500多批、3万余人，有效地带动了企业实施智能制造。2022年，全省2万余家规上工业企业开展了诊断评估，新增培育项目是往年的3倍，企业的技改投入也在经济不景气的情况下仍呈现加速增长态势。

四是形成对外赋能模式。未来工厂将对外技术能力输出作为评定验收的主要内容，不仅要求企业立足自身技术团队开展建设，还要求对产业链、产业集群或行业企业形成赋能模式，如卧龙电驱"链主型"未来工厂牵头建设电机行业产业大脑，提供协同设计、协同管理、产业链延伸等服务，促进电机产业链上下游协同发展。双环传动"头雁型"未来工厂打造基于模型的企业，构建工业机理知识模型和企业智能决策模型，具备模型化输出的能力，成立了环智云创数字化服务公司，将先进技术、解决方案、系统集成能力等推广至行业企业。

第二节　探秘新能源汽车产业"未来工厂"

一、行业共性问题与需求

随着汽车动力来源、生产运行方式、消费使用模式的全面变革，新能源汽车逐渐接过传统燃油车的接力棒，成为驱动汽车产业发展的新生力量。新能源汽车产业生态正由零部件、整车研发生产及营销服务企业之间的"链式关系"，逐步演变成汽车、能源、交通、信息通信等多领域、多主体参与的"网状生态"。

新能源汽车产业在智能制造的需求主要有：一是新能源汽车自身的智能化需求。电力的支持使得纯电动汽车制动以及空调等装置的驱动得以保障；将环境感知、多等级辅助驾驶等联系起来，使得各功能形成综合系统，实现一体化。二是新能源汽车制造过程智能化需求。新能源汽车功能趋于多样化，涉及的设计和工艺信息也显著增多，需要增强柔性制造能力和有效处理多样化的信息。新能源汽车的制造是以动力来源、控制和驱动系统为基础，对电池和电控系统的制造工艺有特殊要求，对人工智能技术需求较高，需要规范化开展生产计划管理以及工程设计，保证在制造时所需的器材设施能良好运行，同时有效地排查设施故障等问题，实现新能源汽车智能制造。

二、案例：吉利纯新能源汽车未来工厂

项目实施企业：宁波杭州湾吉利汽车部件有限公司（极氪智慧工厂），是浙江吉利控股集团旗下的全资子公司，吉利"追求满足客户极致体验"战略下的极氪纯电动智能汽车制造工厂。

吉利纯新能源汽车未来工厂采用数字孪生、计算机仿真技术、虚拟调试及制造等技术搭建数字化工厂，实现产线布局、工艺流程、制造过程及生产物流的仿真，优化生产过程。基于计算机建模、虚拟现实（VR）、数据采集等技术，搭建设备监控和管理系统，为生产数字化赋能。通过5G、工业互联网、物联网、R/XR的新型技术应用，构建质量工业APP用于生产过程质量监控与提升。

一系列业内先进技术在吉利纯新能源汽车未来工厂的开展和落地，使其生产效率提升23.5%，能源资源综合利用率提升15.4%，产品良品率提升30%，万元产值成本降低25%，研制周期缩短31%。它在智能绿色制造工厂、新能源运营、供应链协同、智慧出行等领域提供了产业级的技术解决方案及示范影响，重塑了企业核心竞争力；在全球新能源汽车产业变革下，贡献了中国方案和中国力量，助力了整个汽车制造产业全面电气化、智能化转型升级。

吉利纯新能源汽车未来工厂建设的主要内容包含：

一是建设柔性生产体系。工厂通过全面融合5G、AI、工业互联网、工业大数据等先进技术，结合工业机器人、移动机器人等智能制造设备，打造智能制造体系。在工厂的焊装车间，703台柔性机器人可同步工作，能满足"2+1"平台、"5+1"车型的同时生产；在总装车间，高效柔性、多线并行的装配系统，使得车间具备装配轿车、SUV、MPV等多种车型的能力。该工厂还支持C2M柔性定制模式，仅极氪001车型就可实现多达157万

种个性化配置。车主可根据自身喜好和需求自由选择和搭配，包括车身颜色、轮毂样式，甚至音响、悬挂系统等都可以个性化定制。

二是赋能企业降本提质增效。工厂通过应用热熔自攻丝连接技术以及在国内新能源行业率先应用的SPR自穿刺铆接技术等先进高强度焊接工艺，可控制并监测到每一个链接焊接点，实现关灯也能精准操控，焊接自动化率达到100%。工厂还引入了5G技术，可通过VR眼镜实现设备远程维修、智能巡检等应用，提升工作效率。值得一提的是，极氪智慧工厂在建设之初，就建立了工厂三维模型，透过数字孪生的虚实互联技术，可实现虚拟工厂与真实工厂的联动，真实工厂的实时运行数据信息、产品制造过程信息，能够以0.4秒的低时延，在虚拟工厂同步传递和呈现，由此工厂管理人员能够实时了解设备运行状况和产品生产状况，实现对生产全过程的可视可控。

三是探索绿色制造模式。工厂使用光伏发电系统进行电力供应，光伏覆盖面积约30万平方米，一年总发电超4000万度，实现工厂100%绿电供应。还采用了无磷脱脂剂绿色工艺，实现喷涂0废水，每年可减少含磷废水排放2000吨；采用了水性涂料，每生产一台车可减少7克VOC（Volatile Organic Compounds，挥发性有机化合物）排放。

四是对外输出智能制造成功经验。吉利集团孵化出广域铭岛，并以广域铭岛为主体，承接吉利集团智能制造和数字化转型业务，同时在此基础上打造了Geega（际嘉）工业互联网平台，以及"平台+解决方案+工业软件"的企业数字化转型一体化赋能体系，致力于实现跨行业、跨领域的产业赋能、技术创新及多场景融合应用。

第三节 探秘高端装备产业"未来工厂"

一、行业共性问题与需求

装备制造业的生产规模处于全球先进水平，但仍处于"大"而不"强"的阶段，低成本的比较优势也正在逐渐消失，发达国家和新兴经济体正纷纷抢占装备制造业发展先机。面对行业增速放缓和内外部环境变化，叠加国家政策的鼓励与引导，智能制造成为装备制造企业的迫切需求，以数字驱动企业壮大新增长点、形成发展新动能成为行业共识。

装备制造产业在智能制造的需求主要有：一是需要基于数据和模型来发现和解决问题，通过场景化解决方案解答一系列难题，产品的小批量、单件化生产，生产过程中涉及大量零部件，新产品、定制化产品的开发设计对生产成品影响等。二是需要数据驱动企业突破边界，与上下游企业数据联通融合。装备制造企业通常面临供应链生产环节原材料库存成本增加，供货不及时，无法及时应对客户的需求等问题，增强风险预警和应急处置能力。三是需要人工智能的应用转变装备制造企业的决策模式，相较于传统管理报告延迟、遗漏、易错的固有问题，通过大数据、机器学习等前沿技术，将企业的实际问题转化为数学模型求解，解决生产、仓储、配送、销售等一系列场景中的优化问题。

二、案例：杰牌智能传动未来工厂

项目实施企业：杭州杰牌传动科技有限公司，专业研究开发、设计制造、销售服务齿轮减速机，产品实现国产替代，专为中高端用户提供专业化的产品和服务，坚持100年做好一台减速机，匠心打造中国世界品牌。

杰牌智能传动未来工厂包括运营指挥中心、智能中央立库、箱体智能工厂、齿轮智能工厂、电机智能工厂、装配智能工厂六个部分。全面投入使用后，可实现30亿元产值的目标，只需要1000个员工，就可以实现过去

5000个员工的效能。目前，杰牌新智造平台、杰牌大数据平台、杰牌智能化平台，打通需求侧、供给侧和应用侧数据，实现线下线上互联互通、生产效率提升56.89%、能源资源综合利用率提升26.67%、产品良品率提升31.15%、万元产值成本降低9.83%、研制周期缩短33.33%。

杰牌智能传动未来工厂建设主要包含以下几个方面的内容：

一是打造"131"体系。1个方案——杰牌智能传动方案，3个平台——杰牌新智造平台、杰牌大数据平台、杰牌智能化平台，1个场景——杰牌未来工厂场景，包括传动技术、驱动技术、控制技术、软件技术、未来技术。杰牌减速机、电动机、变频器、传感器、物联网等智能传动方案，执行层、采集层、驱动层、控制层、数据层等智能数字技术。平台产品设计、完整产品设计、产品形象设计、传动方案设计和智能传动设计，以满足客户个性化需求。生产制造的全过程，遵循每一项技术标准、工艺标准、质量标准和验收标准，通过100%在线加工检测、100%在线装配试验和100%实时检测试验，确保每一个零件零缺陷，每一台产品外观美、低噪音、不漏油、快交付和智能化。

二是实现五流合一。将物流、信息流、人流、资金流、价值流五流合一。杰牌主要有四个智能工厂：箱体智能工厂、齿轮智能工厂、电机智能工厂和装配智能工厂，同时拥有运营指挥中心和智能中央立库。工厂现在最快可以4个小时交货。通过什么完成的提速？就是实现精准计划、精准物流、精准交货，因为都是后台数据来控制。通过运营指挥中心，指挥每一个物料，从原材料到出库，都在数据中心自动化完成整个流程。

三是推行"五链互联"。从供应链管理、创新链整合、价值链协同、产业链发展再到生态链建设，推进精益生产，也就是运用智能产品来建设智能工厂，再去生产智能产品，为所有要建设智能工厂的企业提供智能产品、智能服务、智能体验，着力培育智能人才，再实现自主可控。

四是全流程数字化管理。装配智能工厂内的工业机器人与装配流水线互联互通，实现了自动上料与装配工序的智能协同，大大减少了人力劳动，提高了装配效率。物流全部由AGV（Automated Guided Vehicle，自动导引车）进行输送，AGV控制系统与立体仓库控制系统相互协同，实现物料入库、出库的自动化。实现高档数控机床与工业机器人、智能传感与控制装备、智能检测与装配装备、智能物流与仓储装备等关键技术装备之间的信息互联互通与集成。整体交付周期从30天缩短到7天，最快可以实现4小时交付。

五是智能监测运维，设备不再依赖现场巡检。通过智能检测系统，减速机在能耗、健康、视觉、运维和配件管理等全流程都实现了信息化，机器故障可以提前30天预警，方案实施成本减低30%。

六是打造研产供销服一体化。基于多系统的数据中台打造研产供销服一体化的工业大脑，通过工业大数据不断优化各类应用算法和模型，包括但不限于设备状态效率实时监测、设备故障预警、能耗管理优化、设备预测性维护、零缺陷质量监控等，同可视化看板、BI（Business Intelligence，商业智能）分析、工业APP等应用一起来提供智能辅助决策、管理并持续优化生产过程。

第四节　探秘家电制造产业"未来工厂"

一、行业共性问题与需求

家电制造业作为劳动密集型行业的典型代表，需要大量工人，随着人力成本上涨，普遍面临"招工难"的问题。与欧美日韩同行相比，家电制造业缺乏的是在精益制造上的积累和沉淀，也造成长期以来中国家电产品质量可靠性和稳定性起伏不定。同时，如何提高经营效率和降低经营成本，成为家电制造业企业思考的问题。对于家电企业来说，智能制造是整个行业从研发、供应链、制造、物流到销售、客户关系管理等的全链条转型。提升制造水平和能力，推动家电产品的可靠性、稳定性，还可能成为新的业务增长点和盈利新平台。

家电企业在智能制造方面的需求主要有：一是需要聚焦设计、制造、测试、运维等各阶段的数字映射模型，推动数字设计和虚拟仿真技术的结合，构建数据驱动的创新模式。二是需要降低家电产品设计成本，并加速自身产品的迭代效率；三是需要提升生产线建设、工厂系统架构与智能化设备布局、产品品质工艺保证与工厂效率，以及节能环保和低碳控制等多个方面。

二、案例：老板厨房电器未来工厂

项目实施企业：杭州老板电器股份有限公司。老板电器精耕厨电领域，在中国厨房电器行业中，发展历史、市场份额、生产规模、产品类别、销售区域均位居前列，老板油烟机、嵌入式灶具连续7年全球销量领先。

老板厨房电器未来工厂，以1个数据中心+N个协作平台，建成行业首个智慧"无人工厂"，能够实时从线上/线下接收全球产品订单，基于客户需求动态调整设计、采购、生产和物流方案。在自主研发国内首条集烟罩、灶具底盘等智能制造生产线基础上，创新应用5G、人工智能、工业互联网、边缘计算等先进技术，实现信息深度自感知、精准控制全流程、优化决策全要素，真正做到"生产无人化、管理智慧化"，有效联动产业链上下游，全面优化资源配置，打造浙江省智能家居领域制造应用示范工程。

作为中国厨电行业首个未来工厂，达到了显著的"降本增效"成果，产品质量提升至99%，生产效率提升45%，产品研制周期缩短48%，生产成本降低21%，运营成本下降15%。

老板厨房电器未来工厂建设主要包含以下几个方面的内容：

一是打造"九天"中枢数字平台，也是"未来工厂"中枢神经。一重天的基础建设、二重天的业务标准建设、三重天的数据标准建设、四重天的管理数字化建设，共同构筑了九天中枢数字平台的"基石"；五重天的制造数字化建设，主要体现为以未来工厂为载体的数字制造；六重天的研发数字化建设、七重天的营销数字化建设以及八重天的数字智能化建设，则构成了以用户为中心、数据为驱动的数字烹饪链；九重天以用户为核心，以数字驱动业务为基础，实现市场与用户零距离、研发与用户零距离、制造与用户零距离。

二是构建工业互联网平台，实现产业链上下游业务协同，全面整合老板电器上下游的各项业务环节，并将我们制造过程中的设备通过物联网技术连接到云端，把运营业务对象通过数字模型来表示，再通过数字模型来集成产品研发、生产、销售、物流到售后整个价值链过程中需要的工业应用，提升业务协同处理能力，同时对制造过程中的事件和指标进行综合监测和可视化展示，实现工厂事件的快速响应，并通过多维度分析和数据挖掘实现高效智能的决策和反馈。工业互联网平台为厨电制造领域构建了一套用数字化控制并管理资源、收集分析历史信息、基于数据分析结果进行业务决策和优化的技术和方法。

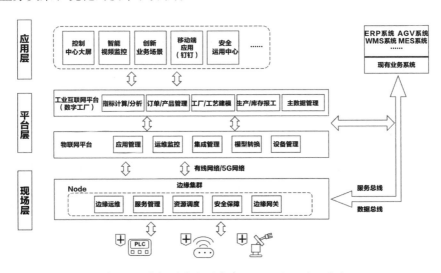

图11-2　老板厨房电器未来工厂工业互联网平台

三是物理工厂与虚拟工厂进行双向真实映射。通过虚拟现实、增强现实、建模与仿真等技术，虚拟车间对物理车间中的要素、行为、规则等多维元素进行建模，得到对应的几何模型、行为模型和规则模型等。物理车间与虚拟车间是实时交互的。在数字孪生车间运行过程中，物理车间的所有数据会被实时感知并传送给虚拟车间。虚拟车间根据实时数据对物理车间的运行状态进行仿真优化分析，并对物理车间进行实时的调控。通过物理车间与虚拟车间的实时交互，二者能够及时地掌握彼此的动态变化并实时地做出响应，使生产过程不断得到优化。

四是打造"老板工业指挥大脑"，融合企业全价值链数据环节，建立业务流图和数据流图，为管理者提供精准快速的数据呈现，通过业务与管理的深度融合，实现一站式工业"人""机""料""法""环"，实现多模态数据业务开发与管理应用，实现智慧管理、智能决策。

五是实现制造过程无人化。通过打造"老板工业指挥大脑"，结合物联网，将自动化设备、物流设备、仓库、人员、物料等生产要素有机结合在一起，以终端需求作为驱动，生产工单作为核心，将各业务模型在指挥大脑中进行自动计算，生成工作任务，自动指派给各生产要素，全过程数据自动流转，实现制造过程的无人化。

六是打造以"批"为核心的自动排产。通过分销/CRM（Customer Relationship Management，客户关系管理）平台实时获取终端订单数据、安装数据，根据各渠道品类预约安装量、实际安装量、各地区的库存情况，形成各品类需求生产数量；在计划端，将生产数量转化为以"批"为核心的生产计划、采购计划、物流计划；在制造端，将换模时间作为限制条件，自动形成每个工作日的生产工单，并上传至工业互联网平台进行生产的确认调度，同时采购配送根据工单计划进行实时拉动。实现厨电制造领域的"订单制"新模式。

第五节　探秘服装制造产业"未来工厂"

一、行业共性问题与需求

随着互联网技术的发展，消费者的购物习惯正在逐渐转向线上，后疫情时代等越来越多的因素影响着服装在线下门店的销售，使得本就增长乏力的服装制造行业更加雪上加霜。服装制造业的发展该何去何从？

在传统的以产定销模式下，服装制造需求预测通常基于品牌方主观经验，缺乏对于天气、社群、潮流等多维度数据的可见性和高阶分析，商家无法踏准"爆旺平滞"的市场节奏，导致商品研发的试错成本高，上市款式滞销带来巨大库存压力，销售收入因此大打折扣。工厂仅根据静态订单和工厂产能制订粗放式的生产计划，提前4—6个月组织生产，往往在夏季就开始生产羽绒服。这种模式缺乏柔性，无法有效而快速地响应变化频繁的时尚消费者市场需求，当市场环境发生变化时，要么出现爆款，产品准备不足，要么出现滞销，产品成为库存。

服装制造产业在智能制造方面的需求主要有三类：一是服装制造的需求预测。设备的智能化，主要指生产设备是否具有智能化的监测功能。二是服装制造过程的智能化。满足服装的一人一版、一衣一款的个性化需求，实现服装大规模的个性化定制。三是纺织服装生产供应链的智能化。共享平台和在线通信工具使制造商、供应商和零售商能够有效协作，提高预测准确性，并最大限度地缩短交付时间，直接影响产品的生产、销售、流通和售后等环节。

二、案例：阿里巴巴迅犀服装未来工厂

项目实施企业：阿里巴巴迅犀（杭州）数字科技有限公司，是阿里巴巴集团的全资子公司，是阿里巴巴集团"五新"新零售、新金融、新制造、新技术和新能源战略的重要组成部分，致力于打造全新的"制造大

脑"，实现规模化、数字化柔性生产的"云制造"。

阿里巴巴迅犀服装未来工厂瞄准传统服装产业，利用人工智能、大数据、云计算、IOT（Internet of Thing，物联网）能力打造全链路数字化、智慧化"制造大脑"，通过构建"消费互联网+智能制造"新型供需关系，依托阿里旗下众多电商平台，对服装消费新需求进行大数据分析，实现按需设计、快速制造、以销定产，缩短服装投放市场周期、降低全产业链库存成本，推动传统制造业向数字化转型升级，并成功通过世界经济论坛"灯塔工厂"的认证，成为服装行业上榜"灯塔工厂"的优秀科技型企业之一。

工厂打破订货周期长、依赖大批量集中生产降低成本等限制因素，适应了小批量、快速反应的个性化生产需求，助力淘宝中小商家、直播主播共享工厂，实现100件起订、最快7天交付。让中小型的服装生产企业可以专注做好自己擅长的品牌运营、款式设计，让淘宝平台上的主播专注于直播带货，让服装设计师专注于时尚设计。而供应链、生产端等技术含量较高、规模化要求较高的领域，由阿里巴巴迅犀服装未来工厂通过数字化、集约化的方式帮助商家完成，打造了需求和供给双轮驱动的"服务型制造业"新模式。

阿里巴巴迅犀服装未来工厂建设主要包含以下几个方面的内容：

一是云端智造模块，是按需驱动、数据赋能、全链路协同的"新制造"体系，通过物联网、高速通信和工业软件等技术，实现服装端到端价值链上的市场和消费需求、商家、产品研发、采购供应、生产制造、供应链、物流等核心资源数据和信息的互联互通，并基于人工智能处理海量信息，形成数据驱动的业务洞见以优化决策，最终赋能全链路快速响应、协同执行的按需定制交付旅程，满足消费者的个性化需求。

二是销售预测模块，基于来自淘宝、天猫等的大数据洞察，提高商家预测市场动向和未来需求的准确性。为了精准把握需求的精准度及上新的节奏，犀牛智造遴选舆情热点、社交资讯、平台大数据、市场趋势等因子，运用大数据、自然语言处理 (NLP)、图像识别、深度学习等技术构建预模型，发现尖货和潮流趋势，产生商品款式级的销售预测。

三是数字工艺地图模块，利用3D 模拟仿真实现数字化快速打样，联动供需双侧，缩短产品开发上市周期。将孤岛化的设计环节横向打通且云化，打造服装工艺数字化全生命周期管理。通过图像识别和深度算法，实现工艺单自动生成和系统自动校验，快速准确生成工艺单，指导工人作业，提高打样效率。

四是智能调度中枢模块，整合全域产供销计划信息，实现资源精准匹配，提高商品准交率的同时优化成本。全链路统筹计划链接商家需求、工艺要求、供应链备料、工厂产能等要素，融合大数据、运筹优化算法与多核仿真模拟，实现多工厂网络调度，达到供需精准匹配的目的。商家和工厂可以通过平台精准匹配，提高商品的准时交付水平。

五是资源数字化模块，包括对于全链路的人、机、料、法、环的全面数字云化，是计划和调度的前提。以分钟级精度预测某工厂某时间段的产能，这样才能非常精准地实现调度计划、按时完成生产，以代替传统依赖人工经验的模糊的概念性判断。精确的产能预测源于工人的技能效率数字化，包括工序、历史效率、学习曲线，方便数据工艺地图进行生产仿真。产线的排位系统也可以根据数字化的资源分解工序，通过对工序消耗时长的精准测算，决定是否需要合并工序才能达到产线平衡，这些都是资源数字化后的系统决策结果。

六是全域计划模块，是根据订单特性、工厂的产能、供应链备料等全要素，通过大数据的资源分析与匹配能力、运筹算法的资源调度及多核仿真计划模拟，实现多工厂网络调度。数字工艺地图联动供应链物料计划、生产计划等全域计划，实现最优的生产规模和生产计划决策，打造全链路、可视化、数字化的计划运筹体系。

七是集群供应链网络，即销售预测驱动的供给协同体系，实现物料端到端数字化管理，提高资源利用效率。为了适应高频换型的需求特性，传统工厂的各工段通过解构再重构，形成以柔性制造为中心的集群式供应链网络，即根据大数据销售预测市场需求，跟上游优质供应商形成需求拉动式备料，VMI（Vendor Managed Inventory，合作性策略模式）模式及时预警确保物料安全库存。物料到仓后，采用 RFID（Radio Frequency Identification，无线射频识别）跟进物料的全过程，实现物料自动出入仓及 AGV 自动配送，节省人力。

八是柔性智能工厂，柔性制造系统赋能快速换款和产线平衡，缩短生产周期，提高小批量生产效率。服装制造需求快速变化导致产线高频换产，而高频换产对生产效率的损耗非常大，这也是大工厂和小订单无法兼容的主要原因。基于自研柔性制造系统，驱动快速换款和智能产线平衡，提高产线的效率，缩短商品生产周期，为小批量个性化订单的生产交付提供全新解决方案。

第六节　探秘食品加工产业"未来工厂"

一、行业共性问题与需求

我国食品加工产业具有巨大的发展潜力，市场需求极大，也是重要的传统民生产业，现正处于转型升级阶段。绝大多数食品加工企业目前还处在数字化的早期阶段，生产现场车间的数字化程度普遍不高，条码、自动化、设备联网、看板、生产管控系统等普及率都不高，需要推动食品加工车间的智能制造，实现食品生产和食品企业管理的智能化，助力食品加工产业快速转型升级。

食品加工产业对智能制造的需求主要有：一是生产过程参数与追溯。随着食品行业的监管力度越来越大，食品对于追溯的要求越来越高，需要对涉及人、机、料、法、环、测等信息的全面采集关联，实现了产品从采购到生产到销售通路的全价值链数据回溯。二是生产过程的智能化。食品加工产业很多产线与车间离散化分布，整体自动化程度不高，需要人工大量干预工艺过程及搬运等操作，给产品稳定性、规范化带来挑战。三是质量管理与追溯。食品安全与质量控制是企业的安身立命之本，严格管控产品采购、加工、存储、销售的每道环节是最基本的需求，需要覆盖来料检验、库存检验、在制品检验、巡检、首尾件检、出货检验等环节，并可对不良品、不良原因进行统计分析，为供应链管理与生产管理提供保障。

二、案例：益海嘉里未来工厂

项目实施企业：浙江益海嘉里食品工业有限公司，隶属益海嘉里金龙鱼旗下，主要从事调和油、玉米油、葵花籽油、大豆油、橄榄油、芝麻油、油茶籽油、大米等粮油产品的生产加工。

益海嘉里未来工厂是益海嘉里集团打造的全球首个从原材料集采、农副产品精加工、个性化定制化配餐、现代化物流销售服务为一体的未来工厂项目。工厂实现了新技术、新工艺、新设备与制造业深度融合。在食用油生产中，油品精炼、灌装、包装、码垛等工序均由机械设备自主完成，实现粮油产能稳步提升。工厂为杭州、上海等地提供预制餐服务，同时也是杭州亚运会用餐定点单位之一，全线贯通后可实现提供12万份/天的制作能力。益海嘉里未来工厂是以安全化、绿色化、个性化、智能化和服务化为主要特征的平台型未来工厂。

益海嘉里未来工厂建设主要包含以下几个方面的内容：

一是生产运营智能化系统，通过数据模型建立库存优化、计划优化、产能画像、配方工艺优化、故障预测等分析模型，对设计、工艺、品质、生产过程等数据进行实时监控，并实现全面数据共享。实时获取和调整车间生产及设备运行情况，并集成采购、生产以及销售数据，拿出最佳方案去优化决策流程。

二是高级排产系统，通过强大的信息集成和计算能力，建立完善的工厂排产模型。当客户需求发生变化，高级排产系统就会依据订单实际需求快速灵活地使用不同策略下达生产计划、销售预测、制订采购计划，是妥妥的"最强大脑"。

三是智能生产，形成贯穿车间、连接部门的模式，车间排布自动生产线和自动包装线，整个生产线只有少量生产辅助人员，全过程实现自动化、数字化。贯穿车间，即从食用级PET颗粒变成食用油瓶，空油瓶排队由自动灌装机精准灌油，再进行贴标、压盖、装箱等工序，装好油的纸箱仔细封好，机械手臂简单归纳一下，发往仓库。

四是能源管理系统，通过对生产和设备定期进行运行分析评估，为企业提示节能减碳方向，为工厂设备管理、安全检测、节能降碳等问题提供智能决策。不同机器设备间配合默契，节省成本、提高能源利用率。

五是精益管理，通过工业大脑，工厂生产车间只需要几名工作人员，就能实现高效运作，年产食用油达30万吨。比如智能在线检测。工业相机从6个角度拍摄产品通过的瞬间，同步完成外瓶质量信息的分析，将歪盖、喷码重叠、标签缺失等瑕疵品进行自动剔除。

第七节 探秘化工新材料产业"未来工厂"

一、行业共性问题与需求

面对复杂多变的市场环境以及节能环保的主题，化工新材料产业面临着越来越严峻的生存环境。化工新材料产业具有生产连续性强、工艺参数变化多、物料变化复杂、质量管理复杂、设备管理繁杂等特点，部分化工企业工厂不但智能化水平低，而且设备管理难度大，缺乏工厂设备、生产等信息的有效监测，转型升级成为化工新材料产业的必经之路——加快数字化转型，打造化工行业智能制造标杆，促进研发设计、工艺优化、安全管理、节能环保等全链条效益提升。

化工新材料产业对智能制造的需求主要有：一是数字化研发体系的需求，推动化工新材料研发与中试管理数字化，缩短产品研发周期；二是生产装备智能化需求，应用反应控温、生产批量控制等专业装置控制智能化装备，提高生产过程的质量和生产效率；三是围绕订单建设的协同体系需求，开展从销售订单到资源计划、生产配方、批量管理、过程控制、风险管控、质量追溯等全流程智能制造新模式应用，实现订单排产、统计和追溯全流程智能化管理。

二、案例：巨石玻璃纤维未来工厂

项目实施企业：巨石集团有限公司，是中国建材股份有限公司（以下简称"中国建材"）玻璃纤维业务的核心企业，以玻璃纤维及制品的生产与销售为主营业务，是我国新材料行业进入资本市场早、企业规模大的上市公司之一，是全球玻璃纤维行业的领导者。

巨石玻璃纤维未来工厂，创新突破玻璃液通路燃烧控制成套装备等七大核心装备、玻纤成型智能控制等四大关键技术，通过工业大数据分析中心建设，实时采集生产线各类管控信息1218项，高效率处理超4万点位数据，与海关、银行等外部平台无缝衔接，与美国等5个生产基地信息互通，以全覆盖、全过程、全方位实现制造智能化、产销全球化、管控精准化、发展和谐化。不仅聚焦工厂内部数字化、智能化转型，还将未来工厂建设扩大到了外部，促进产业上下游协同发展。作为冠军型链主企业，中国巨石在未来工厂打通了生产制造与企业经营的数据链，通过高标准建设行业工业互联网平台，实现产品生命周期、生产经营的全领域的数字化管理；促进生态圈信息数据的流通，增强了玻纤全产业链协同创新与开发应用。

巨石玻璃纤维未来工厂的各项生产技术指标均位列行业世界第一，人均实物劳动生产率更是高于行业平均水平40%以上。在高性能玻璃配方、超大型池窑、绿能利用、绿色生产、智能制造等方面创新应用大数据、人工智能等先进技术，实现了100%的自主知识产权，并率先基本实现国产化。智能化生产模式生产效率提高了24%，生产成本降低了12%，能源利用率提高了21%，实现全覆盖、全过程、全方位的制造智能化、产销全球化、管控精准化、发展和谐化，经济效益、社会效益和环境效益显著。

巨石玻璃纤维未来工厂建设主要包含以下内容：

一是数字化设计，通过大数据赋能创新过程，构建"工程、运营、维护"三位一体的"数字孪生"系统，开展3D仿真技术在工程、研发领域的实践和应用，有效提升设计研发能力和集成创新能力。

二是智能化生产，利用数字化技术，把过去老师傅的经验及工艺知识写进软件，激活知识迭代更新的潜力，形成了更具活力的知识更新机制；通过智能制造转型质量控制方式，建立质控环节"能在线不线下""能机器不人工""能预警不检查"的新模式，大大降低了人的因素影响，产品良品率提升25%以上，产品缺陷识别准确性提升到95%以上。

三是网络化协同，通过实施"1+2+N"的信息化建设，即"1个平台、2个统一、N个集成"，全面打通生产制造与企业经营的数据链，高标准建设行业工业互联网平台，解决"自动化孤岛"现象，实现决策层、管理层、执行层、设备层、控制层等纵向全面贯通。

四是数字化管理，巨石玻璃纤维工业大数据中心覆盖整个集团生产运营监控平台，机联网率达98.6%，实时采集生产线各类管控信息1638项；通过对生产各工序的实时采集数据进行抽取、清洗、聚类、挖掘等处理，并通过各类图表、驾驶舱等方式，形象展示企业生产、运营的关键指标，并可以对异常关键指标开展预警分析和智能决策。

五是服务化延伸，利用工业互联网实现全要素、全产业链、全价值链的连接，现已连接了产业链企业近10家，促进了生态圈信息数据的流通，增加了企业间连接的广度，拓展了更深层次的供应关系和合作黏性，打造了更具竞争力的产业生态链。

☆ 第十二章 ☆

中小企业数字化转型的挑战与路径

新一代信息技术已经在深刻地影响着制造业企业的发展。在抗击新冠疫情后的复工复产阶段，人们突然感到数字化转型的紧迫性，因为要把供应链衔接起来，要把员工从外地接到厂里工作，要在非接触的情况下把各种商务活动正常开展起来。要解决这些问题就需要数字化转型，把数字、网络平台作为必要的工作环境、工作的工具，甚至是基础设施。

其实，不仅是因为这一次的疫情，在过去的很多年里，随着数字技术、信息技术的发展，数字红利已经对制造业形成了强大的冲击。人类社会已经进入了以数字生产力为主要标志的数字经济新阶段，数字化转型不但是引领企业走上创新发展道路的战略选择，更是决定企业能否在未来世界生存的必然选择。

那么，为什么要重点关注中小企业呢？这是因为，中小企业是我国经济社会发展的生力军，在国民经济中扮演着"56789"的重要角色（图12-1）。当下，数字化已然不再是大企业的"专利"，中小企业的数字化市场正在逐步释放。同时，全球各市场都面临着不同程度的人口红利缩减的问题，这意味着中小企业也走到了需要从原来粗放的堆人力、向数字化技术倾斜的提效之路。然而，在大型企业数字化能力迅速提升的同时，中小企业因为理念、技术、管理、资本等约束推进不畅、转型受困，正成为数字化转型大军中亟待"帮扶"的群体。在充满荆棘的道路面前，广大的中小企业更需要随着时代风向，争分夺秒地探索出一条纾困之路。

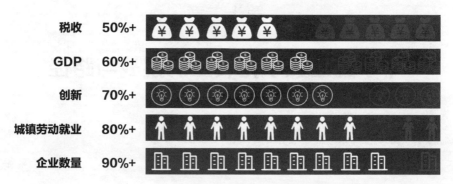

图12-1　中小企业对国民经济的贡献度

第一节　中小企业数字化转型面临的"三座大山"

推进中小企业数字化转型十分重要，但这条路想走通并不容易。对于大多数中小企业来说，数字化转型的第一步就倍受限制——数字化软件、硬件采购占据了企业相当大一部分的经营成本。业界总结了中小企业数字化转型的三大痛点：转型能力不够，"不会转"；转型成本偏高，"不能转"；转型阵痛期比较长，"不敢转"。成功的不容易学，失败的让人不敢往前走。

在认识方面，中小企业负责人对数字化的认识仍不充分，数字化转型与其说是一个技术问题，不如说是一个管理问题。除了软硬件部署外，还涉及企业组织管理、业务流程、企业文化等多维度，企业的数字化转型，既需要一把手认可和推动，也需要管理层和一线员工接受和参与。

在基础方面，中小企业数字化转型能力和基础不同，不同行业、不同地区、不同企业发展基础不平衡。就数字化转型较快的制造业来看，目前中小企业多处于工业2.0—2.5的阶段，呈现手工制造、半机械化、机械化、半自动化、自动化"五味杂陈"的局面。

在资金方面，数字化升级改造的投入成本高、投入产出不清晰、见效周期长，尤其是制造业中小企业，行业特点是物理的，而非数字的，改造成本较高，所以迫于成本压力不愿意在设备数字化改造中增加投入。

在人才方面，中小企业内部普遍没有专门的IT部门、CIO（Chief Information Officer，首席信息官）和信息技术专员。企业数字化改造是一个长期的过程，尤其是后期的运营和深化，对懂技术、懂业务、懂管理的复合型人才提出很高的需求。但是，目前这类人才严重紧缺，普遍集中在大企业、高科技企业中。

第二节　中小企业生产管理数字化的现状

一、企业生产管理数字化

企业生产管理数字化是中小企业数字化的重要方面，也是当前中小企业数字化转型中的薄弱环节。

1. 企业生产管理系统

企业生产管理系统是企业生产管理数字化的主要工具，指制造业企业为加强生产制造管理而采用的相关软件和系统，用以帮助企业在产品制造过程中实现全过程的追踪、控制、管理，促进生产管理流程的横向与纵向集成，从而提高生产效率、产品质量和管理水平。

专栏12-1：企业生产管理系统典型产品

---

1. 企业资源计划（ERP）

ERP系统将企业的财务、采购、生产、销售、库存等业务功能整合到一个信息管理平台上，从而实现经营决策管理信息化。主要面向经营管理和决策人员。

2. 制造执行系统（MES）

MES系统强调车间的过程集成、控制和监控，以及合理地配置和组织车间内相关资源，目的是提高车间对随机事件的快速响应和处置能力，同时促进数字化进程向车间层拓展。主要面向生产管理人员。

3. 产品全生命周期管理（PLM）

PLM系统对产品从创建到使用到最终报废的全生命周期的产品数据信息进行管理，包括产品数据在研发、生产、营销、采购、服务、维修等多个部门的应用。主要面向企业内相关部门及相关协作企业的研发与管理人员。

尽管ERP、MES、PLM等企业生产管理系统的产品定位和核心功能有着明显的差别，但是随着相关供应商对产品设计的迭代演进以及在项目实施中对上下游领域的渗透延伸，其界限正在不断模糊，各产品系统之间的相互对接、集成管理、融合应用已成为企业生产管理系统发展的主要趋势。

2. MES是企业生产管理数字化的核心

企业生产管理系统中的MES，覆盖了企业生产现场的关键环节，提供了包括资源配置与生产状态管理、工序详细调度、生产单元分配、生产过程管理、人力资源管理、质量管理、产品跟踪、性能分析、数据采集等在内的丰富功能，逐渐成为企业制造过程数字化集成的关键。

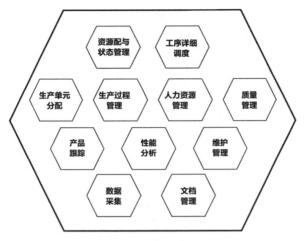

图12-2 MES的主要功能

MES提供了串联上层业务管理系统（如ERP）与底层设备控制系统（操作终端与设备）的可靠数据界面等，为企业营造了一个快速反应、有弹性、精细化的生产环境。

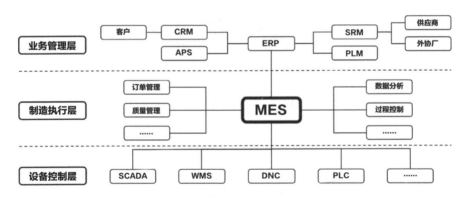

图12-3 MES在企业制造系统中的位置

二、中小企业生产管理数字化现状与需求

为了解中小企业生产管理数字化现状，本书编写组曾对浙江省1976家中小企业MES应用情况进行问卷调查，同时参阅了相关行业调查研究报

告。浙江作为全国民营经济大省和数字经济强省，其中小企业在MES应用方面取得的成效和遇到的问题具有一定的典型性。从调查结果来看，当前MES在浙江中小企业中覆盖率较低，在应用MES的中小企业当中，涉及的行业主要集中在离散型制造。

1. 应用比例较小。在接受问卷调查的1976家中小企业中，使用MES的中小企业仅占比3.2%（63家），大部分中小企业并没有布局MES。

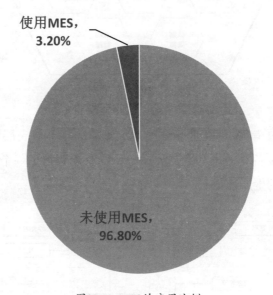

图12-4　MES的应用比例

2. 应用程度不深。在63家部署应用MES的中小企业中，同时满足出入库物料使用管理、质量追溯、计时计件、实时在线查看工厂运行情况的企业仅占4.8%。15.9%的中小企业能够同时实现其中三种功能，31.7%的企业能够同时实现其中两种功能，41.3%仅能实现其中一种功能，甚至有6.3%的企业虽然实施了MES，但没有实质性的应用。

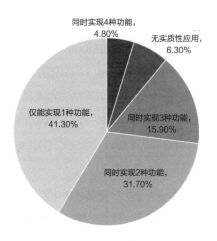

图12-5 MES的应用程度

3．离散型制造为主。在63家部署应用MES的中小企业中，主要涉及电气机械和器材制造业（8家）、通用设备制造业（8家）、纺织业（6家）、金属制品业（5家）、化学原料和化学制品制造业（5家）、计算机、通信和其他电子设备制造业（5家）、汽车制造业（5家）、非金属矿物制品业（3家）等行业，主要集中在离散型制造领域。

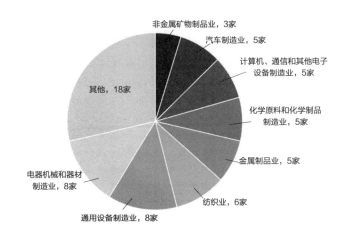

图12-6 MES应用的行业分布

通过对部分中小企业的走访调研来看，很多中小企业对数字化转型的目标是有一定认识的，对MES（Manufacturing Execution System，制造执行系统）能够给企业带来的价值提升也有一定的认识，只有少数企业对数字化转型持谨慎或保守的态度。根据我们的观察和总结发现，多数企业主要是在企业生产管理层面的基础资料管理、销售管理、采购管理、生产管理、仓库管理、质量管理等方面存在一些数字化转型的业务痛点和需求。

表 12-1　中小企业生产管理数字化的痛点和需求

管理维度	痛点	需求
基础资料管理	物料清单涉及的产品种类多，维护工作量大；图纸下发、回收不及时，且变更频繁；编码存在一致性问题，缺少标准的编码规则；工艺路线数据多，更新迟滞	需要提供强大易用的 BOM 管理功能，实现图纸在线化管理，统一物料编码规则，提供产品的工艺路线管理功能
销售管理	订单跟踪进度不透明，跨部门协作效率低，导致订单信息的反馈时间长、出现漏单现象、生产订单的交货期不明确等问题	需要能够追踪从销售订单接单开始到成品发货的全流程数据，销售人员通过系统的销售订单进度表能获取每一张订单对应的物料采购信息、产品生产进度、产品发货情况
采购管理	原材料的备货情况与订单的需求情况不能完全匹配，物料需求的计算效率低，采购计划的安排合理性较低	需要能够支持不同的齐套规则配置，支持安全库存管理功能，支持采购进度跟踪
生产管理	生产进度数据获取滞后，生产计划频繁变更，生产成本核算困难，外协物料收发管理松散，工资核算表单多，数据杂	需要通过车间的平板与一体机实现便捷的开工报工操作，提供工序委外管理功能，可通过订单产品的用料情况计算原材料价格
仓库管理	库存账物数据不准，库存成本居高不下，呆滞物料积压严重，先进先出管理困难，物料查找效率低，废料回收统计困难，对于库存数据缺乏分析能力	需要能够进行动态库存数据管理，对物料实施条码管理，支持安全库存设置，对需要物料启用批次管理与先进先出管理，对仓库进行仓库类别与库位的区分
质量管理	检验方案管理烦琐，质检过程无法监控，质检员的工作无法合理评估，缺乏有效的数据分析工具	需要能够支持多种检验方案维护，详细存储产品的生产履历，支持走动式检验

第三节　基于云MES服务中小企业数字化的模式与案例

一、基于云MES服务中小企业数字化的模式

在数字变革时代，相比传统MES，云MES具备"用得起""难度低""见效快"等特征，更加符合中小企业的实际情况，是推动中小企业数字化转型的最优解之一。

专栏12-2：云MES和传统MES的主要区别①

1. 成本投入不同

传统MES要单独配置服务器、数据库和现场工作站，投入很大，云MES不需要购买昂贵的硬件设备和软件授权，使用公共云提供商（如华为云、腾讯云、阿里云等）的全球数据中心中的广泛硬件和基础架构，企业只要有互联网就可随时随地访问MES系统，大大减少了硬件成本。

2. 使用范围不同

传统MES使用范围局限性大，它是部署在本地服务器或者单机上的，无法实现跨地域、跨平台、跨设备的生产管理，整体的生产效率低且相互间的配合非常有限。云MES部署在云端，实现了跨地域、跨平台、跨设备的生产管理，使多工厂/多生产车间场景下不用部署多系统软件，线下线上互联互通。

---

① eMES科技.浅谈云MES和传统MES区别［EB/OL］. https://mp.weixin.qq.com/s/KPuLiJkOo-O_OI1ihj WETw.

3. 交付周期不同

传统MES高度定制，缺乏统一标准，这就导致产品、技术无法在客户间复用，所以难以快速定制和升级，需要耗费一定的时间和精力。云MES是一整套完整的工厂信息解决方案，更加灵活和可扩展，可以根据企业需求进行快速定制和升级。

4. 后期维护不同

相对于传统MES来说，云MES不必投入服务器相关硬件费用，所以不用请专业的系统维护人员，维护上面几乎无须投入。

5. 系统收费不同

传统MES系统软件开发周期长、项目价格高，需公司投入大量资金，一般大企业才有基础和标准购置。而云MES选用了"微服务"等松散耦合的互联网分布式技术架构，促使定制的费用比传统开发要低很多。能够保证人性化按需、按年付费的模式，大大减少了生产制造企业使用系统软件的成本。所以云MES对中小制造企业来说非常适合，不需要投入过多开发时间与成本，节约硬件设施、人工维护成本，可随时随地访问MES系统。

1. 云MES的模式创新

云MES在平台化运营、组件化部署、专案化服务、订阅化使用等方面进行了模式创新，进一步推动了数据的存储、使用和分析。

（1）开发运营平台化。云MES是多种软件工具的综合应用集成，其研发创新、系统运维等过程涉及开发知识、数据资源非常广泛，以SaaS方式向用户提供服务。云MES利用平台化思维整合多方主体，将多学科领域的知识、技术和软件相关的信息整合到一个综合开发和维护平台中，通过数字化的形式收集、处理和分发数据，成为工厂的"数字孪生"，更高效地开展研发设计协同和运维管理协同，并承担工业互联网的许多快速连接集成功能，真正实现开放、可配置、易维护。

（2）架构部署组件化。云MES的部署模式从企业内部转向私有云、公有云以及混合云，软件架构从紧耦合转向松耦合，运行平台从以个人计算机为主走向支持多种移动操作系统。云架构平台与服务能大幅降低制造企业部署MES的成本，提高企业数字化应用效率。制造企业通过核心业务系统上云，打通信息孤岛，促进制造资源、数据等集成共享，实现人机制造一体化的制造过程优化，构建共享、柔性和易于扩展的环境，大幅提升企业综合效益。

（3）服务方式专案化。离散行业中有机械、电子、服装、汽车等不同细分领域，由于行业特性不同，导致制造业企业对软件产生差异化需求。云MES厂商基于十多年来对制造业企业数字化转型项目的实施理解和经验积累，借鉴国外先进管理模式和经验，通过在自身擅长的领域深耕细作，将行业知识封装、软件化，根据实时数据进行多元信息融合与智能辅助决策，为行业客户提供专业服务，帮助制造企业突破生产管理瓶颈，形成细分领域的独特优势。

（4）商业模式订阅化。传统买断式的交易模式正在被颠覆，以付费订阅模式为代表的新型交易模式正在逐步兴起。订阅模式是客户主权的商业模式，真正以客户为中心，云MES厂商通过客户长期的续费和增购来持续提升价值。一方面，订阅模式完成了从所有权到使用权的切换，让客户从购买产品的所有权转变为订阅产品的使用权。另一方面，订阅模式使软件功能提供方式更加灵活，可确保用户能够访问云MES软件的最新版本以及最新功能，用户能够更快、更轻松地采用变革性技术。

2. 云MES的双中台服务架构

云MES采用基于云计算服务的双中台架构，将数据处理和业务处理分割开来，提高了数据和业务的稳定性。由业务中台和数字中台构成的双中台，将业务、数据抽象和沉淀形成服务能力供前台调用，实现以数字化资产的形态构建企业核心差异化竞争力。

业务中台体现了面向服务的架构（SOA）理念的核心价值，通过下沉业务服务，将不同行业企业的需求从前台移至中台集中实现，将后台资源进行抽象包装整合，转化为前台友好的可重用共享的核心能力，实现了后端业务资源到前台易用能力的转化。随着新业务的不断接入，共享服务也从提供单一业务功能，逐步进化成更强大的服务功能，通过共享服务组合迅速响应新业务，不断适应各种业务线，减少了人员成本，而且业务中台上的服务可以快速进行复用，为迅速从一家企业复制到整个行业以及跨行业推广提供了可能。

数据中台从后台及业务中台将数据导入，完成海量数据的存储、计算、产品化包装过程，为前台基于数据的定制化创新和业务中台基于数据反馈的持续演进提供了强大支撑。企业可以根据管理需要直接进行数据的聚合和抽取，从而打破企业数据孤岛，实现数据的互联互通，同时开发应用程序编程接口（API），建立云MES与其他生产管理系统的对接，解决企业异构系统间数据同步困难的问题。数据中台可以统筹企业历年数据，通过大数据分析，为可持续发展战略制定、生产节奏分析、工时工价调整、设备效率优化、产线资源调度、制造工艺改进、质量问题追溯等经营管理决策提供科学的数据支撑。

3．云MES的关键技术

云MES集成了微服务技术、容器化技术、多租户技术、高可用技术等最新技术。

（1）高可用技术。采用分布式架构方案，提供两套及两套以上功能相同的服务，不同服务之间相互独立，可以相互进行状态监视和功能切换，最大限度减少服务中断给企业带来的损失；能够预防监测系统各项数据在存储和传输过程中遭到篡改，并在监测到完整性受损时进行数据恢复，保障服务的可用性、稳定性、持续性。

（2）微服务技术。围绕业务领域组件来创建服务，这些服务可以独立进行开发与管理，具备服务解耦独立更新、按需优化、灵活收缩扩展的优势，可以按需分配各服务的资源配额，以较低的硬件投入成本承载更多的用户数和并发数。每个服务高度自治，有自己的数据存储，独享的数据库、缓存、消息、队列等资源，有自己的运营平台甚至独享的运营人员，可根据性能需求独立地进行水平伸缩。

（3）容器化技术。在面向云原生的服务中，单体式架构拆分成越来越多细小的服务运行在各自容器中，采用容器化技术的云MES，可以在不同云平台之间无差别切换，提供无差别服务。容器化技术的优势主要体现在：一是敏捷环境，创建容器实例比创建虚拟机实例快得多，轻量级脚本从性能和大小等方面降低成本；二是提高生产力，通过移除跨服务依赖和冲突，提高开发者的生产力，每个容器可以独立升级、实时同步；三是运行环境可移植，容器封装了所有运行应用程序所必需的细节，使得镜像从一个环境移植到另外一个环境更加灵活；四是安全性高，容器之间的进程及基础设施是相互隔离的，一个容器的升级或者变化不会影响其他容器。

（4）多租户技术。采用多租户技术的云MES可以实现多个租户之间共享系统实例，同时又可以实现租户系统实例的个性化定制，保证系统共性的部分被共享，个性的部分被单独隔离。由于多个租户共享同一系统的核心代码，因此当系统升级时，只需要升级相同的核心代码即可。此外，通过在多个租户之间的资源复用，硬件本身的成本以及操作系统与相关软件的授权成本由多个租户一起分担，降低了企业的应用成本。

（5）安全支持技术。云MES无须企业额外配备IT设备，且拥有专业的运维管理团队提供容灾、备份、恢复、监控、迁移等在内的全套安全解决方案。通过主动防御与态势感知等技术，确保系统数据与用户数据的隔离，保证底层系统的安全。云MES以在线服务化的方式，提供安全、可靠的计算和数据处理能力，通过租户隔离，降低数据泄密风险，提升数据安全性。

二、不同行业中小企业云MES应用特点和成效

本章主要聚焦离散型制造行业，重点选择金属制品行业、汽车零部件

行业、阀门行业等云MES应用相对较广的行业作为研究对象。

1. 金属制品行业。以浙江省长兴县为样板地区，据调查，该地区金属制品行业中小企业数字化基础普遍较差，企业最重要的生产制造环节基本没有实现数字化管理。在数字化转型意愿方面，大部分企业对数字化转型的认知还不够深刻，且因规模小、抗风险能力弱等原因，这些企业的数字化转型意愿较为薄弱。针对金属制品行业制造工艺复杂、工艺路线冗杂等特点及行业共性问题，云MES进行了车间一体化便捷报工、工价信息维护、成本损耗分析等专案化改造。据统计，在金属制品行业使用云MES的中小企业当中，85%的企业在生产管理模块应用成效明显，80%的企业在仓库管理模块应用成效明显，75%的企业在采购管理模块应用成效明显，75%的企业在销售管理模块应用成效明显。金属制品行业应用云MES后，企业月均采购成本下降30余万元，订单准交率提升至98%以上，物料周转率提升20%左右，人均生产效率提高30%左右，年流动资金增加300万元左右。

2. 汽车零部件行业。以浙江省新昌县为样板地区，据调查，该地区拥有汽车零部件企业50余家，中小企业占比92%以上，其中约有30%的中小企业曾经或正在使用ERP、进销存等系统软件，40%以上的企业希望在生产环节开展数字转型，切实提升企业竞争力，仅有10%左右的企业对数字化转型持谨慎保守态度。该地区84%以上的汽车零部件企业是为大企业做配套服务的，以零件加工或者半成品加工为主，具有按单生产、单件定制、小批量生产、生产计划变动大等生产特点。云MES针对其生产特点进行了专案化改造，对生产过程中的报工数据进行采集，在应对急单、插单时，能更快速、更灵活地调整生产计划、调度生产资源。据统计，在汽车零部件行业使用云MES的中小企业当中，分别有90%、88%、83%、81%、65%的企业在生产管理模块、仓库管理模块、采购管理模块、销售管理模块、质量管理模块应用成效明显。在应用云MES后，企业月均采购成本下降40余万元，订单准交率提升至95%以上，存货核算准确率提升至98%以上，库存成本节省200万元左右，人均生产效率提高40%以上，产品良率提升10%左右。

3. 阀门行业。以浙江省永嘉县为样板地区，据调查，该地区阀门企业90%以上没有通过数据管理驱动业务发展，生产管理对数据利用率整体偏低。部分企业逐渐意识到数字化转型对企业持续发展的重要性，开始与传统ERP、MES等服务商洽谈合作，但由于规模小、资金短缺等问题，这些企业纷纷表示转型压力太大。该地区阀门行业以小批量定制化为主，定制化程度高，尺寸、材质、承受压力等参数要求各不相同，基础资料十分繁杂。针对阀门行业的难点问题，云MES进行了基础资料智能梳理、物料清单（BOM）自动归档等专案化改造。据统计，在阀门行业使用云MES的中小企业当中，90%的企业在生产管理模块应用成效明显，85%的企业在仓库管理模块应用成效明显，80%的企业在销售管理模块与质量管理模块应用成效明显，75%的企业在采购管理模块应用成效明显。在应用云MES后，企业月均采购成本下降30余万元，订单准交率提升至98%以上，存货核算准确率提升至95%以上，库存成本节省400万元左右，人均生产效率提高30%以上，产品良率提升8%左右。

第四节　中小企业数字化转型的建议

中小企业数字化转型是数字技术与实体经济深度融合的重要体现，也是产业数字化转型的重点和难点，事关数字经济持续健康发展。加快中小企业数字化转型，需要创新推进思路和路径，激发其内生转型动力，加强转型辅导，提供可负担的、适合的产品和服务，发挥产业链龙头企业带动作用，走出一条适合中小企业自身发展特点的转型道路[①]。

---

① 陆峰. 中小企业数字化转型：困境、破解思路与建议［EB/OL］. https://mp.weixin. qq.com/s/qFoF91gJrBiJqiWEpK2mcQ.

一、加强管理人才培训，提升数字化转型的内生动力

企业高层管理人才对数字化转型的认知和态度，决定了企业数字化转型的方向和深度，尤其是企业，一把手对数字化转型认识的高度和深度，关系到数字化转型的成败。中小企业数字化转型过程中，尤其是加强企业高层管理人才的培训，提高其对数字化转型的认知，培育高层管理人才数字素养，激发其内在能动性。通过企业管理人才培训班或研修班、标杆企业实地考察、行业交流研讨会、试点示范经验交流现场会、数字化转型案例集等多种方式，提高企业管理人才尤其是企业一把手，对经济社会运行方式、技术发展趋势、行业发展动向、社会消费需求等变化的洞察和感知能力，拓展中小企业企业家的眼界和格局，让企业管理人才保持与时俱进、勇于变革的精神状态，激发企业家们变革创新的内在动力。

二、开展数字化转型诊断，明晰转型路径和方法指导

中小企业因自身专业技术人才能力等受限，对企业数字化转型认知、推进方式等存在一定的局限性。要充分发挥数字化转型第三方服务机构的专业优势，帮助中小企业开展数字化转型诊断服务，帮助中小企业降低数字化转型过程中的盲目性和不确定性。开展中小企业数字化转型诊断，在企业战略规划、组织变革、业务创新、产业链协同、平台搭建、系统互联、应用创新、资源共享、安全保障等方面，全面帮助企业进行把脉诊断，依据企业行业属性、数字发展阶段，以及企业自身技术、资金、人才等资源禀赋和条件方面，为中小企业"一企一策"量身定做符合自身发展实际的数字化转型路径和方案。

三、创新数字化供给模式，提供合适的技术产品服务

昂贵的数字技术产品和信息服务，让很多中小企业面对数字化转型时展现出一副可望而不可即、无能为力的状态。中小企业数字化转型，不能

照抄照搬大型企业"奢侈型""豪赌型"转型路径，需要依据中小企业技术、资金、人才等的条件以及业务经营特点，为中小企业数字化转型量身定制满足需求、可负担的技术产品服务。创新中小企业数字化供给模式，积极在云服务、网络接入、电子商务、工业软件、数控机床、数字仪器仪表等数字软硬件产品和信息服务，以及大数据、人工智能、元宇宙等应用方面提供方便快捷、可负担的技术产品，比如前面我们讲到的云MES，就是一种适合中小企业进行数字化转型的产品。

四、发挥龙头企业带动作用，协同推进中小企业转型

龙头企业、链主企业在推动大中小企业融通发展中发挥着十分重要的作用，中小企业的数字化转型要跟产业链上下游的龙头企业联动起来，加快推进相关环节的数字化建设，这样才能更好地发挥成效。要发挥龙头企业产业链协同作用，就要积极利用工业互联网平台建设、供应链协同、网络协同制造、产业生态打造等途径，以信息互通、资源共享、能力协同等为抓手，带动中小企业相关环节数字化建设，助力中小企业加快实现数字化转型。

第四篇

潮往何去：工业文明的未来展望

尽管世界已经翻开了数字文明新篇章,但是工业作为提供物质支撑的重要单元,仍将继续演进发展。在更多的场景中,数字技术并不能独立承担使命,而是作为赋能单元存在,需要与其他单元融合后,才能释放真正的价值。

在以数字技术为代表的新技术的推动下,工业化发展模式和发展格局,也必将重塑。未来永远是不确定的,这也为时代中的每个人提供了创造颠覆性价值的可能性。

站在现在看未来,工业有两条发展主线是非常确定且清晰的,一条是数字化,一条是绿色化,两者都将重塑工业化的底层逻辑。面对前所未有的外部环境变化和新技术发展机遇,中国的实业家们该如何抉择?守成抑或激进?乐观者赢得未来,悲观者赢得现在。

当前,我国已经全面开启了中国式现代化的新征程。中国的"工业人",经历了激荡四十年的洗礼,取得了令世人瞩目的成绩。下一个四十年,继续拥抱时代机遇,奋楫前行,开创新时期新型工业化的伟大新征程,是我们敬畏这个新的伟大时代的共同抉择。

☆ 第十三章 ☆

工业元宇宙：颠覆工业发展的一场革命

数十年来，人们一直依靠鼠标和键盘实现与计算机交互。如今，虚拟现实技术正在颠覆人类与世界的互动方式，元宇宙这个面向未来的新型数字空间，开始从概念走向现实，正逐步渗透到越来越多的领域，而工业作为国民经济的主体，被视为元宇宙实现爆发应用的重要领域。本章将为大家阐述工业元宇宙的概念内涵、体系架构、应用场景以及问题与挑战，方便读者更清晰地认识工业元宇宙的前世今生。

第一节　如何理解工业元宇宙

工业元宇宙是元宇宙在工业领域的落地实践，因此对"元宇宙"的追本溯源成为探讨工业元宇宙绕不开的话题。2021年被称为元宇宙元年，但"冰冻三尺，非一日之寒"，元宇宙概念的提出和内涵的升华是一个漫长的过程，是人类在不断追求极致体验的过程中对技术提出更高要求的必然产物。

一、"元宇宙"一词的历史由来

弗诺·文奇（Vernor Steffen Vinge）在1981年出版的小说《真名实姓》中，创造性地构思了一个通过脑机接口进入并获得感官体验的虚拟世界。另一方面，采用元叙事创作手段的文学作品，其出现的历史距今远不止半个世纪。塞万提斯·萨维德拉（Miguel de Cervantes Saavedra）创作于17世纪的《堂吉诃德》也讲述了虚拟的角色想要打破边界，混淆现实与虚拟的故事，体现了"两个世界"交互重叠的思想。

有一点可以明确的是，"元宇宙"一词最早出现在尼尔·斯蒂芬森（Neal Stephenson）1992年出版的科幻小说《雪崩》中，其中提出了"Metaverse"一词，人们普遍认为其是"元宇宙"的概念雏形，Metaverse一词由前缀Meta（意为超越、元）和词根Verse（源于universe，意为宇宙）组成，直译就是"元宇宙"，是建立在网络、算力和算法之上的，与现实世界平行、相互影响并且始终在线的数字虚拟世界，可以看作现实世界的延伸。根据《雪崩》的设定，人们可在元宇宙中完成生活、娱乐、工作等活动。在其后的接近30年间，元宇宙的概念在《黑客帝国》《安德的游戏》《头号玩家》《失控玩家》《西部世界》等影视作品中不断出现，元宇宙的思想实现了更加广泛的传播。

现阶段，关于元宇宙尚缺乏权威定义，但我们能够从一些特定的角度对其进行定性的描述。从时空性来看，元宇宙是一个空间维度上虚拟而时间维度上真实的数字世界；从原生性来看，元宇宙中既有现实世界的数字化复制物，也有虚拟世界的创造物；从独立性来看，元宇宙是一个与外部真实世界既紧密相连，又高度独立的平行空间；从连接性来看，元宇宙是一个把网络、硬件终端和用户囊括进来的、永续的、广覆盖的虚拟现实系统；从支撑性看，人工智能、先进技术、先进网络、扩展现实等新一代信息技术及衍生应用都能够被纳入泛元宇宙的范畴。

数智时代：赢在智能制造

专栏13-1：国内外科技巨头、企业家、知名学者对"元宇宙"的表述

国内外科技巨头、企业家、知名学者对"元宇宙"的理解认知主要有五类：

一是认为元宇宙是下一代互联网，例如Meta首席执行官扎克伯格认为，元宇宙是更好体验版本的互联网。

二是认为元宇宙是新型互联网应用，例如清华大学研究团队提到，元宇宙是整合多种新技术而产生的新型虚实相融的互联网应用和社会形态。

三是认为元宇宙是数字经济的新形态，例如南京大学钱志新教授提出，元宇宙是数字技术的大集成，是数字经济的高形态元宇宙。

四是认为元宇宙是数字化手段构建的3D空间，例如英伟达创始人黄仁勋提出，现实世界和元宇宙是相连接的，元宇宙是数个共享的虚拟3D世界。

五是认为元宇宙是一种体验，例如杜比实验室首席执行官凯文·叶曼认为元宇宙是一种视听体验。

[数据来源：中国信息通信研究院、工业互联网产业联盟（AII），《工业元宇宙白皮书》]

2021年3月，美国Roblox公司首次将"元宇宙"写进招股说明书，引发了社会各界的关注，Roblox也因此被称为"元宇宙第一股"，在Roblox的元宇宙定义中包含八大要素：身份、朋友、沉浸感、低延迟、多元化、随时随地、经济系统和文明。随后，脸书（Facebook）、微软、英伟达、腾讯、字节跳动、百度等巨头纷纷抢滩布局元宇宙，其中互联网社交巨头Facebook的转型尤为激进，公司在当年正式更名为Meta，并确定将在未来几年转型成为元宇宙公司，因为这一系列事件，2021年也被称为"元宇宙元年"。

随着元宇宙热潮的爆发，中美日韩等世界主要经济体纷纷开始布局元宇宙赛道。从产业及政策布局来看，各经济体存在明显的分化。美国重视元宇宙产业基础技术研发，尤其在底层架构方面，整体领先水平较高。欧盟强调数据安全，出台一系列政策、提案以强化数字领域的监管力度。日本有丰富的ACG（Animation Comic Game，动画漫画游戏）产业基础，元宇宙应用已逐步由娱乐向其他场景延展。韩国政府高度重视元宇宙产业发展，应用场景主要由"偶像经济"驱动，并在"虚拟数字人"上有一定的技术领先。

在国内，元宇宙产业也获得了广泛的关注。总体而言，我国政府的政策态度相对理性积极，要求元宇宙在监管下有序发展。2021年12月，中央纪委国家监委网站发布《元宇宙如何改写人类社会生活》，提出要理性看待元宇宙带来的新一轮技术革命对社会的影响，不低估5—10年的机会，也不高估1—2年的演进变化。截至目前，我国已有超过40个省、市、县（市、区）相继发布元宇宙方面的产业发展规划或方案。技术方面，中国目前在底层技术上仍处于跟随与追赶的态势，但是得益于强大的基建能力及人口规模优势，后续有望在5G等后端基建、人工智能、内容与场景方面爆发出巨大的增长潜力。应用方面，以腾讯、字节跳动、华为、阿里巴巴等为代表的巨头整合业务优势迅速布局，以米哈游、莉莉丝等为代表的游戏企业升维游戏场景靠近虚拟世界。此外，目前已有众多公司或机构入局虚拟数字人，如入学清华的首个AI虚拟学生"华智冰"、阿里的AYAYI、抖音UP主柳夜熙等。

一、美国：企业驱动为主，聚焦布局核心技术

美国的元宇宙产业布局以企业驱动为主。美国政府尚未专门出台支持元宇宙发展的产业政策，但美国科技企业对于元宇宙核心技术布局较早，在硬件入口及操作系统、后端基建、人工智能、底层架构等方面形成一定的技术壁垒。

硬件入口方面，全球行业呈现向头部集中的趋势，2022第一季度Meta旗下的Oculus市场份额占全球VR（Virtual Reality，虚拟现实）头显出货量的90%，较2021年同期上涨15个百分点，较2020年上涨56个百分点；英伟达在图像处理芯片领域具有绝对的话语权与主导权，根据投资银行摩根大通预测，英伟达在人工智能市场中占据高达60%的份额。后端基建方面，美国在云计算领域占有主导地位，Amazon、微软、Google、IBM等科技巨头在云计算领域的市场占有率居全球前列。以Amazon为例，目前全球90%以上大型游戏公司依托Amazon云在线托管。人工智能方面，Google、Facebook、亚马逊、微软等科技巨头纷纷布局基础算法框架，开发出PyTorch、TensorFlow、MXNet、CNTK、Caffe等一批市场份额领先的主流人工智能算法框架。底层架构方面，Unity开发的游戏引擎、Epic Games的虚幻引擎、英伟达的Omniverse等，为元宇宙世界创作者提供了强大的创作工具，不仅应用于游戏、影视等领域，在工业化和自动化生产领域也得到了广泛的应用。

二、欧洲：欧盟整体持谨慎态度，领军国家率先布局产业

欧洲对元宇宙的政策态度或相对谨慎。目前，欧洲尚未出台

促进元宇宙发展的产业政策。与此同时，近年欧洲在数字领域的监管力度不断强化。2022年陆续通过的《数字服务法案》《数字市场法案》强调数据安全、保护用户隐私和用户选择权、强化反垄断打击等。2023年4月21日，欧洲议会表决通过一部全面规范加密资产市场的法案《加密资产市场法规》。根据该法案，加密资产服务供应商有义务保护顾客的数字钱包安全，如果导致投资者加密资产损失，需承担责任。该法案预计自2024年7月起在全欧盟范围内逐步推广实施。

法国是欧洲的重要国家之一，充分发挥其既有产业优势推动元宇宙领域布局。奢侈品业作为法国的标志性产业率先出击。2022年3月，LVMH集团（酩悦·轩尼诗-路易·威登集团）发布了自己在元宇宙中的虚拟形象大使。开云集团旗下的巴黎世家发布了使用虚拟模特展示时装的宣传片。

三、日本：ACG产业积累深厚，IP资源丰富

日本对元宇宙产业的布局相对积极。2021年7月，日本经济产业省发布了《关于虚拟空间行业未来可能性与课题的调查报告》，归纳了日本虚拟空间行业亟须解决的问题，提出政府应着重防范和解决"虚拟空间"的法律问题，对跨国、跨平台业务法律适用条款加以完善；政府应与业内人士制定行业标准和指导方针，并向全球输出行业规范。

以索尼为代表的日本企业在元宇宙方向的技术布局主要围绕VR硬件设备及游戏生态展开，充分发挥其本土IP和虚拟形象的流量优势，并从娱乐等应用场景向外延伸。目前，日本企业已经将相应的技术应用在演出、会议等领域，如Cluster主打VR虚拟场景多人聚会，用户可以自由创作3D虚拟分身和虚拟场景，嘉宾

可以在房间内连麦发言、登台演讲、播放幻灯片或视频，而普通观众则以发表文字评论、表情和使用虚拟物品来进行互动；日本VR开发商Hassil公司正式宣布其最新元宇宙平台Mechaverse，该平台无须注册即可通过浏览器访问，商务用户可在此平台上快速举办发布会。唱片公司Avex通过投资WaveXR并与其合作2021年Justin Bieber虚拟演唱会而获得成功。

四、韩国：多主体驱动，政策规划与产业发展并进

韩国表现出对元宇宙强烈的紧迫感，已出现政企合作共同布局该领域的热潮。2021年5月，韩国科学技术和信息通信部发起成立了包括韩国电子通信研究院、韩国移动产业联合会、SK电讯、现代汽车、韩国移动互联网商业协会等200多家公司和机构的"元宇宙联盟"，合作进行元宇宙层面的道德与文化实践，分享技术趋势及见解，并启动联合开发项目。2021年7月，韩国公布《数字新政2.0》，推出数字内容产业培育支援计划，共投资2024亿韩元，其中XR（Extended Reality，扩展现实）内容开发支援473亿韩元、数字内容开发支援156亿韩元、XR内容产业基础建造231亿韩元。2021年11月，首尔市政府制定了全球第一个中长期元宇宙政策文件"元宇宙首尔基本计划（Basic Plan for Metaverse Seoul）"，宣布建立名为"元宇宙首尔"的元宇宙平台。

以三星、LG、SK Telecom为代表的韩国大型集团在"虚拟数字人"等方向形成一定技术优势。2020年，三星旗下创新实验室STAR Labs独立开发的Artificial Human项目NEON在CES2020上正式展出，NEON能够在对人物原始声音、表情等数据进行捕捉并学习之后，像真人一样快速响应对话、做出真实的表情神态。SK

Telecom开发基于AR（Augmented Reality，增强现实）的App，用户可以设计自己的AR形象并放在现实场景中拍摄照片、视频。同时，该公司还与众多K-POP明星联名推出明星AR形象，让用户与偶像随时随地合影留念。在泛娱乐领域，韩国涌现出多个虚拟人开发初创企业，如Sidus-X率先推出Rozy等虚拟模特以代替真人代言广告，Pulse9推出虚拟女团进军虚拟偶像市场。Snow推出的ZEPETO社交类产品，目前拥有2亿名使用者。2020年9月，ZEPETO上举行了韩国偶像"BLACKPINK"的虚拟签名会，超过4000万人参加。

（数据来源：网络公开渠道，笔者整理）

随着全球政、企在元宇宙赛道的发力，元宇宙的概念逐渐渗透到办公、电商、金融、教育等领域，每个行业都有可能在元宇宙中找到新机遇，其中就包括面向工业的元宇宙。

二、"工业元宇宙"的概念与内涵

工业是最主要的物质生产部门，为居民生活、各行业的经济活动提供物质产品。同时，工业也是研发投入最多、技术创新最活跃、辐射带动力最强的产业部门。成功跨越"中等收入陷阱"进入发达经济体行列的国家和地区有一个普遍特征，就是在工业化发展的后期阶段依然保持了较高比重的制造业，这足以说明实现工业健康发展对一国的重要性。在国际竞争激烈的当下，借助数字经济的赋能作用实现工业发展的新突破成为时代之需。

在此情境下，工业元宇宙恰好契合了这一需求，与消费场景下超现实的内容创造和用户体验感相比，工业元宇宙构建的场景和对象是一个确切的物理系统，所要解决的问题、组织关系和任务都是明确的。得益于工业领域的坚实技术基础和明确的工业场景，未来工业元宇宙将可能是元宇宙优先落地应用的方向。工业元宇宙因此成为众多利益主体争夺明日世界话语权的重要阵地，关于工业元宇宙概念的探讨将愈发丰富。

中国工程院院士李伯虎认为，工业元宇宙有三重内涵：

一是虚实共生、综合集成的新型工业数字空间。它是工业现实物理空间与其虚拟平行空间的合集，是对工业实体生产过程的数字化映射和模拟，也构建了新型数字化应用环境。

二是虚实协同、全沉浸式的新型工业智慧互联网系统。工业互联网中的新型数字化工业系统、人与机器、机器与机器、机器实体与数字虚拟体的全面智慧互联和互操作，使工业互联网中实体空间向虚体空间延伸、时空一致向预测性时间延伸和价值延伸。

三是数字经济与实体经济融合发展的新型载体。它可以对工业过程和场景的虚拟空间进行全面部署，达到"虚实映射、虚实交互、虚实融合、以虚强实、以虚促实"的目的，还可以促进"数实"融合的工业高质量发展。

综上所述，为了便于读者的理解，我们对元宇宙与工业元宇宙的内涵与价值做如下描述：元宇宙是映射现实世界的在线虚拟世界，可以实现对现实世界的空间延伸、时间延伸和价值延伸。工业元宇宙是元宇宙在工业领域的落地与拓展，是将现实工业环境中研发设计、生产制造、营销销售、售后服务等环节和场景在虚拟空间进行全面部署，并通过打通虚拟空间和现实空间，实现工业的改进和优化，从而构建全新的制造和服务体系。工业元宇宙应用场景十分丰富，技术和产业处于孕育孵化阶段，未来具有极高的成长性。

表 13-1　关于工业元宇宙概念的表述

序号	研究机构 / 企业	相关表述
1	中国信息通信研究院、工业互联网产业联盟（AII），《工业元宇宙白皮书》	工业元宇宙是元宇宙的重要应用领域，是以扩展现实、数字孪生、内容生成等为代表的新一代信息通信技术与实体工业经济深度融合的新型工业生态
2	中国信息通信研究院工业互联网与物联网研究所技术研究部副主任池程，《工业元宇宙——工业发展的新变革》	工业元宇宙是元宇宙的重要应用领域，是基于元宇宙的核心基础设施和应用服务理念构建出的服务于工业经济的新型工业运行体系
3	赛迪顾问智能制造产业研究中心，徐迎雪、张凌燕，《工业元宇宙——展望智能制造的未来形态》	工业元宇宙即元宇宙相关技术在工业领域的应用，将现实工业环境中研发设计、生产制造、营销销售、售后服务等环节和场景在虚拟空间实现全面部署，通过打通虚拟空间和现实空间实现工业的改进和优化，形成全新的制造和服务体系，达到降低成本、提高生产效率、高效协同的效果，促进工业高质量发展
4	德勤，《工业元宇宙在能源及汽车行业应用示例》	工业元宇宙是以工业产品为核心，构建围绕产品全生命周期管理为目标的元宇宙解决方案，工业元宇宙的典型行业包括能源、汽车、装备制造、医疗器械等
5	德勤，《元宇宙综观——愿景、技术和应对》	基于工业互联网支撑体系形成的工业元宇宙，是工业元宇宙技术与工业经济深度融合的新型应用模式和工业生态，通过打造与现实工业经济映射和交互的虚拟世界，构建起工业产品全生命周期的虚实共生、企业和消费者智能高效闭环下的全息智能制造、智能经济体系。简单来说，工业元宇宙就是元宇宙与工业的融合，使现实的物理世界和虚拟的数字世界紧密结合
6	沙利文、头豹研究院、Unity、腾讯云，《2022年元宇宙系列白皮书：中国工业元宇宙发展洞见》	工业元宇宙即将元宇宙相关技术应用在工业领域，在虚拟世界中对现实工业环境进行全面模拟，通过融合虚拟世界和现实世界，实现工业的改进与优化，达到降本增效的效果，最大化地提高生产效率

续表

序号	研究机构/企业	相关表述
7	亿欧智库,《2022中国工业元宇宙产业研究报告》	工业元宇宙是工业元宇宙技术与工业经济深度融合的新型基础设施、应用模式和工业生态,通过打造与现实工业经济映射和交互的虚拟世界,构建起工业产品全生命周期的虚实共生、企业和消费者智能高效闭环下的全息智能制造、智能经济体系,推动工业互联网走向更有效落地、更虚实融合的阶段
8	北京金山顶尖科技股份有限公司元宇宙研究院院长李正海,《工业元宇宙白皮书(2022年)》	如果把元宇宙看成虚拟、现实、人与人的思想相结合的世界,那么工业元宇宙是元宇宙的一部分。如果把元宇宙看成一种概念、一种技术,那么工业元宇宙可以理解成元宇宙概念、技术在工业中的应用,元宇宙赋能工业,促进工业改进、创新,乃至革命
9	北京中祥英科技有限公司,王洪、肖铭、蔡璨、黄庄勤、刘楠,《中国元宇宙发展报告(2022)·工业制造中元宇宙的应用与发展》	工业元宇宙是元宇宙技术在工业领域的运用,是工业制造领域发展的新趋势,能够在虚拟环境中完成研发设计、生产制造、营销销售和售后服务等环节,打通虚拟和现实的空间
10	杭州灵伴科技联合创始人,向文杰	工业元宇宙是以数字孪生为代表的信息通信技术与实体工业经济深度融合的新型工业生态,通过对复杂工业场景的全域感知、孪生建模和深度仿真,形成人机协同、虚实互控、数字融合的全新生产模式,更好赋能产业链、价值链、生态链升级重构

(数据来源:网络公开渠道,笔者整理)

三、工业元宇宙与数字孪生、工业互联网的联系

数字孪生是与工业元宇宙最容易发生混淆的概念之一。美国密歇根大学教授迈克尔·格里弗斯(Michael Grieves)在2002年首次提出"数字孪生"的概念:通过感知一个物理设备的数据,可以在虚拟信息空间构建一个表征该物理设备的虚拟实体和子系统,这种联系不是单向和静态的,而是在整个产品的生命周期中都存在的双向联系。2010年,美国航空航天

局发布的报告《建模、仿真、信息技术和处理路线图》正式提出"数字孪生"概念。美国航空航天学会专家将数字孪生技术定义为：模拟单个物理资产或一组物理资产的结构、背景和行为的一组虚拟信息构造，在其整个生命周期中使用来自物理孪生的数据进行动态更新，并为实现价值提供决策所需的信息。李伯虎院士为工业数字孪生的定义提供了更多细节：工业数字孪生是工业系统的数字化镜像，通过多学科、多物理量、多尺度、大概率的仿真，反映相对应的工业实体系统的全生命周期过程，是产品、产线、产业链仿真、预测、优化、执行的重要技术手段。

国务院发展研究中心分析员唐乾琛认为，工业元宇宙的实现路径可以看作数字孪生技术与交互技术的结合，在数字孪生技术的基础上，加以AR/VR/MR（Mixed Reality，混合现实）等技术，有望实现真实世界与虚拟信息空间的结合。赛迪顾问智能制造产业研究中心的研究人员徐迎雪和张凌燕认为，工业元宇宙与"数字孪生"的区别在于，工业元宇宙比数字孪生更具广阔的想象力，工业元宇宙所反映的虚拟世界不止有现实世界的映射，还具有现实世界中尚未实现甚至无法实现的体验与交互。李伯虎院士强调，工业数字孪生为工业元宇宙虚实交互、虚实协同提供技术支撑，工业元宇宙则催生数字孪生向沉浸式、交互式、智能化拓展，工业元宇宙虚实融合、推进新数字孪生人机共融、以虚促实、以虚强实。

工业元宇宙在工业互联网基础上实现了更高水平的工业数字化。亿欧智库指出，工业互联网是新一代信息通信技术与工业经济深度融合的新型基础设施、应用模式和工业生态，通过对人、机、物、系统等的全面连接，构建起覆盖全产业链、全价值链的全新制造和服务体系，为工业乃至产业数字化、网络化、智能化发展提供了实现途径，是第四次工业革命的重要基石。与工业互联网相比，工业元宇宙需要的底层技术范畴更广（如对于网络和算力的要求更高、需要对数字资产和数字身份的支持）、场景应用更强调虚实融合，对于人机交互、先进算力和先进网络等支撑性技术的要求更高了。近年来，5G商用网络大规模铺开，"人工智能+云计算"应用全面爆发，虚拟现实产品技术不断迭代更新，为工业元宇宙落地实施带来了一丝曙光。

通过讨论工业元宇宙与既有技术概念、产品的关联关系，我们对于工业元宇宙的内在技术支撑需求和对外赋能价值作用有了一定的了解，在下一节中，我们将围绕这个话题，全面探讨工业元宇宙的体系架构。

第二节　工业元宇宙的体系架构

一、对工业元宇宙体系架构的概述

工业元宇宙通过现实世界与虚拟世界的映射交互，实现工业生产在虚拟世界中的新发展，工业元宇宙的体系架构如图13-1所示。

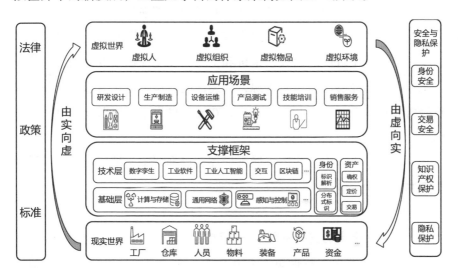

图13-1　工业元宇宙的体系架构

工业元宇宙的体系跨越了现实和虚拟两个世界：

现实世界包括了多种工业要素、组织内部的工业生产环节以及组织间互动关联，其中要素包括人、机、料、法、环，工业生产环节包括采购、生产、物流、销售等，组织间互动关联包括材料供应、利润分配等。

虚拟世界当中构建了现实世界映射而来的镜像，包含虚拟人、虚拟组织、虚拟物品和虚拟环境等数字化要素。其中，虚拟人是对工业生产活动参与者的映射，包括数字化的生产者、设计者、管理者等；虚拟组织是对工业生产主体的映射，包括数字化的企业等；虚拟物品是对现实世界生产资料的映射，包括数字化的物料、设备和产品；虚拟环境主要是对生产环境的映射，包括数字化的生产线、车间、工厂等。未来，虚拟世界将成为工业元宇宙时代进行工业生产经营管理的重要载体。

工业元宇宙的支撑框架是工业元宇宙发挥作用的核心部分，包括基础层和技术层两个重要维度，也包括身份、资产等具有工业元宇宙特色的基础能力。其中，"身份"能力实现了工业元宇宙中各个实体的虚实身份的关联与映射，通过分布式标识等技术赋予用户更强的身份自主能力，支撑工业元宇宙内部社会关系的构建与运作。"资产"能力将工业要素资产化，支撑工业数字资产的确权、定价和交易。在支撑框架提供的各种能力下，工业元宇宙能够协同虚实资源，构建面向新型工业化需求的全新工业生产经营管理体系，并不断迭代演进，在虚拟世界中实现对现实世界的持续拓展。

在后续两个小节中，我们将展开描述支撑框架中基础层与技术层涉及的重点元素。

二、工业元宇宙的支撑框架——基础层

工业元宇宙带来了数据量爆炸式增长，全息通信、虚实互动、数字资产交易、去中心化交互等需求，对现有信息基础设施提出跨越式的发展要求。

在计算与存储方面，区块链等分布式技术应用以及数字化身、数字资产交易等，给网络计算能力和存储能力带来巨大挑战，边缘计算、云计算等计算技术可以为不同工业场景提供分布式、低成本数据计算能力，高性能计算机、数据中心等，将满足数据的处理和存储需求。

在通用网络方面，以工业以太网，低时延、广接入、高带宽的5G/6G、Wi-Fi6，以及卫星网络技术、天基互联网技术等为代表的网络技术在为工业元宇宙提供更可靠、快捷和灵活的数据互联互通能力的同时，也需要不断适应工业元宇宙的应用需求发展，如虚实融合场景下的高实时应用要求网络毫秒级时延。

在感知与控制方面，该模块可实现工业生产、数据采集与过程控制自动化。感知模块主要包括各类传感器，是工业元宇宙运行的数据基础，可以通过采集工业现场的数据，将测量数据与目标值进行比较，实现对工业生产经营活动的全流程感知。控制模块将虚拟世界的控制信息和指令作用到现实世界，改变现实世界生产资料的运行状态，使得虚拟交互界面下用户可以实现对生产经营活动的操控。

三、工业元宇宙的支撑框架——技术层

工业软件。工业软件主要包括计算机辅助设计（Computer Aided Design，CAD）与计算机辅助工程分析（Computer Aided Engineering，CAE）技术等，目前已广泛用于工程设计领域。CAD负责设计产品，CAE负责验证产品性能。现有的CAD技术已经从二维平面图纸、三维图形设计发展到设计人员可以创建包括外形、结构、功能和材质的完整虚拟模型。CAE以三维建模为基础，通过模拟产品结构、物理特性、运动学、动力学等方面的工作状态和表现，为产品功能、性能的可用性和可靠性提供依据，进而优化产品设计。

工业人工智能。工业人工智能技术在工业元宇宙中的应用将促进更真实的数字化模拟。机器学习模型可根据多重反馈源数据进行自学习，几乎

实时地在数字世界里呈现物理实体的真实状况，对即将发生的事件进行推测和预演。系统不仅可以基于传感器的采集的数据实现自学习，也可以通过历史数据或集成网络的数据学习，在不断的自学习与迭代中，模拟精度和速度将大幅提升。

交互技术。与元宇宙相关的交互技术主要分为两类：扩展现实技术（Extended Reality，XR）和输入技术。前者又包括了虚拟现实（Virtual Reality，VR）、增强现实（Augmented Reality，AR）以及混合现实（Mixed Reality，MR）。要区分这三者，简言之，如果说VR是完全用计算机模拟出虚拟的世界，那么AR则是要将图形、声音、触觉等要素添加到现实世界中，MR是把AR和VR相结合，彻底达到虚实结合、虚实交互。输入技术方面，如果没有解决人机交互过程中的输入问题，就无法为用户提供在工业元宇宙当中的沉浸式交互体验。在传统的键盘、鼠标、麦克风等输入设备基础上，新的更加自然的输入方式被引入，如现在已经广泛应用的手势交互，以及更加先进的脑机接口等，通过创建人的大脑信号与外部数字设备之间的连接通道，让人们能够使用"意念"完成人机交互行为。

区块链技术。严格地说，区块链并不是一种单一的技术，而是由多种技术组成的集合体，其起源可追溯到中本聪（Satoshi Nakamoto）于2008年发表的奠基性论文"Bitcoin: A Peer-to-Peer Electronic Cash System"。现在，区块链通常被用来指一种去中心化的基础架构和计算范式，它利用加密链式区块结构来验证与存储数据，利用分布式节点共识算法来生成和更新数据，利用智能合约来对数据进行编程和操作，区块链被当作一种不可篡改的账本而被广泛应用，可以跟踪业务网络中的交易记录。在元宇宙中，区块链是一种重要的技术，包括Sandbox等在内的众多元宇宙公司均采用区块链作为它们的经济和治理系统的技术基础。

数字孪生技术的相关讨论已在上文涉及，此处不再赘述。

第三节 工业元宇宙的典型场景

工业元宇宙的应用场景是沟通现实世界和虚拟世界的通道。目前，工业元宇宙在研发设计、生产制造、设备运维、产品测试、技能培训、销售服务等环节落地了应用场景。

一、研发设计

研发设计是一切生产制造活动的起点，相比现阶段仅仅利用工业软件进行产品设计，工业元宇宙相关技术应用下的研发设计将在更大程度上提高产品开发效率、降低产品开发成本。工业产品的设计是一个多方交互、共同参与的过程。工业元宇宙通过数字孪生复刻产品组件的物理空间特性、机械特性、电气特性等，对产品、产品零部件之间的作用方式进行更加直观、精准的模拟和展示，并通过3D渲染设计出期望的产品外形。位于不同国家和地区的设计师、研发工程师、工艺人员，可以通过工业元宇宙构建的虚实融合环境，打破协作时空边界，大幅度提升跨国企业的协作体验和效率。设计者还可以通过VR或AR眼镜，沉浸式感受设计效果，优化人机工程。同时，元宇宙对于个人创意和用户定制的需求更加友好，消费者也可以加入设计过程，在虚拟空间查看产品设计原型，给出体验反馈和设计建议。在工业元宇宙的作用下，将实现虚拟设计与实际生产的无缝衔接。以美国英伟达公司的Omniverse平台为例，该平台定位为"工程师的元宇宙"，设计师、研究人员和工程师可以将设计工具、资料等连接到Omniverse，从而在共享的虚拟空间中进行协作，该平台已支持Adobe、Autodesk等厂商的多款设计与工程软件。

二、生产制造

工业元宇宙有望带来智能制造领域的全面变革。在智能工厂建设前，可利用工业元宇宙平台建设与规划的现实智能工厂的建筑结构、产线布置、生产流程、设备结构一致的虚拟智能工厂，实现对产能配置、设备结构、人员动线等方面合理性的提前验证，更改工厂车间布局以测试不同的配置，了解不同方案会给工人在车间内的移动带来哪些影响，并判断他们在移动机器人周围的安全性。在智能工厂建设后，通过工业元宇宙平台，能够沉浸式体验虚拟智能工厂的建设和运营过程，与虚拟智能工厂中的设备、产线进行实时交互，对基础设施、工艺装备与作业过程等进行模拟和优化，实现精细化管理与质量控制。在工业元宇宙中，结合AR（Augmented Reality，增强现实）技术、人工智能、传感器的数据，实现自动化、智能化质检，以解决人工质检的效率低下、不精准、人力成本高等问题，提升客户满意度。例如，宝马与英伟达正开展虚拟工厂相关合作，Omniverse平台已被用于宝马旗下的31家工厂，有望将宝马的生产规划效率提高30%。在物流仓储场景，某头部快消品牌在其28个国家和地区的仓储物流现场使用了AR技术解决方案后，生产效率提升了6%—8%。

三、设备运维

相对于现阶段利用大数据分析的预测性维护，工业元宇宙通过结合IoT物联感知体系，把设备的运行状态数据实时传递到工业大数据中心，将运行数据孪生化，便于实时监测机器运行状态、在重大事故发生前进行自动报警，减少因大规模停机造成的生产损失，也便于进行生产线合理排班和大修，实现生产设备预维护。基于工业元宇宙的设备运维，能够打破空间限制，在工业元宇宙平台中，运维人员能够远程实时确认设备情况，及时修复问题，在虚拟世界做出的修改会通过传感器、机器人等反馈到现实的机器上。对于难度大、复杂程度高的设备问题，可以通过工业元宇宙平台汇聚全球各地的专家，共同商讨解决方案，从而提高生产效率。部分工厂设备需要保险服务，基于工业元宇宙的运维系统可以整合机床排班、大修、使用年限、维修历史等信息，准确评估某种设备应当投保的保险类型，避免盲目投保造成的大量资金浪费。在国际上，西门子通过数字孪生模拟水流，进行了大量的实验调整设备，大幅减少能源设备的维护时间，节省大量的成本。在国内，宝武钢铁与AR企业亮风台合作，针对多岗位协同作业场景信息交换不通畅造成的信息滞后与延时情况，打造了"AR智能运维系统"，通过关联设备的数字信息可视化，实现精准远程协作、高效记录管理过程，有效提升了作业现场的信息交互能力。重庆新兴通用传动有限公司的智能工厂通过建设"5G+VR+数字孪生"的热处理工厂，设备运维效率提高了25%，一次检验合格率达到98%，安全事故发生率降低了95%。

四、产品测试

对于应用标准高、测试要求复杂的产品，工业元宇宙能够提供虚拟环境以开展试验验证和产品性能测试，通过工业元宇宙平台可控制产品应用时的环境因素，并基于在工业元宇宙平台中设计的产品模型对产品各零部件的作用方式做出直观、精准的模拟，能够有效验证产品性能，提高测试认证效率和准确性。例如，相对于民用消费级芯片产品，车规级AI芯片由于工作环境多变、安全性要求高等因素，其研发、测试、认证流程十分严苛，需满足多项国际国内行业标准。工业元宇宙可为车规级AI芯片提供虚拟测试空间，工程师可以用较低的成本对车规级AI芯片进行测试，也可以模拟和体验搭载AI芯片的自动驾驶汽车，提高车规级AI芯片的测试、认证效率。宝马对于自动驾驶技术有严格的要求，在技术达到大批量生产的标准前，需要至少2.4亿公里的测试。通过使用Unity的技术，宝马在虚拟空间中高效地完成了自动驾驶测试的里程要求，宝马的开发者基于Unity制作的场景编辑器对环境进行精确的控制，例如在模拟测试中，可以展示出一整天的时间点和天气条件；开发者也可以通过Unity场景编辑器布置出极端的情景，如车辆无视停止标志。在虚拟世界中呈现这类极端情形既经济又安全，测试也能产出更多有价值的信息。

五、技能培训

工业元宇宙能够有效提高教学培训效率，为高等院校、企业等组织提供培训学生、员工专业技能的虚拟环境，让学员更加直观地操作生产设备，学员通过XR设备，可以实现虚拟参观和课堂培训、重型设备的现场指导、实时看到产品操作流程和使用要求，从而有效降低培训难度，减少操作失误率，提高安全生产水平。以百事可乐的AR生产支持为例，在AR技术未引入前，百事可乐位于南非德班的Prospecton工厂需要员工掌握四种以上的语言才能保证工作的顺利进行，给一线员工带来了极大的挑战。借助AR技术，一些不具备外语能力的当地工人，也可以在车间接受培训和开展工作。奥迪推出"虚拟装配线校检"技术，依托3D投射和手势操控技术，帮助流水线工人在名为"CAVE"的虚拟空间中完成对实际产品装配工作的预估和校准。

六、销售服务

在工业元宇宙技术支持下，C2M（Customer-To-Manufactory，消费者到制造）模式有望走向大规模落地，制造业领域传统B2B和B2C两种销售模式都会面临重大变革，更多制造业企业将走向按需定制、零库存的小批量多品种生产，用户个性化需求也将得到快速响应。在产品销售阶段，工业元宇宙可以成为与消费者交互参与的媒介。在工业元宇宙的虚拟化技术支持下，能够增加产品展示的维度（包括拆解产品、试运营产品），消费者可以更好地理解、感受产品，增加参与性，提高消费者体验。工厂生产的商品可在元宇宙中同步形成NFT（Non-Fungible Token，非同质化通证）纪念品，在产品出厂时同步把具有该产品唯一编号的NFT纪念品附加给客户，给予客户独特的购买体验，还可以分解产品，每个组件形成NFT，收集重组该虚拟产品赢取企业额外权益奖励。工业元宇宙能够贯通用户需求到销售、生产，甚至设计等环节，基于这种能力，将产生出更多的营销创新。资阳内燃机车厂在参与美国项目招标时，针对美方提出的原有产品存在局部缺陷的情况，根据美方提供的产品图纸进行建模，利用有限元软件进行仿真分析，重新优化了产品设计，最终赢得订单。工业产品在售后的使用过程中，要持续进行设备的维护维修服务，也包括保险等周边服务。应用AR技术，实现远程维修指导，通过工业物联网、数字孪生、3D渲染，可以实时获悉并展示设备包括设备部件的使用情况，进而做出及时反应。瑞松科技机器人导入设备数字孪生技术后取得显著效益，售后人员大幅减少，人力成本减少15%，部分故障可远程调试，售后成本降低15%，客户黏性增强，原厂维保率提高20%。

第四节　工业元宇宙的问题挑战

在数据方面，工业元宇宙面临数据采集的一致性、数据存储与处理能力，以及数据传输性能三大挑战。首先，数据采集的计量单位、参数格式、数据采集周期的差异化，导致数据孪生模型出现数据读取错误、不能进行交互等现象；其次，数据是工业元宇宙的核心生产要素，工业元宇宙系统的运转需要对海量的数据进行存储与加工，这对工业元宇宙系统的数据存储能力和计算能力提出巨大挑战，元宇宙的算力需求预测过千甚至超万EFLOPS（每秒执行的浮点运算次数）。根据《中国算力白皮书（2022）》公布的数据估算，2022年，全球算力总规模约为667EFLOPS。在数据传输性能方面，全球网络基础设施还有待提升，以我国为例，以"双千兆"网络为代表的通信网络基础设施部署完善尚需时日。

在交互技术方面，XR等显示技术仍需进一步突破。从终端整机来看，目前市面主流VR头显形态为一体机式，无须外接其他终端便可使用，但当前电池能量密度无法同时满足终端轻薄化与超长续航，电池体积达到VR头显的20%左右，但续航时间仅能达到2—3小时。AR眼镜通常会采用外接电池或其他终端以保证轻薄化发展，但有线连接的使用舒适度大打折扣。从光学器件来看，目前较为成熟的AR光学方案包括棱镜、自由曲面、BirdBath和光波导方案，前三种方案体积较大，限制了其在AR眼镜方面的应用。衍射光波导的制备均是基于半导体制备工艺完成，生产成本较高，影响了AR眼镜推向消费市场。

在安全方面，相关挑战主要为数据传输与存储安全。先进信息技术在促进现有互联网向"元宇宙"发展的同时，也造成传统防护、识别、预警等信息安全手段的整体颠覆，带来网络空间安全问题。工业元宇宙实现了虚拟空间与物理空间的深度交互与融合，其连接关系是建立在网络数据传输的基础之上，而在数据传输过程中（供应商与制造商、制造商与用户、工业元宇宙系统本身虚实交互），存在数据丢失和网络攻击等问题。同时，由于工业元宇宙系统会产生、存储海量的生产数据、环境数据、用户数据等，其中也包括了各种隐私数据和敏感数据，这些数据将由云端、生产终端和服务器等进行存储，任何一个存储环节出现安全问题都可能引发数据泄密风险。当前，工业元宇宙处于初期探索阶段，如何保护工业资产和工业身份的安全，避免工业用户遭受不法侵害等重点问题需要加强研判，前置防护。

在监管方面，工业元宇宙带来信息交互高度便利的同时，也带了很多监管上的挑战，如资本合法性监管、知识产权监管等，如何构建监管规则将是面临的一大挑战。清华大学新媒体研究中心发布的报告《2020—2021年元宇宙发展研究报告》认为，虽然区块链技术为认证、确权、追责提供了技术可能性，但由于元宇宙的特性，大量跨虚实边界的IP应用，显著加剧了知识产权管理的复杂性和混淆性。

"风起于青萍之末，浪成于微澜之间。"随着相关技术与解决方案的逐步成熟，工业元宇宙的市场将不断扩大并产生规模效应，据集邦咨询预测，2025年，工业元宇宙将催动全球智能制造市场规模突破5400亿美元。据ABI Research预测，2030年，工业元宇宙的市场规模将达到约1000亿美元，较2021年增长10倍，完成从"由虚向实"到"虚实协同"的华丽嬗变，为工业界带来前所未有的进步和发展。对于希望借助新兴技术实现数字化转型与效率提升的企业而言，应当抓住工业元宇宙技术探索和场景创新的窗口期，量力而行地选择适合元宇宙化的场景，开展探索和创新尝试，抢占技术制高点，打造新时代的核心竞争力。

☆ 第十四章 ☆

关于未来工业的几点猜想以及企业如何适应

这几年，外部经济形势复杂多变，哪怕是那些经历过大风大浪的企业，也感受到了前所未有的压力，因此容易受困于当下具体的问题，束缚住了前进的思想。企业要赢在当下，也赢在未来。当下要赢，主要是解决服务好每一位客户的需求、交付高质量的产品；未来要赢，必须准确研判形势并且顺势而为，要赢在战略。未来的工业，一定是全面数字化的生产方式和组织方式。未来已来，只是尚未流行。主动拥抱变化，才能笑看风云。

第一节　关于未来工业的几点猜想

在数字技术的强力推动下，工业发展的一些基本逻辑以及长期存在的组织方式都会发生根本性的变化。往后看三十年，我们可以大胆地做出以下猜想：

一、微笑曲线被重塑

微笑，是一种恬静的美。但是"微笑曲线"，并不能让过去的中国制造业"微笑"。微笑曲线往往表现为下图的一条曲线，两端朝上。它的实质是产业链分工中的价值分解。在产业链中，附加价值更多体现在两端——设计和销售，中间环节的制造附加值最低。

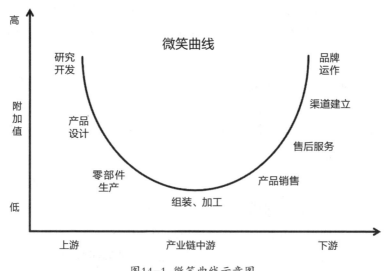

图14-1 微笑曲线示意图

微笑曲线在1992年由台湾宏碁集团创办人施振荣先生提出，具有明显的价值导向，有着无数的成功案例可以借鉴，比如苹果和小米都专注于研发和市场营销，将生产环节分给全球产业链。

过去的中国制造业，尤其是2010年以前的中国制造业，定位于世界工厂，制造业普遍分布在微笑曲线的低端，属于价值获取最低的环节。利用我国在全世界相对较低的劳动力成本和较高的劳动者技能素质，我国制造企业为全世界提供劳动密集型产业的生产加工，利润微薄，代价不小，对资源造成消耗且对环境造成损害。

但是，随着数字技术在制造业全生命周期环节的普遍应用，微笑曲线可能会发生颠覆。如何才能使"微笑曲线"实现倒U型反转呢？日本提供了一个成功的案例。

2004年，日本索尼中村研究所所长中村末广在对日本制造企业调查时发现，很多日本制造企业在加工组装环节相较于其他业务而言创造了最高的利润率，在坐标系中表现为一条倒U型曲线，这被命名为"武藏曲线"。2005年6月，日本经济产业省对近400家制造企业进行调查后也得出了相同的结论，并发表在《2004年度制造业白皮书》中，有力地佐证了"武藏曲线"的存在。

"武藏曲线"不仅颠覆了"微笑曲线"，也颠覆了人们对传统制造业价值链分布的认知，更颠覆了人们对中国制造业未来的方向性预期。因为长期以来，中国制造业虽然有"世界工厂"的盛誉，但往往被打上低端、低成本、低附加值和"微笑曲线"底部等标签，在全球制造业价值链中处于跟随、模仿和从属地位。但是，随着数字化网络化技术的兴起，中国制造业迎来了告别"微笑曲线"底部的曙光。中国制造业借助智能制造、工业互联网、大数据、云服务等新一代信息网络技术，完全可以实现"微笑曲线"的倒U型反转，而且增加生产制造和加工组装环节的利润率。

在第二次和第三次工业革命时代，工业体系总体上看是一个分散独立、各自运转的体系。尽管自动化设备已经开始投入工业生产领域，但是设备与设备之间、设备与操作者之间、车间与车间之间、制造商与供应商之间、一线工人与研发人员之间、企业与用户之间、生产部门与营销部门之间、管理层与决策层之间、企业与监管部门之间、企业与投资者之间，等等，还存在相当程度的数字樊篱和信息不对称，从而影响着企业的生产经营效率和决策效率。

而借助现代数字网络技术的全面渗透，特别是通过工业互联网、传感器、CPU芯片、数字平台、制造执行系统（MES）、设备与设备（M2M）、设备与云平台（M2C）数据传输和云服务等数字化技术，将原本分散、封闭和独立存在的自动化数控设备连接起来，形成无缝隙对接的网络物理系统，最大限度地挖掘了现有工艺设备的潜能，避免了设备和人员的无效或低效运转，从而大大地提高了工厂的生产效率。

二、智能机器人全面普及

在考虑中国制造业的发展战略时，我们必须要看到人口减少"大势所趋"。根据当前趋势大胆预测，到2050年，我们国家的人口会下降到11亿。我们也要看到，出生于2020年代的这些孩子们，等他们长大成人步入社会后，大概率是不愿意像我们的父辈那样以繁重的劳动力赚取微薄的工资的。

因此，制造业领域的"机器换人"，看上去是机器抢占了工人的饭碗，但事实是，这些机器人其实帮助企业家解决了新生代工人不愿意从事重复、辛苦、危险环节工作的难题。

当前，在制造领域，工业机器人已经成为许多行业中不可缺少的生产力工具。例如，在汽车制造领域中，工业机器人可以完成从车身到内饰的各个环节，如切割、焊接、装配、喷漆等；在电子制造领域中，工业机器人可以完成从芯片到手机制造的各个环节，如贴片、测试、组装等；在服装制造领域中，工业机器人可以完成从布料到成衣的各个环节，如裁剪、缝纫、熨烫等。

在国内密集出台的政策和不断成熟的市场等多重因素的驱动下，我国工业机器人市场规模增长迅猛。2017—2022年，我国工业机器人市场规模由46亿美元增至87亿美元，复合年均增长率达13.6%。未来，随着下游需求市场的扩大，工业机器人发展将持续向好，预计2023年市场规模将达99亿美元。

未来工业机器人的发展前景非常广阔。随着人工智能、机器学习和传感器技术的不断进步，工业机器人将变得更加智能、灵活和高效。它们将能够更好地与人类工人合作，实现更高水平的生产自动化和个性化定制。工业机器人将在各个行业的制造过程中发挥更加重要的作用，推动生产效率的提高和产品质量的提升。

三、知识变成前所未有的驱动力

知识就是力量。但是，对于制造业企业来说，如何将知识转变为现实和稳定的生产力，却始终以一种隐晦的方式存在。可能老板的知识，是有价值的，能帮助其拥有敏锐的商业眼光和强大的组织能力。可能车间主任的知识，是有价值的，能使其根据当前的订单，把物料、工人等组织得井井有条。可能销售明星的知识，是有价值的，三言两语就能打动最难缠的客户，拿下一个个大订单。可能采购经理的知识，是有价值的，可以用最小的代价，采购到最优质的配件，并且确保及时到货。但这些"知识"到底是什么，好像只可意会，不能言传。我们往往说，这叫"经验"，存在于个人的脑海中。

在数字化时代，产生了一种新的生产要素——数据，它常常是行为和活动的见证者，用"0"和"1"的组合来表达，个体没有太大的意义。但是随着机器学习、大数据分析等技术的不断成熟与推广应用，在挖掘、分析海量数据的基础上，一些隐晦的知识可以被固化和表达。

在数字化时代，认知的定义由本体与外界交互中的能动和过程组成。认知是动态的、可计算的，能够依据实际任务知识化、智能化、自主化地呈现出"感知—分析—决策—执行"的递进行为。

以"数据"+"知识"为核心驱动力的认知计算，主张借助数据和知识呈现出整个认知框架。数据与知识的关系是交互的，数据可以抽象为知识的外延，知识又可以具象为数据的内涵。从不同层次逐级认识世界是人类固有的一种认知机制。

大数据时代促使信息处理技术走向数据驱动技术，进而对数据的利用价值提出了更高的需求，如何将数据中隐含的知识更好地抽取出来，已经成为人们关注的新焦点。知识抽取把蕴含于数据源中的知识以结构化的方式呈现出来，既总结以往规律性知识，又增强新知识，促进精炼简洁的知识驱动。

四、共享工厂无处不在

2021年，杭州发布了《中共杭州市委杭州市人民政府关于加快建设"未来工厂"的若干意见》（市委发〔2021〕4号），里面提出了几个新的名词：聚能工厂、云端工厂。两者的背后，共享、协同都是核心思想。

在传统的制造业组织方式中，再小的企业，都五脏俱全，自己接订单、自己设计、自己生产制造、自己组织物流、自己销售和服务。要完成这些一道又一道的环节，既需要资源，又需要能力。但是我们也会发现，在不少场景中，企业有能力接到巨量订单，但是苦于一下子没法组织与之匹配的制造资源。还有一些企业，有闲置的制造资源，比如机器设备、工人，但是因为没有跟上消费形势的变化，接不到订单。这就导致了一家企业的实际生产交付能力，需要同时与其制造资源和承接能力进行匹配。

杭州提出的聚能工厂和云端工厂，则打破了这一规则。聚能工厂的特点是具备特别强的制造组织能力，主要表现为订单承接能力、产品研发设计能力、生产标准化能力、供应链整合能力和协同生产组织能力，往往是行业中的生态主导型龙头企业。因为需要针对巨量订单实现快速的生产组织，一般都会建有专门的行业平台。比如杭州捷配信息科技有限公司，以电路板为切入口，打造一站式制造服务平台，到目前为止集聚了2000多家上游原材料企业、近300家下游协同工厂，根据订单来协同组织原材料、协同组织生产制造。这种组织型的生产制造方式，为杭州这座寸土寸金的城市开启了一种全新的制造业发展模式。

与捷配信息进行生产协同的这300家协同工厂，他们的生产能力是共享的。根据实际订单情况，可以自己用，可以给捷配用，也可以给其他的企业用。

云端工厂也可以使用这些共享工厂的产能。云端工厂，常常并不是传统意义上的制造业企业，可能是一家设计型企业、一家研发型企业，甚至是一个非常具有号召力的网红。他们能准确把握消费需求、设计产品原型，但是却不长于具体的生产制造。在接到订单后，他们可以与具有标准化生产能力的共享工厂联系，达成具体合作。

共享工厂，给了中小企业一些新的发展思路，那就是把制造水平做到极致，同时把制造能力尽量标准化，从而能够跳出自己有限的市场营销能力，承接来自更多渠道的生产制造订单。

第二节　企业如何适应未来工业竞争的几点建议

那么，我国的企业应该如何适应未来工业竞争呢？一些可以参考的答案分散于上面的章节。写到这里，如果还有一些想和企业家或是关心中国制造业命运的人士进一步交流的，主要有以下五点：

一是不要犹豫，尽早找到自己的智能化转型路径。选择大于努力，行动大于一切！当前，我们的国家正在加快构建以先进制造业为骨干的现代化产业体系，势必把制造业数字化转型摆到突出的位置来抓。这是企业的机会，也是使命。我国的制造业场景复杂，数字化程度远远落后于服务业，潜力巨大。要加快推动制造业向智能制造转变，运用数字化技术对传统工业进行全方位、全链条的改造，建设更多智能工厂、未来工厂，推动制造方式变革。决心要坚定，方法也要得当。要打好数字化基础，更要找到关键环节作为切入点。切不要把数字化做成企业的门面和参观通道。要嵌入企业的核心业务，要沉淀自己的数据，要封装自己的行业知识和企业核心能力。

二是用好数据资源，这是企业赢得未来的核心要素和能力。要高度重视数据的积累。不少企业实施信息化已经二十多年了，也构建了很多信息化系统，如OA、ERP、MES、PLM。但是，也有不少企业，没有建立自己的数据资源体系。在这些信息化系统中，流过了很多数据，但是没有沉淀下来；或是沉淀下来了，却被随意地存放在某个服务器中，平白占据了存储资源。要让数据和知识成为企业的驱动力，首先要做的是厘清自己的数据资源，有哪些，在哪里，怎么用？当花时间把这些都整理清楚后，一些长期困扰你的问题，也许会突然有了清晰的答案，也能把你和你的竞争对手真正区分开来。

三是做长板，中小企业必须走专精特新发展道路。中小企业是制造业的主体，贡献巨大。在当前的经济形势下，如果中小企业继续按照从前粗放式的模式发展，缺乏差异化的市场定位，缺乏创新能力的培植，缺乏在某一个非常细分领域孜孜不倦的坚持，恐怕难以抵御随时会到来的风险。政府要支持，大企业要赋能，但是中小企业自身也要坚持践行专精特新发展道路。

四是融入产业链，任何企业都要在产业生态中找到自己的位置。企业层面的竞争，很多体现在供应链的竞争；而国家层面的竞争，很多体现在产业链的竞争。尤其是在当前我国提出加快推进新型工业化的背景下，产业链的安全、稳定、韧性，已经成为越来越重要的课题。对于企业来说，要么成为产业链中的链主企业，要么成为产业链中的关键环节企业，否则只能默默为外部环境变化买单，并接受那些不合理的商务条款。

五是走出舒适区，以自我革命来成就更好的自己。企业推行数字化的过程是非常痛苦且面临多方质疑的。确实，构建数字化体系的过程不仅繁杂，而且看起来毫无意义。因为在一开始，你常常需要在不减少任何原来工作量的同时，还要在系统上再上传一套"记录"材料。同时，梳理数据资源体系和业务流程的过程，是非常复杂而痛苦的。这些工作不仅看起来毫无意义，还会打破原来的分工格局、利益格局。但是，据观察，当数字化真正深入业务工作以后，它不仅可以节省工作者的精力，还为其打开了一个全新的世界。

☆ 后　记 ☆

　　在准备本书出版事宜的半年左右时间里，新一代信息技术取得进一步突破，甚至可以说，出现了较为明显的代际演进。Gemini、Sora、GPT-4o 等大模型横空出世，人形机器人、四足机器人走出实验室，一系列因新技术突破而实现的"未来场景"令人目不暇接。似乎在一夜之间，世界步入了崭新的"人工智能＋"时代。

　　过去，那些对智能制造持保留态度、对相关投资犹豫不决的企业家，似乎在一夜之间觉醒了；哪怕是正身处行业"内卷"、口袋中余粮有限的企业家，也对智能化的投入变得更加积极坚定了；而那些较早地走上了智能化转型道路的企业家，也在这一轮行业竞争中尝到了甜头，不少人在资本市场上得到了超预期的回报。

　　与此同时，一个崭新的名词——新质生产力，成为热议的焦点。这种关注与热议，不仅存在于政府系统内，更充斥于各行各业对转型升级方向的探讨中。2024 年 6 月 1 日出版的第 11 期《求是》杂志刊发了习近平总书记的重要文章《发展新质生产力是推动高质量发展的内在要求和重要着力点》。"新质生产力的显著特点是创新，既包括技术和业态模式层面的创新，也包括管理和制度层面的创新。必须继续做好创新这篇大文章，推动新质生产力加快发展。"诚然，如果说，在过去不缺低价劳动力、不缺市场机会的大发展时代，创新是那些有眼界、有抱负的企业家所采取的差异化发展战略，那么在新时代高质量发展的背景下，创新是企业得以活在当下、赢在未来的底层逻辑。

对于制造业企业来说，如何培育新质生产力？如何构建和提升创新能力？走高端化、智能化、绿色化发展道路是一条现实路径。新质生产力与智能制造之间存在着密切的联系。智能制造是新质生产力的具体体现之一，它通过数字化技术和智能化系统，推动了生产方式的革新和效率的提升。反过来，新质生产力的不断提升为智能制造提供了更广阔的发展空间和技术支撑。

2024 年 3 月 7 日，国务院出台了《推动大规模设备更新和消费品以旧换新行动方案》，这一政策既利好于加快构建新发展格局、推动高质量发展的国家长远之计，也有利于促进当下的投资与消费。工业是这一政策重点关注的七个重点领域之一。工信部等七部门在 3 月联合印发《推动工业领域设备更新实施方案》，明确提出到 2027 年，工业领域设备投资规模较 2023 年增长 25%以上，规模以上工业企业数字化研发设计工具普及率、关键工序数控化率分别超过 90%、75%，工业大省大市和重点园区规上工业企业数字化改造全覆盖。

从人工智能浪潮的来袭到中国经济发展底层逻辑的变化再到重大宏观政策的设计，似乎一切都在帮助我们建立和强化对智能制造重要性的认识。在编写本书的过程中，我们对这项研究性工作的使命感也在增强。本书立足新一轮科技革命和产业变革时代背景，结合国内一些地区科、产、政共同推进产业数字化的实践探索，旨在研究提出智能制造赋能企业竞争力提升、培植新质生产力的内在逻辑和理论框架，以期对政府智能制造规划和政策设计、企业智能制造实施路线等提供一定的现实参考价值。

本书的出版得到了浙江省经济和信息化厅有关领导、同志，以及浙江相关企业家、专家学者的大力支持。同时，本书凝聚了参与撰写的浙江省工业和信息化研究院宋婷、赵立龙、徐凯、李幼芸、黄贝拉、陈静、苏星宇、张羽、卢德林、朱毅攀、罗晔涛、刘红蕾等青年学者的心血，在此深表谢意。当然，尽管我们已经做了很大努力，但是书中还难免存在错漏和不足之处，敬请广大读者批评指正。希望大家积极参与到这一有意义的研究中来，共同为我国智能制造发展、制造强国建设贡献力量。

刘　兵
2024 年 5 月于杭州

图书在版编目（CIP）数据

数智时代. 赢在智能制造 / 刘兵，宋婷，赵立龙著. --长沙：湖南人民出版社，2024.7

ISBN 978-7-5561-3527-1

Ⅰ．①数… Ⅱ．①刘…②宋…③赵… Ⅲ．①制造工业–产业信息化–研究–中国 Ⅳ．①F492②F426.4-39

中国国家版本馆CIP数据核字（2024）第070203号

SHUZHI SHIDAI: YING ZAI ZHINENG ZHIZAO

数智时代：赢在智能制造

著　　者	刘　兵　宋　婷　赵立龙	
责任编辑	吴韫丽	
封面设计	黎　珊	
责任印制	肖　晖	
责任校对	罗丽亚	

出版发行　湖南人民出版社［http://www.hnppp.com］

地　　址　长沙市营盘东路3号

电　　话　0731-82683346

邮　　编　410005

印　　刷　长沙超峰印刷有限公司

版　　次　2024年7月第1版

印　　次　2024年7月第1次印刷

开　　本　710 mm×1000 mm　1/16

印　　张　18.75

字　　数　269千字

书　　号　ISBN 978-7-5561-3527-1

定　　价　75.00元

营销电话：0731-82221529（如发现印装质量问题请与出版社调换）